PENSER
AVEC L'IMAGINAIRE

JEAN-MICHEL REY

PENSER AVEC L'IMAGINAIRE

Entretien
avec Michel Enaudeau

PARIS

LES BELLES LETTRES

2017

www.lesbelleslettres.com
Retrouvez les Belles Lettres sur Facebook et Twitter

95, bd Raspail, 75006 Paris

ISBN : 978-2-251-44679-0

1

« D'UN JOUR À L'AUTRE »

MICHEL ENAUDEAU : Pour commencer ces entretiens, Jean-Michel Rey, je retiens un petit livre de vous, *Les Enfants du silence*. Son titre m'a beaucoup troublé, au point de retarder le moment de sa lecture. En effet, par ce titre, j'ai entendu qu'il s'agissait d'un texte consacré aux enfants des survivants de l'extermination, aux « enfants des rescapés » comme dit Primo Lévi, ou encore, aux enfants des appelés du contingent envoyés combattre les maquisards algériens. Or, il s'agit de tout autre chose. Il s'agit du livre de quelqu'un qui vit sinon dans les livres, du moins avec les livres.

JEAN-MICHEL REY : Le titre est tiré d'une phrase de Proust et peut paraître ambigu. J'indique ainsi plusieurs choses. Ce sont avant tout des notes de lectures pendant quelques mois, des réflexions dispersées sur un projet de travail, une manière d'enchaîner d'un livre à l'autre. Il y a d'abord un constat élémentaire : toute activité de lecture s'enracine dans une histoire personnelle où, pour ce qui me concerne, les livres les plus différents jouent un rôle crucial.

En outre, vous le remarquez, « les enfants du silence », cela peut évoquer bien autre chose, en l'occurrence non pas mes premiers souvenirs, mais ce qui s'énonçait dans les nombreux discours de l'après-guerre, dans lesquels régnait un grand silence. Sentiment de longue date dont je ne sais pas précisément quand il commence : on parlait beaucoup après-guerre, mais cette parole innombrable évitait bien des choses, esquivait bien des problèmes, restait allusive, latérale, allégorique. J'ai compris peu à peu que ce n'était pas seulement une donnée familiale, mais que la société française en son entier maintenait un silence pesant sur les grands événements du moment : la guerre d'Indochine, tout d'abord et, plus encore, la guerre d'Algérie, mais surtout ce qui s'était passé pendant « la dernière guerre » – comme on disait dans les années 1950. Il y a dans cette époque un mutisme bien particulier sur lequel j'ai été amené à réfléchir, tant ses effets étaient puissants dans les domaines les plus différents. C'est cet ensemble qui est comme condensé dans ce titre. Sans parler du fait que les livres peuvent être compris bien au-delà de ce qu'ils semblent donner et qu'avec ces étranges objets on a affaire à des strates d'une grande richesse, et à des zones de silence bien particulières. On ne nous a pas appris à nous débrouiller avec tout cela dans notre enfance.

ME : Avec ce livre, chronique quotidienne d'un moment de vos journées de l'année 1989, votre lecteur entre dans l'ordinaire d'une période de vos lectures et de ce qui les accompagne : notes, appréciations, regrets ou repentirs. Les remarques portent sur des auteurs que vous affectionnez et qui habitent les livres que vous avez écrits. Ainsi le lecteur se représente Jean-Michel Rey à sa table de travail ou parcourant ses bibliothèques, choisissant un livre, le retirant, l'ouvrant avec intimité. Ce lecteur a tout loisir d'imaginer que lorsque vous prenez un livre, vous le caressez comme on caresse un chat croisé dans l'appartement, assis sur une chaise.

JMR : J'évoque pêle-mêle ce caractère sensuel de la lecture, ce rapport obstiné aux livres, cette capacité que j'ai de faire varier les lectures, ce plaisir de passer d'un livre à l'autre sans précaution – tout ce qui participe depuis longtemps à ma manière de travailler. Mais il y a aussi, en arrière-fond, des allusions à la grande Histoire. Je parle notamment de quelqu'un que j'ai bien connu qui a fait de la résistance dans la région lyonnaise et qui avait pour seul livre pendant trois ans l'*Ulysse* de Joyce. Par des signes de cet ordre, j'essaie d'indiquer au moins deux choses : d'une part ce que mes lectures du moment appellent, c'est-à-dire des propos qui seront parfois développés par la suite, et de l'autre, j'amorce une réflexion, assez rapide ici, sur le silence politique et d'autres phénomènes du même genre.

ME : Vous usez d'un mot fort pour faire part de la dispersion, de l'hétérogénéité de vos lectures. Vous parlez de « diaspora ».

JMR : Vous le savez, le terme est loin d'être neutre : il fait référence à une histoire connue. Cela pourrait être une manière de commencer à répondre à votre remarque. L'unité supposée du début – de l'*infans* – n'est pas tenable, elle se fissure, se fragmente. En se dispersant toujours davantage, la lecture est à même de faire naître une profusion d'éléments variés. Le lecteur a la charge d'en faire quelque chose, sans qu'il puisse être question d'un quelconque rassemblement.

ME : Est-ce que tant de livres autour de la table de travail n'incline pas à l'encyclopédisme ?

JMR : Je ne parlerais pas d'encyclopédisme. Je dirais plutôt qu'il y a là une vieille préoccupation : tout à la fois, une pratique empreinte de plaisir, un choix d'objets et une sorte de travail qui se donne la liberté de circuler entre des formes différentes, des textes variés, entre les langues aussi. Je crois que, grâce à cette « diaspora », il y a une détermination qui s'affirme à mesure et indique des intérêts, délimite peu à peu des zones de travail. Il me semble que ce livre m'a permis en tout cas de baliser un terrain à un moment où j'étais en train, non pas de changer de manière, mais d'obliquer vers des choses différentes de ce que j'avais fait jusqu'alors. L'activité intellectuelle est faite de ruptures de cet ordre.

ME : Outre un panorama de vos lectures du moment, vous faites allusion à des thèmes présents dans des livres antérieurs. Certains se préciseront et s'amplifieront ultérieurement.

JMR : Oui, sans bien le savoir, je préparais quelque chose dont je ne saisissais pas encore les contours.

ME : L'aspect « atelier » du livre s'affirme au fil des pages.

JMR : Le terme d'atelier me convient. Je crois qu'il y a un côté artisanal dans cette manière de faire, que j'ai toujours pratiquée, de l'ordre de l'esquisse aussi, se rapprochant sans doute d'un travail de peintre préparant des tableaux. Mais il y a aussi un geste expérimental qui joue sur la chance. En ouvrant un livre – que j'ai déjà lu ou seulement feuilleté –, il m'arrive de trouver quelque chose que j'étais en train de chercher, que je ne formulais pas. J'ai souvent vérifié la fécondité du hasard.

ME : N'est-ce pas cependant préparé, dirigé par une recherche particulière ?

JMR : Orienté, sans être préparé comme tel. Je ne le décide pas, mais fréquemment, je tombe sur un propos qui me fait travailler ou vient répondre à une interrogation, correspondre à un moment de travail. C'est pour cette raison que je tiens à la « diaspora » des lectures. Je ne peux travailler que dans l'optique de cette étrange hospitalité.

ME : Il y a dans *Les Enfants du silence* cette belle expression : « devenir l'hôte des livres. » De quels livres êtes-vous l'hôte ?

JMR : Je crois que devenir l'hôte des livres, c'est se fier à leur présence d'abord, se fier à la capacité qu'ils ont de faire signe au moment qu'il faut, dans l'instant convenable. Cela relève du *kairos*, pour parler grec. Je mise sur ce type de processus.

ME : Les livres, d'emblée, inspirent confiance ?

JMR : Cela inspire confiance, quitte ensuite à être déçu, ou projeté ailleurs, obligé d'en extraire un autre ou de recommencer la lecture. Petite certitude que je vais trouver un énoncé qui va me convenir ou qui va me renvoyer à un autre. C'est pour cela que la présence de la bibliothèque est nécessaire : je me donne la possibilité de passer d'un texte philosophique à un texte poétique ou romanesque, d'un récit d'historien à un aphorisme, et ainsi de suite.

ME : Vous avez besoin de disposer en permanence d'une diversité de pensées et d'écritures.

JMR : Il faut l'avoir toujours sous la main. Parfois je n'en fais pas du tout usage pendant une journée ou, au contraire, je passe de longs moments à compulser des livres, à lire quelques lignes, à relire ou à reprendre – le rôle de la relecture est ici crucial. Des éléments que je n'avais pas vus vingt ans ou trente ans avant apparaissent tout à coup dans une clarté exemplaire. Être l'hôte des livres, c'est comprendre, expérimentalement en quelque sorte, qu'il y a constamment cette possibilité et qu'on n'est jamais déçu par cette présence. Étrange économie : les livres nous donnent souvent beaucoup plus que ce que nous leur prêtons.

ME : De fait, il s'agit d'une préparation au travail, par association, voisinage de pensées. Cette méthode vous est-elle devenue indispensable ?

JMR : Petit à petit, cela s'est fait. J'ai constitué très tôt une bibliothèque. Enfant, j'avais déjà ma propre bibliothèque, assez variée d'ailleurs, avec les premiers livres de poche, au milieu des années 1950 : une première possibilité de circuler entre des formes différentes, des genres qui ne s'accordaient pas. Très tôt, j'ai eu cette préoccupation d'un rapport au peu de langues que je pouvais pratiquer. Vers 14 ans, après deux ans de grec, j'ai constaté du haut de mon savoir que les traductions d'*Œdipe Roi* étaient insatisfaisantes. J'ai passé un été à faire des fiches avec mon dictionnaire grec, pour essayer de retraduire *Œdipe Roi*. Cette traduction n'a pas abouti mais elle m'a mis sur la piste de quelque chose qui m'intéressait, ce texte *Œdipe Roi*, et j'ai compris le caractère rugueux d'une langue dont, tant bien que mal, il fallait trouver des équivalents dans la langue que j'essayais de pratiquer : un exercice qui me mettait à distance de ma langue maternelle.

ME : Le thème de la langue et de la traduction est présent dans *Les Enfants du silence*, comme il est présent dans presque tous vos livres. Certains d'entre eux, en particulier ceux qui se rapportent à des écrivains allemands, sont presque des livres bilingues, tant la présence des mots allemands est fréquente.

JMR : Il y a chez moi un intérêt pour le bilingue. Le petit paradoxe, c'est que je n'ai pas fait d'allemand au lycée et je l'ai appris plus tard, étudiant, pour travailler sur Nietzsche et sur Freud. J'ai un allemand très rudimentaire. Je suis contraint – c'est une contrainte assez plaisante dans l'ensemble – d'aller regarder les textes dans leur langue originale pour essayer de m'y retrouver. Lire des traductions de langues que je ne connais pas me pose problème.

ME : *Les Enfants du silence* appartient à une collection dont la convention astreint l'auteur à consigner chaque jour ou presque des notes de lectures, de rapides réflexions, etc. Continuez-vous à noter vos remarques de lecteur, les associations, les suggestions que vos lectures suscitent ?

JMR : C'est un livre demandé par Alain Veinstein, qui avait créé la collection « Carnets » chez Plon. Cette pratique croisait ce que j'ai fait de longue date, sous des formes variables d'ailleurs, selon les moments. Activité qui consiste à crayonner – mes livres sont beaucoup crayonnés, il y a un irrespect pour l'objet livre –, à prendre des notes dans de gros cahiers que j'ai à disposition, qui me servent à la fois de points de repère, d'indications, de mode d'évaluation du travail. J'ai besoin de ces gestes inscrivant des mots, des phrases, des impressions de lectures, toute sorte d'éléments différents dont la destination est indéterminée.

ME : Ce sont des travaux préparatoires.

JMR : Préparatoires, avec sans doute une visée de réassurance. Ce qui est écrit, je le relis de manière assez régulière ; mais, paradoxalement, quand je travaille, je n'en tiens pas compte, je l'oublie. Je le retrouve en quelque sorte par d'autres voies. Ayant une très mauvaise mémoire, ces traces matérielles sont nécessaires, mais au moment où je me mets à écrire, je fais comme si elles n'existaient pas, quitte ensuite à les revoir, à reprendre une part de ce que j'ai fait. Le regard a changé entre-temps.

ME : Est-ce la garantie de pouvoir vérifier des intuitions, des hypothèses de lecture ?

JMR : Il me faut une mise en forme continuelle de ce qui m'arrive dans les lectures ou dans la rumination – une inscription qui est le témoin discret d'un travail. En même temps, c'est quelque chose d'imaginaire dont je ne me sers pas directement quand j'écris. Comme pour mesurer les modifications, les éclaircissements, les infléchissements, tout ce dont je ne suis pas toujours conscient tant que je ne l'ai pas mis par écrit.

ME : Est-ce une occasion de plaisir ou une contrainte de travail à laquelle vous continuez de vous soumettre ?

JMR : Non, aucune contrainte là-dedans, mais un formidable plaisir, parfois douloureux, des moments intenses de joie comme on peut en connaître dans le travail intellectuel. On est alors emporté par ce qu'on fait. Après, il faut reprendre, réécrire : il n'y a jamais de premier jet satisfaisant, mais une réécriture, à la main, artisanalement, dans une sorte de grand bonheur. Il faut une sorte de rythme, de l'obstination, de la régularité, de l'endurance.

ME : Je suppose qu'il vous arrive de raturer.

JMR : Je rature énormément. J'ai un dispositif très simple : des grands cahiers, j'écris sur la page de droite et je corrige à mesure sur la page de gauche. Une fois terminé le livre, je le réécris entièrement, en général.

ME : Avez-vous jamais envisagé d'écrire autrement et autre chose que ce vous avez publié et qui relève de l'essai, du livre de philosophie ? Par exemple, vous engager dans l'écriture romanesque ou dramatique, dans la composition de poèmes.

JMR : Mon petit regret – ce n'est pas exactement de cet ordre-là, j'ai essayé, mais ce n'est pas convaincant –, c'est de ne pas pouvoir écrire des textes qui seraient du côté du roman. Tout ce que j'ai pu faire a fini au panier. J'essaie d'introduire dans les livres théoriques des petits éléments de style, de respiration, de notation subjective, qui font que cela se rapprocherait – avec tous les guillemets qu'on peut mettre à ce terme – d'une autobiographie. Le travail théorique n'est pas séparable d'un ancrage de cet ordre, sans qu'il s'agisse de récits d'événements subjectifs.

ME : La touche que vous glissez dans vos écrits théoriques fait écho à votre souci de l'expression littéraire.

JMR : Par rapport aux premiers essais qui étaient beaucoup plus « raides », j'essaie d'introduire des éléments d'écriture : cela fait partie du travail, des joies de l'opération. J'ai l'impression, par ce biais-là, d'avancer dans la réflexion, mais aussi de cerner davantage ce qu'est une démarche théorique qui ne se limite pas à ses objets, aux textes qu'elle cite.

ME : Dans vos textes philosophiques, il y a une respiration orientée, disons d'un mot commode, du côté de la littérature. Les deux modalités sont souvent menées de front. L'une accompagne l'autre.

JMR : C'est de l'ordre d'un accompagnement. Une double ambition en somme : une démarche théorique faisant varier son propos et, dans le même temps, la volonté d'introduire un travail d'écriture. Je crois que c'est ce que mes grands aînés ont pu m'apprendre : Merleau-Ponty, dont j'ai suivi les cours les deux dernières années de sa vie, Jacques Derrida, Michel de Certeau et Jean-François Lyotard aussi. Chez chacun, il y a une préoccupation de cet ordre.

ME : Chez ces philosophes, il y a toujours une attention au style.

JMR : Une attention au style qui est importante et pas seulement pour améliorer la qualité du propos, mais pour engager et soutenir la réflexion, la faire respirer. Ce qui se voit très bien chez Merleau-Ponty, par rapport à Sartre qui écrit parfois de manière assez lâche. C'était sensible dans ses cours au Collège de France. Je citerais aussi Lévinas, le caractère rugueux de son style est inséparable de la radicalité de sa pensée, de son originalité dans le paysage français. Il y a par contre chez Sartre – chez le jeune Sartre en tout cas – une sorte de rapport à la littérature désinvolte et souvent prétentieux. Ses premiers articles, à la fin de la guerre, sur Blanchot, Mauriac et d'autres sont des jugements à l'emporte-pièce sur la littérature du moment : un philosophe déclare, sans aucune justification, qui est romancier et qui ne l'est pas. Sans parler du texte ridicule sur Bataille. De tels propos ont fait des ravages dans l'après-guerre.

ME : Dans *Les Enfants du silence*, vous évoquez votre souvenir d'avoir emprunté un volume à l'un de vos frères. C'était un livre de Rainer Maria Rilke. Il y avait beaucoup de bibliothèques dans votre famille. Vous-même en aviez une. Tous les livres ou presque étaient à portée de main.

JMR : Tous les livres étaient à portée de main, il y avait une diversité de livres surprenante. Ayant eu plusieurs frères, j'ai pu puiser dans plusieurs bibliothèques.

ME : Chacun de vos frères avait sa bibliothèque ?

JMR : Ceux dont j'étais proche avaient leur bibliothèque et j'y suis allé piocher sans vergogne. Très jeune, j'ai pu lire des livres d'adultes. Du Rilke quand j'avais peut-être douze ans, et fin 1956, si je date bien les choses, certains textes d'Artaud – et d'autres choses analogues. Ce qui a permis à l'adolescent que j'étais de constater la difficulté de certaines œuvres littéraires. Une façon comme une autre de se frotter à l'espèce de bizarrerie qu'est la littérature, d'éprouver sa force et ses formes.

ME : Quels étaient les textes de ces deux écrivains ?

JMR : Pour Rilke, c'était les *Élégies de Duino*, et pour Artaud, c'était le premier volume des *Œuvres complètes* où il y a la correspondance avec Jacques Rivière et des poèmes surréalistes. Confronté à cela, moi qui lisais beaucoup la poésie de Rimbaud et Baudelaire, j'ai ressenti une sorte de décalage qui m'a laissé un peu stupéfait. Je vois aussi que je suis intéressé sans vraiment comprendre ce que je lis, mais ce n'est pas grave. Ce qui a été important, cela a été de m'imprégner très tôt de livres qui me paraissaient forts, d'assimiler une matière qui me semblait consistante. Comme si je prenais un rendez-vous avec l'avenir ; c'est ainsi que je me le suis formulé plus tard, quand j'ai cru que j'avais la capacité de lire ces auteurs et bien d'autres.

ME : Une telle profusion de livres à portée de main est un privilège et une invitation à lire. Étiez-vous intimidé par cette abondance de textes ?

JMR : Bien sûr, c'est un privilège d'avoir eu accès, très tôt, à cela, et aussi d'avoir pu constituer ma petite bibliothèque assez jeune. Mais il y a d'abord ce que je ne peux pas nommer autrement qu'un désir.

ME : Il y a sans doute une disposition à accorder, fort jeune, beaucoup d'attention aux livres.

JMR : Une disposition en partie familiale, la bibliothèque était très vaste, comportait aussi des choses très mauvaises.

J'ai lu des livres sans intérêt, voire exécrables. Mais c'est un aspect de la formation – de la *Bildung* – de se confronter ainsi à des difficultés qui ne sont pas de l'âge qu'on a, une manière de percevoir le caractère énorme, grandiose, d'un certain nombre de textes. C'est la même chose pour l'œuvre de Péguy, que j'ai lue très tôt, parce que dans ma famille le nom circulait, comme celui de Valéry d'ailleurs. Le nom devenant texte. L'habitude que je prends alors, c'est d'éparpiller les lectures – je passais de Péguy à Huysmans, de Rilke à Edgar Poe, d'Artaud à Alexandre Dumas et ainsi de suite. Diversité et, en même temps, apprentissage de la lecture. Comme un désir de s'approprier des textes qui n'ont aucune évidence et semblent complètement décalés par rapport aux divers romans qu'on lisait à l'époque dans ma famille. Je m'affronte à quelque chose qui me dépasse, me surprend et dont j'ai le sentiment que c'est pour partie ce qui me convient, que c'est dans cet espace que je vais séjourner. Je regarde aussi, vers douze ans ou treize ans, une grammaire italienne et j'apprends quelques bribes d'italien.

ME : À l'âge où vous les découvrez, les auteurs que vous lisez sont absents des programmes scolaires. Parvenez-vous à aménager l'écart entre ce que vos professeurs enseignent et votre vagabondage, votre itinéraire dans les livres qui vous entourent ?

JMR : Comme deux vies différentes. Walter Mitty, si on veut. Ce qui fait que, comme un certain nombre de gens, je me suis un peu ennuyé à l'école. J'ai grappillé quelques éléments de ce qui me plaisait, du latin, du grec, de l'anglais, j'ai un peu délaissé le reste. Pour la littérature, c'était assez inintéressant, à quelques exceptions près.

ME : Des morceaux choisis présentés dans les manuels ?

JMR : Quelques grands textes tout de même, soigneusement choisis. Bossuet, Racine, Montaigne, quelques romans.

Mais rien n'empêche d'aller voir ailleurs ce qu'on peut facilement trouver. Il m'a fallu me débrouiller tout seul. La petite culture que je peux avoir, je l'ai constituée par moi-même. Il y avait la vie de l'école, et la vie à l'intérieur de la famille ou, plutôt, la solitude nécessaire pour lire, ruminer. Il faut pour cela des techniques d'isolement solides. À douze-treize ans, j'avais acheté un petit volume de Baudelaire qui s'appelait *Pièces condamnées*. C'était une chose transgressive, sans rapport avec ce que l'on nous enseignait à l'école. Je crois qu'il y avait la perception de deux modes d'accès différents, deux vies, deux manières de faire. Et cette immense découverte, vers douze ans, d'un certain nombre de textes qui n'ont pas leur place à l'école.

ME : Beaucoup de ces écrivains vont restez avec vous. Péguy, Artaud. Plus tard, vous leur consacrerez articles et essais.

JMR : Je prends date : quelque chose m'attire dans ces textes, à la fois l'étrangeté et la difficulté. Pourquoi, je n'en sais rien ; mais il y a là une attirance d'autant plus forte que j'ai du mal à les saisir. Un goût aussi qui se forme. Je sais que cela m'importe. C'est peut-être aussi ce que je retrouve à quatorze ans, quand je me mets à travailler sur *Œdipe Roi*, en n'étant pas satisfait de la traduction des Belles Lettres, notamment.

ME : Vous êtes, très jeune, un lecteur considérable. Est-ce que cette intensité de lecture vous porte à souhaiter écrire ?

JMR : Sans doute. Il y a un désir d'écrire effectivement chez moi assez jeune : une mythologie familiale pouvait y contribuer un peu. Huysmans, Gide, Valéry sont dans les parages. La lecture devient vite inséparable d'un travail d'écriture et je continue sur ce même rythme. Les jours où je ne peux pas lire dans la journée deviennent pour moi des jours malheureux et toute ma vie, même quand j'étais enseignant, je me suis réservé deux ou trois heures de lecture ou de calme complet. Le grand modèle pour moi, c'est Valéry qui, tous les matins, très tôt, se met à écrire deux ou trois heures, pendant plus de cinquante ans.

ME : Vous êtes de ceux qui ne commencent pas la journée sans ouvrir un livre.

JMR : J'ai besoin d'avoir un livre à portée de main ou plusieurs, même, dans les déplacements, les voyages, le métro. Il y a quelque chose de l'ordre de la nécessité stricte : pouvoir passer dans la même journée ou la même heure d'un genre à l'autre, d'un livre à l'autre, d'un texte philosophique à un texte littéraire, qui n'ont en apparence rien à voir.

ME : Cela implique une grande mobilité, une grande disponibilité d'esprit.

JMR : Je ne sais pas de quel ordre, mais disponibilité, sans aucun doute. Ce qui fait que mes études ont été un peu chaotiques, c'est que je ne m'en tenais pas au programme, que j'avais toujours ce désir de pouvoir me déplacer d'un registre à l'autre sans qu'il y ait pour moi véritablement de rupture.

ME : C'est ce qui signe vos ouvrages et fait leur particularité.

JMR : Pour moi, c'est vital. C'est consubstantiel à ce que j'essaie de faire ; c'est vital au sens où je ne peux pas concevoir de travail sans ces glissements d'un auteur à l'autre, d'un moment à l'autre, d'un mot à l'autre, d'une langue à l'autre. Vital au sens où, et là c'est le sujet qui en décide, l'alternance entre lecture et écriture est aussi constitutive de l'ensemble d'une journée.

ME : Une indication biographique se glisse dans la préface de *Le Temps du crédit*. Vous rencontrez ou découvrez – sans doute en classe à l'occasion d'un cours – le mot crédit. Ce mot effraie. Comment, jeune adolescent, l'entendez-vous ?

JMR : On a tous rencontré, dans nos cours d'histoire, ce grand épisode de la banqueroute de 1720, ce nom de Law – la « loi » – qui se prononce « Lass » en France ; et ce mot énigmatique, le « crédit ». Je me suis dit en m'engageant il y a une quinzaine d'années dans cette direction, qu'il y avait, à la fois, un mot singulier, avec ses usages multiples, et une opération constitutive de l'économie, très particulière. En somme, la rencontre du mot, de la chose et de ses effets – en l'occurrence, à l'arrière-plan, la ruine. Nous sommes en 1954 peut-être.

ME : On entend dans cette espèce d'effroi qui s'empare de vous, le mot de Baudelaire dans *Fusées* : « Le monde va finir. »

JMR : Ce n'est pas précisément de l'effroi. Je crois que quelque chose à ce moment-là m'intrigue – ce qui s'appelle la ruine, la banqueroute, la rapidité avec laquelle on peut perdre de l'argent, un pays entier s'effondrer. Tous ces processus que nous connaissons bien aujourd'hui. Il y a là un ensemble d'éléments qui affecte le paysage, le paysage symbolique tel qu'il se dessine pour moi dans ces années.

ME : De quoi l'adolescent que vous êtes a-t-il peur ?

JMR : C'est une interrogation plus qu'une peur. C'est la fin d'un monde ; en tout cas la possibilité d'une ruine, un ensemble qui se défait, et ce à un moment où l'idéologie ambiante va dans le sens de la relève. Mon père était architecte et a participé à la reconstruction du Havre avec Perret. On est dans un temps de reconstruction, de reconquête. Mais – et je crois que je l'ai perçu assez précisément – on est aussi dans une époque où certaines choses se défont comme inexorablement. Sous cette apparence d'une construction volontaire comme a pu être celle de l'après-guerre, il y a des choses qui sont laissées pour compte : raison pour laquelle le *crédit* s'impose à mon attention ; et je le rapproche de *banqueroute* et de *ruine*. Des termes qui deviennent inséparables et constituent peu à peu un problème majeur.

ME : Ces cours d'histoire sur Law comptent peut-être dans l'orientation future de vos travaux sur la confiance.

JMR : Sans doute. Il y a l'ambiance générale et il y a, sans entrer dans le détail, la manière dont ma famille considère l'argent. Je suis d'une famille qui n'avait pas grand sens de ce qu'était l'argent. Famille bourgeoise modelée sur un certain XIXe siècle. De plus, on n'est pas loin du plan Marshall. Et l'adolescent que j'étais perçoit cette simultanéité. On voyait, dans le Paris de ces années, des inscriptions comme *US Go Home !*. Au début des années 1950, j'ai le sentiment que *la guerre n'est pas terminée*. Étrangeté d'une perception de cet ordre. Et les débuts de la « guerre froide » sont là comme à titre de quasi-preuve. La reconstruction, nécessaire après les ravages de la guerre, s'accompagne de contrepoints qui ne sont pas énoncés. Ce qui se met en place comporte de grandes zones d'ombre. Parmi celles-ci, la plus significative à mes yeux est l'affaire Finaly [1] ; elle éclate en

1. Fuyant l'Autriche nazie, un couple de juifs, Annie et Fritz Finaly, se réfugie en France. Peu avant d'être arrêtés puis déportés à Auschwitz, ils confient leurs jeunes garçons, Robert et Gérald, à des religieuses de la région de Grenoble. S'estimant peu capables de les élever, celles-ci les

1952-1953. Des événements en apparence hétéroclites se mélangent, occupent le devant de la scène et font sens.

ME : L'affaire Finaly est inséparable du sort des enfants juifs durant la guerre 1939-1945.

JMR : Cette affaire se déroule dans la région de Grenoble où j'ai longuement séjourné enfant. En 1952-1953, je vois dans *Paris-Match* les photos des protagonistes, je lis les différents épisodes de ce drame. J'ai un souvenir très précis de la tournure que prend cette affaire, des discussions qu'elle suscite, des remous qu'elle produit dans l'entourage. Au moment où l'on sort des restrictions qui durent jusqu'en 1948, où on semble dire que la guerre est bel et bien terminée, j'ai l'impression que quelque chose reste là encore en suspens. L'affaire Finaly, c'est l'obligation de se reporter dix ans avant, dans une période particulièrement trouble qu'on voudrait à tout prix oublier. À cela vient se superposer le récit de cet épisode de la banqueroute qui contribue à renforcer ce sentiment d'étrangeté – ce mélange de bavardage et de mutisme, ces propos comportant des ellipses, des silences lourds.

ME : Ce sentiment est suffisamment puissant pour prendre forme théorique dans vos livres.

remettent à une ancienne résistante catholique. L'affaire éclate lorsque cette femme refuse de rendre les deux enfants juifs, convertis au catholicisme en 1948 à son initiative, à des membres de la famille Finaly. L'affaire prendra même un tour international quand on découvre la présence des deux garçons dans l'Espagne de Franco. Actions judiciaires et procès se succèdent pendant presque dix ans (1945-1953). L'affaire pose, au sortir de la guerre, la question des enfants juifs cachés. Elle oppose en France les institutions et autorités juives et catholiques, divise l'opinion par le biais de journaux dont certains n'en n'ont pas fini avec l'antisémitisme. En 1953, la Cour de cassation tranche. Robert et Gérald Finaly pourront rejoindre les membres de leur famille installés en Israël où, à leur tour, ils s'établiront.

JMR : Cela a mis du temps, je suis venu à ce genre de préoccupations tardivement. Mais on ne force pas le cours des choses dans ce genre de travail. Et c'est aussi une maturation, une élaboration, une construction de choses antérieures qui n'avaient pas leur nom, qui n'avaient pas trouvé les phrases qui leur convenaient, et restaient de l'ordre du sentiment, d'une perception vague. Je crois que le véritable objet de travail, c'est cet ensemble constitué par le crédit, la croyance, la créance. C'est-à-dire l'économie, mais aussi l'aspect moral, politique de la chose, le recours à un futur imaginaire – et tout ce qui s'ensuit, qui est considérable.

ME : Peut-être est-ce une illusion de lecture, mais je perçois la trace de cette interrogation dès vos premiers textes. Dans votre livre sur Nietzsche, de discrètes indications vont dans ce sens. Vous écrivez ce livre, *L'Enjeu des signes*, très jeune, en 1970, à 28 ans. Vous n'êtes pas dans l'humeur théorique de l'époque.

JMR : J'ai eu assez vite ce sentiment-là, de travailler non pas dans le désert, mais de manière un peu singulière. C'est-à-dire à l'écart du structuralisme, qui était en plein essor à ce moment-là, du marxisme d'Althusser et d'autres courants.

ME : Vous filez votre voie.

JMR : J'essaye de suivre une voie tant bien que mal, avec d'énormes maladresses, des naïvetés aussi. Je dois apprendre l'allemand pour lire Nietzsche ; les traductions de l'époque, du Mercure de France, étaient imprécises. Je tente de m'approprier, avec des moyens rudimentaires, un continent de pensée différent de ce qui se passe en France. Travail dont, peut-être, Rilke a été le premier pion. Je ne m'en suis pas bien tiré, mais ce qui m'importait là, c'était de faire ce premier pas et de me mettre au travail, comme je l'avais fait pour retraduire *Œdipe Roi* à quatorze ans.

ME : Comment perceviez-vous le climat intellectuel des années 1960-1970 ?

JMR : Un moment stimulant. J'ai eu Derrida comme assistant à la Sorbonne, à partir de 1960 et je suis resté lié à lui après. Ce climat avait quelque chose d'excitant. Ce premier travail est une manière de mettre le pied à l'étrier. Il me fallait conquérir cet objet imposant, difficile, en plus en langue étrangère ; même si c'est un très bel allemand, c'était une langue suspecte.

ME : *L'Enjeu des signes* a pour point de départ un travail universitaire.

JMR : Une thèse de troisième cycle avec Paul Ricœur. Gilles Deleuze a été au jury.

ME : Est-ce que ce travail vous a incité à devenir professeur ?

JMR : C'est ce travail qui m'a permis de rentrer à l'université, sans passer par le lycée, qui m'a fait saisir l'ampleur du propos ; j'étais un peu téméraire de m'aventurer là-dedans. Cela m'a fait comprendre qu'il fallait trouver une position un peu décalée, par rapport aussi à la grande philosophie du moment, c'est-à-dire à la phénoménologie. C'est enfin la nécessité de me confronter au texte lui-même, de reprendre certains termes pour leur donner un poids conséquent.

ME : Vous n'avez pas enseigné au lycée. Cela a peut-être été à vos yeux un avantage. Peut-être l'avez-vous néanmoins regretté ?

JMR : Aucun regret. J'ai enseigné dans des « boîtes » privées et deux années au lycée. Je n'ai jamais été une bête à concours. J'ai fait le raisonnement suivant : le CAPES de philosophie je l'aurais rapidement, mais l'agrégation, c'est peu probable. Si je passe le CAPES, je vais être envoyé au fin fond de la province ; je fais une thèse de troisième cycle, et puis après je vois. Un pari hasardeux, mais qui a pu me procurer un poste à l'université. Ce qui a été l'amorce d'une carrière universitaire qui s'est faite tout entière à Paris-VIII.

ME : Ce choix était le bon.

JMR : Il était le bon, mais il était risqué. Je ne conseillerai à personne, surtout aujourd'hui, de faire le même.

ME : Vous écrivez *Les Enfants du silence* au cours de l'année 1989, année de la célébration du bicentenaire de la Révolution française. D'une manière assez compréhensible, mais en même temps un peu surprenante, vous n'en soufflez mot.

JMR : J'étais, comme certains, irrité par ces célébrations, par les formes que cela a pris. J'ai voulu en somme volontairement rester à distance de cela. J'ai le sentiment aussi, et c'est une chose à laquelle je tiens, que dans une démarche, il y a des moments, qu'on ne choisit pas, où une problématique s'impose. Je crois qu'il ne faut pas précipiter les choses. Je suis contre le programme de travail sur des années entières. J'ai toujours eu le sentiment qu'il y a, à la fois, des occasions extérieures et des sollicitations internes qui coopèrent à la maturation d'un propos, à la venue à l'écriture d'un livre. Dans ce moment-là, je n'étais pas du tout prêt à avancer des propos sur Michelet, sur Quinet, ou sur les questions de théorie politique. Outre mon peu de goût pour la célébration, il y a des temporalités dans le travail qu'on ne peut pas brusquer.

ME : La préparation du Bicentenaire vous agace un peu.

JMR : Il est parfois plus important d'avancer des choses qui semblent sans rapport immédiat avec une conjoncture plutôt que de coller à elle. Cela a toujours été mon sentiment : si on tient trop à une conjoncture, on risque de ne plus l'apercevoir, de ne plus être à même d'en dire quoi que ce soit. L'inactualité dont parle Nietzsche.

ME : Vous avez été contemporain de la reconstruction du pays après la guerre, du plan Marshall, mais aussi d'événements qui ont concerné votre génération au plus près, la guerre d'Indochine et, évidemment, la guerre d'Algérie. Que gardez-vous de cette époque, où les jeunes gens de votre âge étaient menacés, s'ils n'étaient pas sursitaires, d'aller combattre en Algérie ?

JMR : J'ai passé trois ans, entre 1949 et 1952, à Villard-de-Lans pour des raisons de santé. Ce village a été un lieu de résistance important, au cœur du Vercors. La population a caché de nombreux Juifs pendant la guerre. En 1949, on parle beaucoup de ce passé. La guerre est proche. Tout est dit de manière allusive ; il me semble que j'ai entendu certaines choses sur la Résistance, sur les drames qui s'y sont joués. Dans les années qui suivent, j'apprends, à peu près en même temps, ce qu'est l'affaire Finaly et ce que signifie la « guerre froide », ce qu'est un conflit. Nébuleuse d'événements pour le moins marquants. Et cette perception tenace : il y a là quelque chose de particulièrement grave dont on ne fait mention que sur un mode détourné, qu'on esquive. Dans ces mêmes années, on parlait des « déportés » – un terme commode englobant tous ceux qui n'étaient pas en France pendant la guerre. J'y vois une façon de ne pas mentionner le reste. Ensuite, la guerre d'Indochine, et surtout d'Algérie, qui sont des événements majeurs.

ME : Vous aviez l'âge.

JMR : J'avais l'âge. Un de mes frères, qui a près de quatre ans de plus que moi, n'était pas sursitaire : il a passé deux ans en Algérie comme appelé, dans des conditions épouvantables. Il en a tiré un livre, paru aux Éditions de Minuit en 1962, qui a pour titre *Les Égorgeurs.* Il raconte tout ce qu'il a vu. Il m'écrivait très fréquemment, et j'étais au courant de ce qui se passait. Je crois qu'il y a là quelque chose de crucial pour la société française qu'on a mis du temps à reconnaître. C'est un des moments, avec le régime de Vichy, où il y a un processus que la France connaît bien, depuis des siècles, qui s'apparente à une guerre civile. C'est aussi le cas, à mon sens, de l'affaire Finaly qui répète en partie l'affaire Dreyfus. Comme nombre d'étudiants, j'appartiens à l'UNEF.

ME : Syndicat étudiant très actif sur la question des sursis d'incorporation.

JMR : La question des sursis a été importante, comme les manifestations dans lesquelles nous retrouvions certains de nos enseignants, Jankélévitch, Ricœur et quelques autres. Il y avait alors un véritable milieu étudiant qui alertait ; ensuite, grande circulation de l'information avec le comité créé par Vidal-Naquet, et quelques autres initiatives fortes.

ME : Sans compter les personnalités – intellectuels, artistes –, qui signent le *Manifeste des 121.*

JMR : Le *Manifeste des 121* a été une sorte de coup de tonnerre. Il indique qu'on est dans un moment de fracture profonde du pays, dont la forme la plus violente est le 17 octobre 1961, le massacre d'Algériens en plein Paris. On voyait des gardiens d'immeuble venir chercher des policiers et leur indiquer où s'étaient réfugiés des Algériens. On était reporté vingt ans avant. C'est un monde qui se divise fortement et dans lequel les événements de cet ordre-là prennent une importance considérable. Autre souvenir du même moment, août 1960. Je travaille à la campagne avec un ami et on entend à la radio : « C'est le quinzième anniversaire d'Hiroshima. » Stupeur de notre part que ce soit si près, que cela ait été possible. Nous aurions presque pu y assister, nous avons dix-huit, dix-neuf ans. Un abîme entre le réel et ce qu'on en dit.

ME : La construction du Mur de Berlin commence un an plus tard, en août 1961.

JMR : Exactement. Donc, une sorte de configuration politique dont les divers aspects prennent sens. Autre souvenir : 1956, la Hongrie. L'école où je suis nous donne congé pour aller manifester devant le siège du PC.

ME : Vous parlez de l'automne 1956 ?

JMR : Oui. J'y vais avec quelques camarades, pour protester contre la répression. Souvenir précis : tout en étant très opposé à la position du PC, je saisis un consensus étrange qui ne dit pas ce qu'il est. Quelque chose ne va pas ; je m'en vais. Sentiment d'un grand flou. Je condamne l'intervention soviétique et, en même temps, je vois dans cet unanimisme une forme qui ne convient pas à la situation, qui est obscène. J'ai souvent ce sentiment dès qu'il y a, dans des circonstances graves, un accord de façade. Vieille méfiance pour ce type de communauté – et pour d'autres d'ailleurs. Le personnel politique se retrouvant à l'église dans certaines circonstances.

ME : La condamnation des uns ou des autres dans des circonstances politiques dissemblables vous est suspecte. L'absence de nuances ne vous convient pas.

JMR : Sans nuances et rassemblant à peu de frais, elle n'indique pas comment elle procède. On fait l'économie de toute analyse : c'est ce que j'ai appris chez des gens comme Claude Lefort, que je commence à lire peu après. Je m'interroge aussi sur l'appui inconditionnel de Sartre à divers mouvements, dans les années 1960. Le respect que j'ai pour Sartre est tempéré par cette manière qu'il a de faire une apologie abstraite de la révolution. Autre forme d'unanimisme qui fait problème à mes yeux.

ME : *Les Enfants du silence* fait état de vos lectures. Pour quelles raisons taisez-vous, par exemple, la littérature russe ? Non que vous l'ignoriez, bien sûr. Mais vous êtes sensible aux langues et votre rapport à la langue russe n'est pas celui que vous souhaitez pour être de plain-pied avec sa littérature. De la même manière, vous ne mentionnez pas Cervantès.

JMR : J'ai une grande admiration pour Dostoïevski. Mais je suis frustré de ne pas pouvoir lire le texte dans la langue originale. On dit que les premières traductions de Dostoïevski sont très édulcorées. Ne pas avoir accès à la langue d'origine peut favoriser chez les lecteurs une approche trop thématique qui laisse de côté bien des aspects. C'est au fond peut-être la principale raison de cette abstention.

ME : La difficulté et le doute peuvent s'insinuer au vu des traductions parfois très différentes. Des traductions des mêmes poèmes sont si éloignées les unes des autres que la question se pose de savoir quel est le « vrai » poème.

JMR : Quel est le vrai poème, quel est le texte, quels sont ses enjeux ? Et je dois dire, pour Dostoïevski, comme pour les auteurs chinois, ou japonais.

ME : Le lecteur est pieds et poings liés au traducteur.

JMR : On est sous la dépendance stricte du traducteur. Et c'est ce qui me gêne pour nombre d'auteurs, que, par ailleurs, je trouve passionnants. Difficulté à lire les littératures dans lesquelles je n'ai aucune notion du fonctionnement de la langue, de sa syntaxe, etc. Je ne peux pas me l'approprier, sauf, et pour moi c'est un appauvrissement, sur un mode très thématique. C'est un peu comme si j'avais affaire à des morceaux choisis ou à un résumé. On est dans une grande thématique, où la culpabilité et nombre d'autres thèmes – tout ce qu'on connaît *ad nauseam* – reviennent. Mais l'espèce de finesse, le détail, la singularité d'une démarche littéraire s'absentent ; tout ce qui enrichit la lecture m'échappe totalement.

ME : La même raison vaut-elle pour la littérature espagnole ?

JMR : J'ai regardé un petit peu Cervantès par exemple, et c'est une langue difficile. Je dirais aussi que *Don Quichotte* a été tellement commenté qu'il est malaisé d'en ressaisir quelque chose au-delà de tout ce qui circule. On est encombré par le commentaire, qui vient, à la limite, faire obstacle au texte même.

2

RÉSEAUX DE NOMS, RÉSEAUX DE MOTS

ME : Votre corpus de travail est très vaste. Comment s'est-il constitué ?

JMR : Le point de départ est Nietzsche ; c'est à partir de lui que j'ai continué à travailler. Ensuite, d'autres éléments se font jour. Le nom de Freud est là dès le premier livre. Comme si, dès le début, il fallait déchoir la référence première de son caractère unique, de son univocité. Le propos se déplace comme de lui-même. J'ai rapidement le sentiment que je ne peux pas devenir spécialiste d'un auteur, que ce n'est pas mon désir. Il y a l'obligation de donner suite à des éléments qui font signe dans le cours de l'écriture, aux effets latéraux ; en tout cas une décision à prendre à ce propos. J'ai peu travaillé sur commande, j'ai essayé de donner suite à des problèmes – des intuitions, des impressions, etc. – qui apparaissent à mesure. Nietzsche ouvre presque directement sur Freud – cela ne va pas de soi, évidemment ; et Freud ouvre sur autre chose encore. Entretemps les lectures modifient la configuration. Tout livre suscite un contre-livre, creuse l'espace de celui qui le déplace. Ce n'est pas de l'ordre d'une continuité. Le travail se fait souvent dans la rupture, il donne au terme *institution* un sens actif.

ME : Ce sont les problèmes qui vous occupent qui appellent des auteurs.

JMR : J'ai le sentiment que ce sont plus des problèmes que des auteurs – même si, effectivement, il y a des affections fortes pour quelques-uns. Je crois que c'est davantage un certain nombre de préoccupations qui m'ont orienté vers ces auteurs et ces lectures. Quand j'ai commencé à travailler sur le crédit, j'ai été surpris de voir que des auteurs auxquels je n'avais pas pensé auparavant, sur lesquels je ne croyais pas travailler, se sont imposés, sont devenus des objets de travail, à partir des questions que je me posais dans cette perspective nouvelle. Les aléas de la découverte, en un mot.

ME : Votre manière de travailler est aventureuse et stimulante. Elle progresse de découverte en découverte.

JMR : C'est le côté abrupt et risqué du travail. C'est aussi son côté plaisant : une sorte de jouissance à explorer les domaines qu'on ne soupçonnait pas, à lire des auteurs – ou à les relire sous un autre angle – et à constituer une masse problématique, un ensemble de problèmes qui m'apparaissent parfois liés à d'anciennes préoccupations. Cela met évidemment du temps à germer. Il faut laisser se manifester cette nécessité interne, ne pas intervenir trop vite. Au moment où je termine mon premier travail sur Nietzsche, je comprends qu'il faut travailler non plus sur un auteur, comme j'avais commencé à le faire, mais plutôt sur des noyaux problématiques.

ME : Ces noyaux ne sont pas seulement formés des œuvres maîtresses de vos auteurs. Vous êtes très attentif à des textes qui ne s'imposent pas de prime abord. Par exemple, les Cahiers de Valéry, le *Journal* de Michelet, les correspondances. Cela suscite une perception différente, peut-être plus complexe, d'un même penseur. Vous saisissez ainsi le tout de l'œuvre. Et les parties qui sont comme déliées, distinguées, des textes réputés fondamentaux prennent force.

JMR : Effectivement, il y a une idée qui s'impose petit à petit, que je n'avais pas au départ, que je ne peux travailler que de manière fragmentaire. Aucune velléité de rendre compte de l'ensemble d'une œuvre. Essayer d'improviser dans chaque cas des modes d'approche différents, sans précipitation. Je convoque les auteurs qui me font signe, à partir de préoccupations vagues au départ et s'éclaircissant à mesure que je me réfère à ces auteurs et que je construis un propos en m'appuyant sur eux. Il y a une sorte de complicité, d'amitié pour ces auteurs, aussi divers qu'ils soient d'ailleurs ; j'ai besoin d'eux, mais, en même temps, je ne les accepte jamais en totalité. Le plus important est d'arriver à en faire quelque chose, plus que de rendre compte d'un tout.

ME : Vous ne cherchez pas à réunir, à composer une totalité, mais tout compte. Les textes « mineurs », les détails, les aphorismes, deviennent, quel que soit l'auteur, essentiels. Vous placez au même plan le *Journal* de Michelet et son *Histoire de la Révolution française*.

JMR : Je crois que, peu à peu, cette position s'est imposée à moi – de considérer qu'il n'y avait pas une hiérarchie des motifs dans une œuvre, qu'il faut trouver les entrées qui conviennent le mieux à ce que je cherche, qui répondent à ce que je pressens et ne sais pas encore formuler. Quand je travaille sur un problème, il y a une négociation de cet ordre où entre une part d'intuition. Je ne sais jamais ce que je vais trouver ni si cela pourra me satisfaire. On apprend aussi à renoncer : on se transforme dans cette sorte d'opération. On laisse une partie de son enfance, on fait mine d'être adulte. On prend la mesure des effets du temps.

ME : Votre premier livre, *L'Enjeu des signes*, s'ouvre sur une considération relative au commentaire. Vous estimez, à propos de Nietzsche, que le commentaire satisfaisant est quasiment impossible. Il y a là une violence posée à l'égard du commentaire.

JMR : Il y a une violence qui m'a été d'ailleurs reprochée, non sans raison. C'est la virulence d'un premier travail, passant par des énoncés parfois tranchants. Je suis aujourd'hui critique sur cette manière de faire. J'ai commencé ce travail en 1966, sous l'impulsion de ce que je lisais, c'est-à-dire, parmi les contemporains, Derrida, Michel de Certeau, et Blanchot qui a beaucoup compté pour moi. J'ai essayé avec des moyens rudimentaires, je le reconnais volontiers, de poser cette question du commentaire en engageant, à mes risques et périls, une *lecture* de Nietzsche. C'est un livre bizarre de ce point de vue, marqué par un effort d'apprentissage, un miroir de mes ignorances. J'ai du mal à m'y reconnaître aujourd'hui.

ME : Votre livre évite au lecteur le commentaire de telle ou telle œuvre, de tel ou tel texte, ou l'en prive. Que rejetiez-vous et sans doute rejetez-vous encore dans le fait de commenter ?

JMR : C'était au fond une sorte de malaise théorique de ma part. Je me suis engagé dans un travail qui était démesuré, je l'ai perçu en le menant. J'avais l'idée de souligner des choses sur lesquelles on n'avait pas suffisamment mis l'accent, notamment la question du signe. Mon sentiment : il y a chez Nietzsche des ressources à l'infini, des éléments proliférant. Je cherchais quelque chose dont je n'avais pas la clé et que je ne formulais pas bien. Cela engageait en partie le travail pour la suite.

ME : En désignant votre travail comme « l'enjeu des signes », vous proposiez d'aller vers Nietzsche d'une manière bien différente de celles en vogue dans ces années-là, sans craindre d'être austère.

JMR : C'est vrai, je le reconnais volontiers.

ME : C'est le revers d'une prudence attentive à ne pas se laisser emporter par l'enthousiasme, égarer par des traductions que vous jugez mauvaises.

JMR : Avant que je m'en occupe explicitement, c'était mon emprunt à Valéry, ma dette : cette nécessité de ne pas s'enthousiasmer pour ce qu'on lit, de passer par une froideur – peu importe comment on nomme cela. Lyotard parle d'apathie. Le souci d'être attentif à des nuances, à des éléments secondaires, en retrait par rapport à ce qu'on pouvait percevoir de Nietzsche dans ces années. C'était la seule manière que j'ai eue d'entrer là-dedans, de me situer en retrait du livre de Deleuze, premier grand livre en français sur Nietzsche. J'étais dans une position où il fallait essayer de débroussailler cette œuvre complexe, me frayer un chemin, et prendre en compte ce qui se passait dans ce moment-là, même si je ne le dis pas explicitement.

ME : Votre point de vue n'a rien à voir avec celui de Gilles Deleuze dans *Nietzsche et la philosophie*.

JMR : Effectivement, j'ai fait cette thèse – et ce premier livre – sans référence au livre de Deleuze, que j'admirais. Paul Ricœur a accueilli ce travail avec la générosité qu'on lui connaît ; mais je me tenais aussi à l'écart de sa manière de travailler.

ME : Vous n'avez pas le souci de l'herméneutique.

JMR : Non, ni même de la phénoménologie au sens où Paul Ricœur la déploie. Mais je dois dire la reconnaissance que j'ai pour lui : le type de travail qu'il a mené dès ces années, le courage qu'il a eu. Parmi les professeurs, c'était à peu près le seul avec Canguilhem et Jankélévitch qui continuait à travailler pour les étudiants. Ce livre sur Nietzsche est une sorte de galop d'essai.

ME : Pourquoi l'avez-vous intitulé « L'Enjeu des signes » et non « L'Enjeu des mots » ? Fallait-il en ces années prendre en compte l'apport de la linguistique, de la sémiologie, sans nécessairement montrer sa dette ?

JMR : Il y a une pression de l'époque, que je reconnais volontiers. J'étais, comme un certain nombre de gens de ma génération, tiraillé entre du philosophique et ce que nous lisions – la linguistique, la psychanalyse, etc. Le terme de « signe » me semblait avoir quelque connivence avec le symptôme. C'est Nietzsche qui évoque le philosophe comme médecin de la civilisation. Comme s'il faisait signe à Freud.

ME : Dans une page de votre livre, vous dites du signe ce qu'il est et ce qu'il n'est pas. Il apparaît telle une formation de compromis proche de ce qu'on peut comprendre d'une manière rapide sous le nom de symptôme chez Freud.

JMR : J'ai fait une opération que je n'ai pas mesurée tout de suite ; il faut parfois du temps pour comprendre ce que l'on a fait. J'ai tenté, assez maladroitement, d'entremêler une chose qui relevait de Nietzsche et une autre qui provenait de l'écriture de Freud. On apprend à penser en risquant des rapprochements de cet ordre.

ME : Un des traits de votre travail est sa grande sensibilité à l'écriture d'un auteur, quel que soit celui qui vous retient.

JMR : C'est effectivement la chose qui est...

ME : ... une constante ?

JMR : Je cherchais le terme... Me situer en deçà d'une thématique, de manière à me rendre attentif à la manière dont se forme une pensée – que ce soit celle de Freud, de Nietzsche, de Péguy ou d'autres. Me soucier de ce qui n'est pas encore formé, de ce qui est encore dans les limbes, ce qui est en gestation, tout ce qui n'est pas de l'ordre du « déjà fait » comme dirait Bergson. Les auteurs dont je m'occupe sont, à un titre ou à un autre, concernés par des questions touchant l'écriture, le style, la façon de faire, l'élaboration. La construction terminée m'intéresse moins que le chantier, que la disposition des matériaux ou que l'agencement – l'architecture à ses débuts. Je n'ai jamais pu adhérer à une forme de pensée politique dans laquelle la totalité était présente. Le premier Marx me semble éblouissant : les choses sont foncièrement ouvertes, il n'y a pas de programme, pas cette totalisation. Préoccupation que je retrouve dans les « Notes du cours au Collège de France » de Merleau-Ponty sur « l'institution ».

ME : Vous pensez aux textes de Marx dits de jeunesse, textes morcelés.

JMR : Morcelés, absolument, et heureusement morcelés. On lira à ce propos la démonstration forte de Patrice Loraux dans *Les sous-mains de Marx*. Le grand problème qu'ont bien saisi des gens comme Claude Lefort ou Miguel Abensour, c'est précisément le sens de la pensée fragmentaire, du bris de la totalité. Ce problème s'est posé à notre génération de manière aiguë, dans la mesure où le marxisme français a été massivement hégélien et a été peu inventif. On pourrait se demander pourquoi, mais ce serait toute une histoire à écrire.

ME : Pourquoi n'y a-t-il pas de votre part un regard sur Marx durant tout ce temps où vous avez l'œil sur Nietzsche et sur Freud ? À cette époque, Marx n'a pas votre oreille.

JMR : Il n'a pas mon oreille ; je regarde surtout les textes de jeunesse où je perçois un foisonnement de questions. Je vais en retrouver certaines quand je commence à travailler sur le crédit. Lefort m'a aidé dans cette voie. Il y avait là aussi une réflexion sur l'incomplétude du marxisme, pour le dire rapidement. Double position ici encore de ma part : la question politique est déterminante – dans l'après-guerre, elle a eu une importance considérable – et, en même temps, les constructions idéologiques ou philosophiques qui misent d'une manière ou d'une autre sur la totalisation ont à mes yeux quelque chose de suspect. Étrange pour moi de retrouver, des années après, par rapport à d'autres travaux, des théologiens catholiques s'interrogeant dans les années 2000 sur ce que pourrait être, dans la perspective chrétienne, un « accomplissement non totalitaire ». L'expression est de Claude Geffré, un dominicain lié à Michel de Certeau.

ME : C'est assez mystérieux.

JMR : Assez mystérieux, mais conséquent pour qui sait l'importance de saint Paul chez Hegel, par exemple. C'est la nécessité, ressentie dans plusieurs lieux, de se déprendre d'une matrice hégélienne en en tirant les conséquences. C'est ce qui m'a aiguillé là-dedans, et sans doute mon éducation catholique y est-elle pour quelque chose. J'ai été sensible assez tôt à cet immense problème, pour diverses raisons. C'est sans doute un des lieux où la pensée politique et la théologie peuvent avoir un espace commun. Il est parfois difficile de séparer en toute netteté les deux domaines – on le sait par plusieurs biais. Une difficulté qui revient sous plusieurs aspects.

ME : Les premiers textes de Hegel, de Marx rencontrent la question religieuse.

JMR : Et Nietzsche aussi tout autrement. Il me semble que mon approche de Nietzsche, même si elle en parle peu et mal, touchait un tel problème. Cela a été pour moi la manière non pas d'éviter, mais de contourner cette grande matrice hégélienne et de comprendre qu'il fallait à la fois en tenir compte et trouver les moyens de la contourner. Ceux que j'appelle mes grands aînés – Derrida, Lyotard, Certeau et quelques autres – sont des gens qui ont rencontré ce problème, chacun le traitant avec les moyens qu'il invente.

ME : Quelque chose de vos livres ne passe pas inaperçu. Ce sont les nombreuses citations et exergues : en début de livre, à l'intérieur du livre, dans les chapitres. Vous aimez citer avant de prendre la parole ou la plume. Pourquoi pareille propension à l'exergue ?

JMR : Vous avez raison, c'est quelque chose à quoi je tiens.

ME : Souvent la référence manque. Le lecteur ignorant aimerait la connaître !

JMR : C'est une invite à aller voir.

ME : En guise d'explication, j'ai pensé à « *My Creative Method* », comme dit Francis Ponge.

JMR : Oui, je lis Nietzsche en même temps que Ponge, Blanchot et d'autres.

ME : Il y a une espèce d'appétence, d'attirance. Vers quoi ?

JMR : Il y a une espèce de désir de briser la belle unité de la pensée, la cohérence supposée ; en montrant qu'il n'y a pas de hiérarchie fondamentale entre les différents types de texte, qu'un texte littéraire peut être aussi riche qu'un texte philosophique. Et qu'il faut relayer l'un par l'autre et désorienter ce qui a les apparences d'être bien constitué. Comme pour dire : ce que vous lisez n'est pas exactement ce que vous pouvez croire à première vue. Petit geste de profanation, si l'on veut.

ME : Donc, les citations ne fonctionnent pas comme point d'appui. Vous bataillez contre une hiérarchie des textes, mais à mettre une phrase ou un paragraphe en exergue, vous malmenez l'égalité des textes.

JMR : Oui, c'est une partie de ce que je fais. L'exergue appelle le conflit.

ME : Que vous voulez tenir entre les parties d'une même œuvre ?

JMR : C'est plusieurs choses à la fois. C'est une référence, une manière de remercier l'auteur que je cite de m'avoir donné cela. Une façon de faire bouger ce qui semble être de l'ordre d'une hiérarchie et de prendre rendez-vous pour l'avenir, d'indiquer qu'il y a quelque chose à creuser dans cette direction-là. Les exergues sont parfois décalés par rapport à ce que je fais ; c'est un rendez-vous avec quelque chose que pour l'heure je ne peux pas anticiper, mais dont je soupçonne que ce pourra être important, une tâche que je me donne aussi ; une manière de rompre avec ce que j'ai fait, de m'aventurer, de me décaler.

ME : Vous avez plaisir à signaler une connivence avec un moment de pensée.

JMR : Des connivences, des amitiés. Michelet a des pages très belles sur le rapport qu'il entretient comme historien avec les personnages du passé ; et il parle d'*amitié* à ce propos. Je reprends son terme. Ce sont des amitiés que j'établis avec de grands aînés, avec des auteurs que j'apprécie – ou même avec des phrases qui me frappent, des énoncés qui m'indiquent ce qui reste à faire, disent mon endettement. Amitié ne signifie pas approbation. Car un texte vaut autant par ce qu'il dit que par ce qu'il laisse en blanc, autant par ce qu'il énonce que par ce qu'il dissimule.

ME : L'exergue a-t-il la même fonction que la citation ?

JMR : La citation autorise. L'exergue est beaucoup plus indéterminé, problématique, indiquant quelque chose dont on ne sait pas trop quoi faire, mais dont on mesure la portée. Une chance supplémentaire qu'on se donne. Dès le livre sur Nietzsche, j'ai perçu que, dans l'écriture, il y a des chances qu'on se donne ou qui adviennent, qu'importe la différence. Sentiment que j'ai de longue date : un texte – article ou livre – suscite souvent une sorte de texte complémentaire qui germe, vient comme en contrebande, en contre-chant, esquisse une suite possible décalée. Il faut être attentif à cette genèse latérale. Un contre-texte dans le texte. La contradiction s'exacerbant à mesure que j'avance. *L'institué se retournant contre l'instituant.*

ME : L'exergue, c'est hospitalité et accueil signifiés à la pensée d'autrui.

JMR : On ne peut pas travailler sans qu'il y ait ce minimum d'amitié, pour reprendre le mot de Michelet, sans qu'il y ait un développement de ces amitiés et de ces formes d'hospitalité. Ce qui signifie aussi qu'il y a *endettement continué*. Tout cet accompagnement rend encore plus difficile le moment où il faut décider d'arrêter un travail. Qu'est-ce qui fait que je vais décider d'arrêter ? Question que l'on retrouve fortement posée chez Valéry. Il y a un moment où il faut se résoudre à mettre un terme à un texte en connaissance de cause, souvent avec des regrets. Moment où j'obéis à une contrainte sociale, éditoriale en quelque sorte, mais où, en même temps, je pressens qu'autre chose est en gestation, dans les limbes comme j'aime à dire. À venir sans être programmé. J'ai toujours considéré, même si ce n'est pas une décision affichée, que le travail n'obéissait pas à un programme. Je me suis toujours refusé à dessiner des plans sur plusieurs années. Je crains les perspectives de cet ordre. Je préfère les démarches quelque peu boiteuses.

ME : Vous n'avez pas de programme. Ce qui survient prend souvent à contre-pied l'ouvrage précédent. N'est-ce pas laisser libre cours à stimulation et inquiétude permanentes ?

JMR : Les deux, effectivement. Inquiétude évidente. Insomnies assurées dans certains moments où je termine un livre. Et le plaisir de sentir que quelque chose s'esquisse, se dessine, sans qu'il y ait une organisation à constituer. Le véritable travail pour moi, c'est de pouvoir changer d'auteur, de référence tout en maintenant une cohérence dont je ne sais pas ce qu'elle est. Être ainsi dans la visée d'une relance et d'une diversité ; voir un livre sortir d'un autre, comme pour le défaire. Processus qui serait comme une preuve de l'inconscient.

ME : Au couple lecture-écriture, il faut joindre « traduire ». Votre livre sur Nietzsche fait plus que le suggérer. Vous travaillez – la comparaison est un peu brutale – comme un laboureur.

JMR : Il y a un geste de cet ordre et la traduction appelle une telle pratique. Quand j'ai commencé à travailler sur Nietzsche, les traductions étaient datées, imprécises. Le corpus était incertain : *La Volonté de puissance* est encore en circulation, livre fabriqué par la sœur pour faire croire que Nietzsche était proche d'une idéologie douteuse. Il y avait pour moi en priorité la question de l'accès au texte, cet allemand de Nietzsche très particulier. Et la mise en évidence de certains mots qui obligeaient à réfléchir à la place qu'ils pouvaient occuper dans des phrases – des énoncés qui avaient des potentialités en quelque sorte illimitées. Avec la publication des fragments posthumes de Nietzsche, la difficulté s'est redoublée. Différence à faire entre ce qui est pris en compte par Nietzsche, ce qui est citation ou ce qui fait l'objet d'une critique, etc. Je suis confronté, plus qu'ailleurs, à un travail d'interprétation qui cherche à échapper aux contraintes du commentaire, qui est amené à souligner une sorte de couplage entre lecture et écriture.

ME : De fait, vos livres sont davantage des études, des essais que des commentaires.

JMR : Des essais, sans doute en bonne partie ; le terme est stimulant.

ME : *L'Enjeu des signes* apparaît au lecteur d'aujourd'hui comme une sorte de barrage qui tient en réserve des notions, des noms. Par exemple, l'oubli, Artaud. Si c'était un travail de commentaire, il n'y aurait peut-être pas la sorte d'ouvrages ultérieurs que l'on connaît.

JMR : J'ai retenu un certain nombre de choses, je les ai mises en réserve – sans bien le savoir. Et c'est ce qui m'a permis de regarder autrement Freud, par exemple. Un des premiers gestes que j'ai essayé de faire à son propos était sans doute marqué par cette lecture de Nietzsche. Il s'agit de ne pas considérer Freud à partir des grandes entrées thématiques qu'il fournit, mais de le prendre en amont, dans son rapport à l'allemand, dans sa reprise de termes élémentaires, comme Nietzsche d'ailleurs. Chez Freud, dans cet objet relativement nouveau qu'il explore, il y a un travail d'écriture très minutieux, sans innovation terminologique. Freud est original dans l'énonciation, dans les modes de formulation, dans la circonscription du propos, etc. C'est ce qui m'a retenu et qui a pu retenir l'écoute de quelques germanistes.

ME : Après *L'Enjeu des signes*, Nietzsche disparaît en tant que tel de vos livres. Bien que demeurant une référence, il ne retrouve qu'assez tard une place dans un autre livre *Les Promesses de l'œuvre : Artaud, Nietzsche, Simone Weil.* S'agit-il d'une sorte d'adieu ou de salut à Nietzsche ?

JMR : Il ne s'agit pas d'un adieu à Nietzsche, mais de laisser place à ce qui a pu se produire dans ce premier travail. D'où la nécessité de me situer à l'écart de ce premier objet en travaillant sur tout autre chose, le corpus freudien *et ce qu'il est à même de susciter*. Faire un écart, et essayer de maintenir vif dans la suite du travail ce que j'avais pu glaner chez Nietzsche, mais en le travaillant avec d'autres auteurs, d'autres références, d'autres exergues. J'ai eu le sentiment très vite qu'il ne fallait pas m'enfermer dans Nietzsche. Il y a des choses qui étaient retenues, mais il fallait en faire quelque chose, sans la caution nietzschéenne. Le travail fait sur Valéry, à propos de la *Fiducia* [1] notamment, vient de ce barrage-là. Sans parler de la croyance et d'autres propos.

ME : De l'oubli ?

1. Aucune typographie ne s'imposant plus qu'une autre, nous avons choisi d'adopter les fluctuations typographiques sans règle de Valéry.

JMR : De l'oubli aussi, évidemment. Et du crédit, dans tous les sens possibles du terme – cet objet de travail qui m'occupe depuis quelque temps. Comme si, au terme du premier travail, j'avais perçu qu'il fallait me risquer à circuler entre deux types de texte et entre deux langues – ce que j'appelle le *dialogue franco-allemand*.

ME : C'est-à-dire ?

JMR : Pour le dire de manière schématique : je suis parti des deux grands Allemands, Nietzsche et Freud, que j'ai essayé de lire selon certains axes. Ce que j'en ai retenu m'a fait relire les grands Français du XIXe siècle, Michelet et Quinet, et ceux du début du XXe siècle, Péguy et Valéry.

ME : Ce ne sont pas des philosophes.

JMR : Ce ne sont pas des philosophes au sens strict. Il s'agit pour moi de voir comment une partie de la pensée allemande s'est déplacée vers la fin du siècle, et a trouvé son excellence chez Nietzsche et chez Freud. Mon hypothèse : il y a des correspondances avec les auteurs français que je viens de citer ou des prolongements possibles...

ME : Ce sont des penseurs de l'histoire.

JMR : Des penseurs de l'histoire, en un sens à chaque fois particulier. Non-hégéliens.

ME : Qui n'ont pas, du côté allemand, leur équivalent.

JMR : Qui n'ont pas leur équivalent, mais qui, à mon sens...

ME : ... se complètent ?

JMR : En en certain sens, oui. La position singulière tant de Péguy que de Valéry a certains points communs avec celle de Nietzsche. Tous comprennent quelque chose de première importance, qu'il s'agit avant tout de l'avenir de la civilisation. Péguy et Valéry, sous des formes différentes, font référence notamment à l'anarchisme pour aborder un tel propos.

ME : Forme bien intrigante et inattendue.

JMR : C'est une des réponses à la grande pensée allemande hégélienne qui monopolise tout au début du XIXe siècle et au déplacement de cette pensée hégélienne que font Nietzsche et Freud. Michelet et Quinet allaient déjà en partie dans ce sens. On a là des penseurs qui perçoivent qu'il faut réinventer tout un travail d'écriture que la grande philosophie allemande n'a pas pu faire. La discipline historique dans ses formes reconnues ne suffit plus. Il faut procéder tout autrement : faire parler les morts (Michelet), instituer un personnage mythique (Ahasvérus chez Quinet), privilégier certaines formes de mémoire en misant sur la phrase (Péguy), interroger inlassablement l'écriture de l'histoire et la confiance qu'on lui accorde (Valéry). Chacun doit inventer un dispositif, dirait-on, pour contourner Hegel et poser tout autrement les questions qui s'imposent de ce fait. C'est cette configuration que j'appelle le dialogue franco-allemand. Tout se passe comme si ce que fait Nietzsche se trouvait relayé par Péguy – qui ne l'a sans doute pas lu et qui a été un lecteur attentif de Michelet – et par Valéry – qui l'a parcouru, comme il a parcouru Freud. C'est, à mon sens, une séquence cruciale de l'histoire européenne ; avec de surcroît ce qui se passe entre les deux pays entre le début du XIXe siècle et 1945. Une tension, des formes de rapprochement, des amitiés esquissées, des lectures partielles, des reconnaissances de dette – et bien d'autres processus du même ordre. On dirait même que ces deux auteurs, Péguy et Valéry, ont réinventé Nietzsche, du seul fait de se heurter à des problèmes analogues. L'œuvre de l'un et de l'autre porte témoignage de cet étrange processus : un héritage qui est pour chacun à constituer de toutes pièces, dans une certaine méconnaissance.

ME : Est-ce que cette intrigue vient de Nietzsche ?

JMR : Sans doute. Un indice de cela : entre 1850 et 1930, pour donner des dates, tout le monde parle de « psychologie ». Freud bien sûr, mais aussi tous les philosophes. Chacun est obligé de reprendre ce terme, quitte à le critiquer, comme le fait Nietzsche, ou Bergson, tout autrement de Valéry, qui en parle beaucoup, Husserl également. On a une sorte de domaine élastique – avec toutes les efflorescences de la psychologie française – dont on s'aperçoit qu'il n'arrête pas de confiner avec la philosophie, et de la solliciter.

ME : C'est un aiguillon pour la philosophie ?

JMR : Quelque chose comme cela, venant d'un domaine suspect, mal défini, mal fréquenté, encombrant. Dont on n'arrive pas à se défaire.

ME : On n'y arrive pas, dites-vous. Cela veut-il dire que l'objet de la psychologie échappe ?

JMR : C'est un des grands héritages du XIXe siècle français : sous ce terme incertain, on arrive à mettre en réserve un certain nombre de problèmes qui ne trouvent pas ailleurs de consistance. Et parmi ces problèmes, celui qui m'intéresse le plus ces dernières années, c'est la « croyance » : objet multiforme sur lequel une certaine psychologie a mis fortement l'accent et dont on ne s'occupait plus.

ME : Sauf peut-être chez les romanciers.

JMR : Bien sûr. La littérature a une place exceptionnelle de ce point de vue ; elle permet d'aborder des problèmes de cet ordre sur un mode spécifique et d'en rappeler la consistance. De Jean Paul à Thomas Mann en passant par Heine.

ME : On s'en rend compte, disons, de Stendhal à Proust.

JMR : C'est une séquence formidable, dans laquelle la pensée française s'exerce, où elle prend un essor parfois surprenant – chez Bergson, par exemple, qui parle abondamment de psychologie : mouvement stimulé en bonne partie par les romanciers. Plus tard, c'est Merleau-Ponty s'occupant de l'œuvre de Claude Simon, étant obligé d'abandonner la référence phénoménologique qu'il utilisait par ailleurs. Valéry joue un rôle crucial dans cette même perspective : il sert à Lacan, est utilisé souvent par Merleau-Ponty. Comme s'il venait combler chez l'un et l'autre quelque chose que l'Allemagne ne leur a pas donné. Valéry est une pièce majeure du dialogue franco-allemand : il nous transmet quelque chose de Nietzsche, nous aide à le lire donc. Il en va de même pour ce qui concerne Freud *et* Lacan : parodiant le premier, voulant prendre le pas sur lui, il est inséparable du second qui a su en tirer un grand parti – en oubliant souvent de le mentionner. Valéry est à mes yeux le grand Passeur de cette époque, l'auteur qui nous permet de comprendre la pertinence et l'importance du dialogue entre une partie de la pensée allemande et un moment de la pensée française. C'est sans doute aussi grâce à lui que j'ai pu lire la démarche de Freud en me tenant à l'écart des grandes entrées thématiques, de toutes sortes de choses qui avaient une sorte de bonne tenue, qui étaient…

ME : … des acquis ?

JMR : Supposés tels. Pratiquer le retour amont, pour reprendre un terme de René Char. Essayer de comprendre comment se construit une théorie de l'âme, sur quoi cela s'appuie, en quels termes cela s'énonce, ce que cela introduit dans nos façons de dire, quel infléchissement de la psychologie cela représente. C'est à la même époque, la fin des années 1960, qu'on commence timidement à s'intéresser à la démarche de Wittgenstein.

ME : C'est un nom...

JMR : ... qui éveille l'attention et pousse à aller y voir de plus près. Là encore, c'est Paul Ricœur qui, en 1966 ou 1967, nous fait lire quelques textes de cet auteur inconnu qu'il découvre. Introduction dont on sait qu'elle a été difficile en France, et tellement contradictoire. J'avais lu *L'Homme sans qualités* quelques années auparavant : je le relis dès que je découvre Wittgenstein. Fascination pour ces différentes démarches qui se produisent sous le signe de l'analyse, en faisant montre de ses conséquences sur le savoir, de son caractère inacceptable.

ME : Que révèle une conjonction comme celle de Musil et Wittgenstein ?

JMR : Un monde qui se défait en quelque sorte sous nos yeux : c'est ce à quoi nous rendent sensibles Freud, Musil, Wittgenstein, Benjamin, Bergson, Valéry. Je les vois comme des ingénieurs généralistes qui ont pour objet les choses les plus disparates : le langage, la civilisation, la formation des idées, les représentations, la grammaire, les rituels, l'âme, l'économie. Au début des années 1960, on parle à nouveau de la « dernière guerre » ; on ose nommer certains épisodes, on commence à vouloir en faire l'histoire. La pensée semble ici et là reprendre forme. Quelques Allemands auront été nécessaires pour que cela ait lieu. Outre-Rhin, quelques-uns, peu nombreux, auront commencé dès avant-guerre à lire Péguy, Valéry : Arendt, Adorno, Benjamin. Chacun trouve à l'étranger ce qu'il n'a pas dans son pays, construit le dialogue qui lui convient, l'infléchissant quand il le faut. Chacun apprend la langue de l'autre avec les moyens qu'il se fabrique, sur un mode évidemment fragmentaire. Vieille histoire dont Heinrich Heine avait saisi toute l'importance et commencé à écrire la fable – en deux langues.

ME : Ces considérations conduisent à un questionnement sur la possibilité ou la capacité de nommer. Comment percevoir cette interrogation ? Est-ce fait « d'oreille » ? J'emprunte le mot aux pages que vous consacrez à Edgar Quinet. À quoi a-t-on affaire avec ce qui réclame un nom ?

JMR : Problème énorme que celui du nom, de la désignation, du changement de qualité. C'est une dimension qui prend une grande ampleur au XIXe siècle. Comment analyser des choses qui avaient un nom déjà institué et dont on s'aperçoit qu'il est un leurre, une chimère ou quelque chose de cet ordre-là ? Ce serait à l'articulation de la philologie et de la philosophie que cette démarche prend racine : Nietzsche est la référence qui s'impose. Mais aussi Montaigne, Pascal. Il y a, en France ou en Allemagne, un questionnement insistant sur la nomination, la valeur du nom et les possibilités qu'il peut offrir, sur la métaphore également. Comme si, par ces biais, on cherchait à interroger la puissance du concept, sa formation, les raisons de son maintien, sa consistance. Affaire d'oreille, bien sûr. Nietzsche s'y réfère souvent. De même les historiens français, Michelet notamment, écoutant la voix des morts, conscient, comme Quinet, que tout parle : nécessité de trouver les moyens de renouveler l'écoute quand il n'y a plus de trace du passé. C'est une véritable extension du domaine de la réflexion qui s'opère dans ce moment et, ce qui va de pair, un tournant langagier dans l'ordre de la pensée. L'empirisme regagne en quelque sorte du terrain de cette manière, refait surface en obligeant à redistribuer les cartes.

ME : Si j'entends bien, il s'agit d'un redécoupage de ce qui est déjà nommé, désigné, et d'une investigation différente des champs. Ce réaménagement concerne-t-il aussi bien le politique, le social que les savoirs ?

JMR : Je crois qu'il y a là l'émergence d'une redistribution des objets de pensée : nouvelle cartographie des domaines déjà constitués dont on s'aperçoit que les frontières ne sont pas celles qu'on pensait, de champs dont les circonscriptions sont à revoir. On découvre des possibilités de passer d'un champ à l'autre, de bousculer des frontières plus ou moins arbitraires entre les terrains. L'obligation d'utiliser ces métaphores – champ, domaine, terrain, cartographie, archéologie, strates, etc. – montre la pertinence de ce processus. L'empiétement est monnaie courante, avec les risques d'extension abusive et de conquête violente. Ce sont des *droits de propriété* qui sont parfois malmenés. Il s'agit d'apprendre à se déplacer plutôt que de chercher à s'enrichir, de s'exercer à la marche plutôt que de viser l'accumulation. On préfère souvent l'image au concept, on tire parti des détours.

ME : Vous insistez sur le fait que les objets de savoirs ou de pensée ne sont plus enclos dans des champs rigides. Comment discerner, qualifier un chevauchement, un débordement ? Est-ce le fait de penseurs ?

JMR : Oui, c'est le fait de penseurs qui ont su saisir quelque chose de la littérature, des pouvoirs de l'écriture. C'est l'expérience que chacun fait de frontières poreuses. La difficulté nouvelle, après Hegel, est cette coexistence de champs différents, cette imbrication de domaines autrefois distincts. Il est difficile de maintenir séparées l'esthétique et la politique, l'économie et la psychologie, la philosophie et la littérature. Le scalpel théorique n'opère plus aussi nettement qu'auparavant. Une des choses les plus frappantes dans ce XIXe siècle, c'est que chacun invente des manières de s'aventurer dans cette perspective, en prenant la mesure de cette porosité des frontières, en sachant qu'il faut constituer les dispositifs, des représentations auxiliaires, comme dit Freud, mettre en place des fictions théoriques – autant d'expédients dont on sait le caractère artificiel. Quinet et Michelet en ont fait la preuve.

ME : Une sorte d'instabilité conceptuelle, de variation conceptuelle est atteinte et chaque penseur, chaque auteur l'affine à sa manière.

JMR : Je crois qu'il y a quelque chose de cet ordre qui a lieu, sous des formes différentes. Ce serait la nécessité de recourir à des images, à des représentations, des métaphores, à du « comme si », pour reprendre le terme de Vaihinger, tout en réfléchissant à ce type d'emprunt, à cette forme d'endettement, à ce qui en dérive. Travail interminable dont on voit l'extension chez Nietzsche autant que chez Péguy, chez Wittgenstein autant que chez Valéry, chez Musil autant que chez Benjamin. Comment s'orienter dans la pensée quand on mesure de quoi l'écriture est faite, à quoi elle s'alimente, les détours où elle se forme. Ce serait Kant relu par Jean Paul – et par quelques autres au tournant du siècle.

ME : De quelle manière le travail philosophique en est-il affecté ?

JMR : Le travail philosophique doit se rendre particulièrement attentif aux constituants de la phrase, notamment aux verbes, aux différentes formes de la grammaire. La notion même de « grammaire » trouve là à s'élargir ; on en voit d'ailleurs des aspects significatifs chez Nietzsche, chez Wittgenstein, Valéry, Péguy, chez Freud également. Les différents points de vue ne sont sans doute pas incompatibles. C'est d'abord l'insistance d'un tel terme qui prend sens, qui fait problème tout autant.

ME : Y a-t-il convergence de ces points de vue, et selon quelle perspective ?

JMR : Je crois que l'intérêt de tout cela est de ne pas constituer un mouvement comme tel. En fonction de ce qu'il met au jour, chacun voit la nécessité de redéfinir la fabrique du sens, d'être attentif aux différents constituants de cette grammaire, en mettant l'accent sur tel ou tel point. L'intérêt des démarches de Valéry et de Wittgenstein, c'est que, sous des formules différentes, elles s'intéressent aux verbes, à la phrase, à la forme des énoncés, à l'action du langage sur ce qu'il évoque, etc. Tous ces problèmes, déjà abordés par l'empirisme, reviennent à la surface et occupent une grande partie de la réflexion. Constat fait ici et là : il y a une puissance du langage qui est inséparable de ses « impouvoirs ». Chacun fait sur ce terrain l'expérience des limites.

ME : Des objets nouveaux à penser sont mis au jour et « à jour » si l'on peut dire ?

JMR : Je crois que là il y a effectivement un certain effet de nouveauté. On fait venir à la surface des territoires, des domaines, des objets, des propos, des propositions, des formes qui n'étaient pas découpés de la même façon. Freud disant par exemple : *l'inconscient frappait depuis longtemps à la porte*. Encore fallait-il trouver les moyens de s'en saisir, d'en rendre compte et d'en mesurer les effets, etc. De même, chez Valéry, les considérations sur le verbe, sur des formes langagières élémentaires, le « je me » notamment. Il y a là aussi une tout autre manière d'envisager l'histoire de la pensée.

ME : Votre chaîne des noms tisse, de La Boétie à Paul Valéry, un réseau assez improbable. Cela engendre une espèce de tumulte de noms propres d'où émerge l'entrecroisement des problèmes – et peut-être des réponses. Comment a-t-on la conviction ou la certitude que cela fonctionne et que le fil est pertinent ?

JMR : Je suis tout à fait d'accord sur la notion de réseau improbable, et de tumulte. Ce sont des rapprochements qui sont venus petit à petit. Je sais qu'ils sont risqués, mais sans cela on a peu de chance d'avancer. Il y a là quelque chose qui se hasarde, s'essaie, avec le sentiment qu'ils peuvent indiquer des problèmes. C'est ce qui a orienté le travail fait depuis des années sur le « crédit ». Au lecteur de dire si cela tient la route. En ce qui me concerne, je dirais que ces rapprochements produisent des effets de relance.

ME : Tout cela est en mouvement.

JMR : Je l'espère. Il me semble qu'effectivement, dans ma généalogie, le premier texte est celui de La Boétie. Le type de problèmes qu'il pose est exemplaire. J'y suis venu tardivement. Ma lecture de Freud et de Nietzsche m'y a sans aucun doute préparé ; mais aussi – surtout ? – ce que j'ai pu retenir de Valéry, qui est à mes yeux un penseur politique de premier plan.

ME : La Boétie cerne quelque chose qu'un constat empirique permet d'appeler servitude. L'important, d'une certaine manière, n'est pas tant la servitude mais qu'elle est dite *volontaire*.

JMR : La Boétie est important à plus d'un titre. C'est quelqu'un qui est une sorte de météore de la pensée, comme l'est Rimbaud dans la poésie. Il a su montrer à quel point ce qu'on dit être politique relève aussi du désir. Belle manière de brouiller les frontières et de lancer pour l'avenir un formidable défi théorique. On a d'ailleurs mis du temps à en prendre la mesure.

ME : Avec La Boétie, le désir surgit dans un champ où il n'est pas attendu, celui de la politique.

JMR : C'est cet entrecroisement inédit entre la dimension du pouvoir et cette donnée individuelle qu'est le désir ; dans un texte bref d'une grande puissance. Il y a là un travail d'écriture extrêmement minutieux dans lequel un des points essentiels – j'ai essayé de l'indiquer dans *La Part de l'autre* –, c'est le jeu entre le *nous* et le *vous*. C'est-à-dire une manière de s'adresser à ses lecteurs – en pariant sur l'avenir – et de marquer, par une simple nuance grammaticale, les enjeux symboliques, politiques et psychologiques. On est en présence d'un déplacement, en apparence mineur, mais dont les conséquences sont considérables. Il a fallu attendre le XIXe siècle pour commencer à comprendre l'ampleur du geste, son caractère crucial. La liberté se désire. Analyser une telle configuration est un appel à la vouloir.

ME : Vous allez aisément de La Boétie à Michelet et Quinet. Deux siècles sont enjambés comme si rien ne s'était passé.

JMR : Ce n'est pas *stricto sensu* une absence, mais une sorte de mise en sommeil. Le rationalisme des XVIIe-XVIIIe siècles a laissé de côté certains problèmes que le siècle précédent avait posés. À côté du texte de La Boétie, il y a celui d'Érasme intitulé *Le Cicéronien* qui analyse, avec précision et toute l'ironie nécessaire, la manière dont un sujet peut devenir dépendant d'une doctrine, d'un nom propre, d'une référence – une modalité particulière d'aliénation assez semblable à celle qu'analyse La Boétie. Il me semble qu'un problème de cet ordre ne pouvait pas trouver sa place dans la philosophie politique du Grand Siècle et des Lumières. C'était trop nouveau et le rôle de l'individu n'était pas suffisamment reconnu. C'est le XIXe siècle, en partie, qui trace le cadre d'une réflexion sur l'individu et permet un autre abord du langage, qui renoue également avec les problèmes liés à la croyance. Ce sont là, à mon sens, autant de conditions nécessaires pour qu'on puisse commencer à lire *Le Discours de la servitude volontaire.* Ce sont avant tout Quinet et Michelet – historiens préoccupés de théorie politique – qui accomplissent cette tâche. La lecture qu'ils font de la Révolution française n'y est pas pour rien.

ME : Quels sont les problèmes que le rationalisme néglige et que vous retrouvez, associant La Boétie à des penseurs du XIXe siècle ?

JMR : C'est d'abord un problème de stratégie langagière. Chez Érasme et chez La Boétie, il y a une écriture qui a une puissance de pensée considérable et un grand pouvoir critique. Ce serait aussi chez ces auteurs, pour le dire vite, un nouage entre du psychologique, du symbolique, du politique, du langagier. Il est difficile d'éviter l'anachronisme. Autant dire la saisie de problèmes qui ne relèvent d'aucune discipline particulière. C'est ce *flottement épistémologique* que je retrouve chez Edgar Quinet et chez Michelet ; cela même qui leur permet de s'aventurer dans des questions de première importance n'ayant aucun statut précis : l'idolâtrie, les survivances, les habitudes collectives, le théologico-politique après la Révolution, la bêtise, la répétition, les fantômes, l'aveuglement volontaire, l'oubli de soi, le retour de l'ancien, le meurtre de masse – et ainsi de suite. L'audace n'est pas séparable dans ce moment d'une certaine emphase. Le XXe siècle aura affaire à des réalités de cette espèce, comme on le sait. En matière de « croyances », l'époque aura été passablement féconde. On ne peut donc pas faire l'économie d'une démarche qui, d'une façon ou d'une autre, se doit de combiner des dimensions hétérogènes – pour tenter de comprendre des événements insensés semblant échapper à toute prise. Il en a été de même pour Michelet et Quinet, qui doivent se confronter à cette séquence pleine de « bruit et de fureur » qui va de la Révolution à l'instauration de l'Empire, qui tentent par tous les moyens de comprendre cette folie qui fait le tissu de l'Histoire. L'un des moyens qu'ils se donnent l'un et l'autre est la relecture du *Discours de la servitude volontaire*, son adaptation aux circonstances. Un morceau de Renaissance se trouve ainsi repris vers 1850 pour se confronter à l'aspect le plus terrible du présent – pour le coup sans aucun anachronisme : legs qu'ils font au siècle suivant. C'est peut-être l'autonomie des champs qui s'est perdue, que le rationalisme maintenait. La pensée se trouve en tout cas désorientée par ce qui advient ; elle doit s'inventer. L'historien se transforme en penseur politique : la Terreur l'y oblige.

ME : Vous dites l'autonomie des champs s'est perdue. Mais, au XIXe siècle, des champs de savoir nouveaux se constituent, en particulier ce qu'on appelle les sciences humaines ou sociales. N'est-ce pas paradoxal ?

JMR : La sociologie se constitue sur un terrain mouvant. Péguy a reconstitué, avec beaucoup d'ironie, cette naissance. C'est aussi le moment où on pense devoir s'occuper des religions, les faire entrer dans le savoir. Que deviennent-elles quand on les soumet à une sociologie et à une histoire ? N'est-ce pas une façon de dissoudre l'objet lui-même ? Les questions ne manquent pas dans cette perspective. Le XXe siècle commence à prendre la mesure de ces difficultés. On perçoit une lente dissolution de certains objets sous les coups du savoir, du fait de l'abondance des méthodes. C'est un véritable problème de civilisation qui semble se faire jour peu à peu.

ME : Comment se signalent les problèmes nouveaux, religions et croyances questionnées par l'histoire, la sociologie, la philologie ?

JMR : Comment ? D'abord en lisant certains textes portant directement là-dessus ; par exemple, côté allemand, tout ce qui se fabrique fin XIXe-début XXe siècle autour de la différence entre catholicisme et protestantisme – un grand clivage, une grande *Spaltung* comme dit Novalis, qui permet la naissance d'une philologie, laquelle envahit nombre de disciplines existantes. On devient attentif au fait que l'objet des croyances s'énonce par différents biais. La querelle du modernisme joue en France un rôle analogue. Je pense que le travail de Michel de Certeau est inséparable de cette rumination. Historien de formation, il s'est préoccupé des formes de traitement de ce problème religieux, et de ses conséquences sur les formes contemporaines de croyance. Le désir de savoir dans un tel domaine produit, peut-on supposer, des effets déconcertants.

ME : Le mot « peuple » est particulièrement déconcertant. Michelet rapporte un propos de Mirabeau : « Le mot peuple est un mot élastique. » Valéry écrit que ce mot est devenu monstrueux. Des travaux contemporains distinguent le peuple-événement, le peuple-citoyen, etc. Avec le vocable « peuple », une vaste constellation lexicale se déploie qui illustre le « flottement » dont vous parliez.

JMR : On a là l'idée, qui se fait jour petit à petit, selon laquelle il y a des mots inévitables, prenant dans l'histoire des acceptions variées, utilisés parfois sans grand rapport avec leur noyau de sens ; qui servent aussi aux usages les plus contradictoires et sont soumis à des aléas qu'on a du mal à saisir. Des mots servant de totem et pouvant devenir le lieu de survivances contradictoires, investis de pouvoirs sans commune mesure avec ce qu'ils peuvent signifier. Les années qui suivent la Révolution sont des moments dans lesquels certaines questions surgissent avec force à propos de tels vocables, en France notamment, chez les historiens et les écrivains – en attendant, si l'on peut dire, les philosophes de la fin du siècle.

ME : Dans le cas de « peuple », n'est-ce pas le référent qui est perdu, ou qui n'est plus identifiable ?

JMR : On peut le supposer, mais en même temps, on est obligé de constater qu'il y a des mots qui opèrent selon des lois qui nous échappent en grande partie. Pour le dire très schématiquement, on sait que le nazisme faisait appel au terme « peuple » selon des modalités qui n'ont rien à voir avec les usages courants du XIXe siècle ou avec l'emploi qu'en a fait Péguy peu avant. Sur un même terme on projette parfois des visées contradictoires, des utopies incompatibles : il faut relire à ce propos la *Généalogie de la morale*, ce qui est dit précisément du mot « châtiment ». La Boétie nous avait avertis déjà de l'importance d'un processus de cette nature. Il faut sans cesse tendre l'oreille aux énoncés qui se présentent dans la perspective du rassemblement, qui disent vouloir faire l'unité, être attentif à ce qui vient s'agréger à certains termes, apprendre ce qu'on ne sait pas.

ME : Peut-on juger le transit de ces mots, ce qui s'effectue à travers eux ?

JMR : Il est souvent difficile d'en juger. On peut néanmoins chercher à percevoir ce travail de remplissage et de saturation auxquels certains mots ou certaines phrases semblent se prêter. Essayer de devenir sensible à la plasticité du mot, d'autant plus que le vocable est voué à voyager, à passer parfois les frontières et à revenir de l'étranger sous des aspects méconnaissables. Ce que je nomme le dialogue franco-allemand peut nous aider dans cette perspective : ce qui s'y joue, depuis le début du XIXe siècle, est intimement lié à ces voyages incessants, à des traductions approximatives, à des formes particulières d'endettement de part et d'autre, à des emprunts qui ne disent pas leur nom, à des méprises fécondes – et d'autres processus se faisant jour après la Révolution. Le philosophe se fait philologue : à charge pour ses lecteurs d'effectuer un mouvement du même ordre.

ME : Ces mots inséparables des textes figurent aussi dans le dictionnaire. Est-ce que le dictionnaire éclaire ou, au contraire, enserre le mot dans un sens qui doit le conforter et en rendre l'usage à peu près commun ? Quelle est la force du dictionnaire ?

JMR : Grande question que celle du dictionnaire, de l'usage des dictionnaires – je crois qu'il faut mettre le terme au pluriel. La force du dictionnaire est là, à mon sens, pour être démentie par les textes, contestée comme de l'intérieur par l'écriture, combattue par le vis-à-vis des langues, mise à mal par la réflexion. Ce serait ici encore l'insurrection de l'institué contre l'instituant dont témoignent, entre autres, la phrase de Péguy, le ressassement de Nietzsche, l'érudition de Benjamin, la micrologie de Ernst Bloch. Sans en avoir décidé, chacun se trouve dans une zone de turbulences ; Wittgenstein et Valéry s'obstinent à montrer dans le détail ce qui s'y passe, comment cela opère, à saisir ce qu'impliquent ces jeux de langage qui semblent faire fi du dictionnaire. Tous prennent la mesure de l'impossibilité de saisir en formules ce à quoi ils ont affaire fondamentalement. Peut-être s'agit-il d'une « blessure narcissique » supplémentaire… Faire sens ne va plus de soi, la nomination nécessite des jeux de langage à perte de vue ; la confiance que nous mettions dans le langage fait désormais question ; la lumière que nous sommes censés produire dans nos discours relève de dispositifs différents.

On rappellera comme contre-exemple la caricature de définition qu'on voit dans le statut des Juifs prononcé par le régime de Vichy au début de la guerre : l'énoncé majeur n'est autre que « *Est considéré comme Juif...* ». Cette phrase à elle seule faisait loi, définissait par l'exclusion une catégorie d'individus, prescrivait une politique déterminée et venait de surcroît renouer avec une vieille histoire, en cherchant par là à faire consensus. Mise en place d'un sens univoque, réconfortant pour le pouvoir en place, facile à retenir, supposé établir un lien social ; une institution qui devait traiter un problème pour l'avenir.

ME : Là, on est hors dictionnaire.

JMR : On est hors dictionnaire et en même temps on manie une syntaxe impeccable, on dit ce qui doit être en faisant entendre qu'il n'y a pas d'autre usage possible du terme en question.

ME : C'est la vigilance à l'égard de la grammaire qui se signale comme symptôme ?

JMR : Tout à fait. On a là un travail de circonscription ; en peu de mots, on dit ce qui appartient à un ensemble en soulignant ce qui ne lui appartient pas, en vue de maintenir indemne cet ensemble, de le préserver d'une atteinte mortelle. Cette façon de faire veut donc aller à l'essentiel : on désigne les choses par leur nom, en établissant les barrières nécessaires pour qu'il n'y ait aucun recours, aucune question. Il ne faut pas oublier que certains des ministres de Vichy étaient des lettrés : ils savaient énoncer l'exclusion dans des formes grammaticales impeccables, et comprenaient que, parfois, dire c'est faire. La loi nouvelle rassemblera d'autant mieux qu'elle fera preuve de précision, qu'elle ne laissera aucune obscurité, qu'elle englobera sous un même énoncé tous ceux qui sont concernés. Une désignation bien faite est susceptible de rassembler à peu de frais, si elle tient bien compte des circonstances, et si elle montre que dans le passé il en a été de même. Elle est là une fois pour toutes.

ME : Une forme grammaticale peut être d'une efficacité et d'une perversité redoutables dans le domaine politique ?

JMR : Je crois que les deux choses sont liées – perversité et efficacité. On est en présence de formes bien constituées : un mode d'énonciation, une brièveté, une rigueur, etc. ; toutes choses qu'il faudrait analyser dans le détail. Belle ordonnance du langage juridique qui aura, on le sait, une traduction politique immédiate, à grande échelle même. L'application, dans ce contexte, va de soi et ne saurait souffrir aucun retard ; de même pour la détermination. La loi doit montrer sa force : on sait ce qu'a été l'exposition de 1941-1942 sur les Juifs, à Paris. Il fallait faire exemple et établir la réalité de ce qu'on énonçait par le biais juridique, justifier par ce moyen la législation qu'on instaurait.

ME : Appelez-vous cela « baliser le visible » ?

JMR : Baliser le visible, ce serait aussi cela.

ME : Le visible, c'est ce que peut montrer et faire voir le mot.

JMR : Je crois que le XXe siècle nous a donné de nombreux exemples de cela, de monstrations de tous ordres qui s'accompagnaient de formes de désignation, de mode d'énoncés qui les embellissaient ; en tout cas qui leur permettaient de faire consensus. C'est une monstration qui utilise toutes les ressources du faire-croire. Toutes les dictatures modernes ont misé sur le visible – un visible bien encadré, simple à saisir, destiné à prendre le relais de l'énoncé élémentaire, voué à lui donner plus de relief. Dire, c'est aussi faire voir.

ME : On oriente ce « faire voir » du dire.

JMR : L'orientation du regard fait partie du processus et veut participer à une politique. L'efficacité la meilleure se doit de faire le lien entre du visible et du nommable. Il ne faut pas laisser d'espace vide, pas non plus d'indétermination. Il faut qu'il y ait une corrélation forte entre ce qui est montré et ce qui est dit ; ce qui est énoncé doit être sans équivoque, autant que possible sans métaphore. Il s'agit de viser simplement ce qu'on circonscrit, pour mieux le transmettre. Ici encore La Boétie est précieux pour analyser des formations de cet ordre : ce qu'il dit par exemple des ruses du tyran, sa manière d'analyser les montages du pouvoir, son insistance sur les formes et les raisons d'une donation, son insistance à revenir sur des opérations en apparence insignifiantes.

ME : Pour La Boétie, don est fait au tyran, au puissant. Il s'agit d'un dessaisissement.

JMR : Dessaisissement complet de soi, tout est remis à la puissance. La force du raisonnement de La Boétie se trouve là, dans le fait de rappeler une évidence : ce qu'on a donné, on peut tout autant le retirer. Je crois qu'on n'est pas ici dans un processus de l'ordre de l'aliénation, au sens hégélien ou marxiste, qu'il y a eu, dans la constitution d'une autorité tyrannique, une sorte d'adhésion, de consentement. Il faut reconnaître que les sujets peuvent être parties prenantes de cette…

ME : … soumission ?

JMR : De cette soumission. Problème très difficile à poser et sur lequel Freud peut nous dire quelque chose. Mais d'une posture dans laquelle le désir des sujets est impliqué, on n'en fait pas une théorie générale. L'affaire demande d'autres détours. C'est plutôt l'indication d'un type de problème à poser : ce qui n'est pas sans rapport avec les effets observés dans le domaine de la croyance. On croit et on fait croire. *On ne peut croire sans faire croire.* Les grandes analyses de Michel de Certeau et de Desanti se recoupent et montrent cela de manière exemplaire. Il n'est pas possible de méconnaître la part que prend le sujet dans ce type de processus ; alors que l'aliénation au sens hégéliano-marxiste…

ME : … est une affaire collective.

JMR : Une affaire collective dans laquelle la part des sujets n'avait pas grande importance. Ce qui a eu lieu tout au long du XXe siècle a sans aucun doute contribué à orienter la réflexion de ce côté, nous obligeant à relire La Boétie et à nous intéresser aux divers effets du discours.

ME : Les textes de Ponge sont parsemés de références au Littré, ponctués de prescriptions sur la lecture de ce dictionnaire. Le poète se réassure comme s'il y avait, d'abord, fondamentalement, un doute sur les mots ?

JMR : Un doute, un manque de confiance, peut-être aussi. Mais c'est d'abord le fait qu'un mot peut nous entraîner vers d'autres, devenir le centre d'une constellation, dans notre propre langue, autant que dans les langues apparentées. Un travail réflexif n'a pas à se détourner du dictionnaire ; il peut y trouver des ressources à l'infini, des possibilités que nous n'avons pas en mémoire. On peut dire que le concept nous incite plutôt à aller voir sur quoi il repose, de quoi il est fabriqué, à quoi il peut renvoyer dans une langue donnée. On est pris dans un va-et-vient entre cette recherche de mots plus ou moins adéquats et de phrases qui leur donneraient une autre importance. Ici encore, c'est Nietzsche qui nous alerte en portant le soupçon, non pas sur les mots, mais sur des héritages de mots, sur les aléas d'une tradition. C'est un processus de l'ordre d'une défiance, que je retrouve dans ce que Bergson appelle des « habitudes de langage », c'est-à-dire des sortes de plis qui nous incitent à parler avant même toute réflexion. Cela parle déjà pour nous, à la place de nous. De là les gestes de retrait par rapport à des manières de dire qu'il faut reformuler.

ME : Donc, des reprises. Il faut recommencer.

JMR : Des reprises, des recommencements, une insatisfaction par rapport à ce qui s'est dit ou par rapport à l'usage des mots. L'obligation d'un apprentissage, au sens fort d'une *Bildung*, en allemand : apprendre, réapprendre à faire des phrases, à constituer des ensembles, à déployer quelque chose à partir de cette matière que sont les mots. Autant que possible à partir de schémas que nous ne connaissons pas encore complètement. Poétique de l'écriture, en somme. Il y a là une manière de faire qui est constitutive de la pensée moderne – Nietzsche, Bergson, Wittgenstein, Valéry – consistant non pas à suspecter les mots, mais à comprendre d'emblée que les usages pèsent beaucoup sur ce qu'on dit, que les mots nous entraînent là où nous ne savons pas, que la métaphore vient sans cesse travailler l'épaisseur des mots, etc. Toute une série de processus dont nous ne prenons la mesure que dans l'exercice, quand nous cherchons à reformuler ce qui a été dit ou à essayer nos propres gestes.

ME : Il y a, me semble-t-il, quelque chose de commun à Péguy, Valéry, Artaud, Ponge. Une lecture peut-être superficielle induit l'impression de répétition, de ressassement.

JMR : Il me semble qu'entre Ponge, Valéry, Péguy et quelques autres – Wittgenstein – circule un souci du même ordre. Une préoccupation de l'ordre d'un ressassement, un souci de la fabrique, pour reprendre un terme de Ponge. L'important, ici, c'est *comment* on dit plutôt que ce qu'on dit. On s'intéresse de près aux manières de dire, aux façons de signifier et, donc, au fait qu'il n'y a pas quelque chose qui est déjà formé, déjà constitué, qu'il faudrait simplement énoncer. Cela peut avoir plusieurs noms : le ressassement, la reprise, la variation, la rumination, le *Grübeln*, comme disent certains Allemands. Dans toute démarche de pensée, dans tout texte, il y a des points d'obscurité, des lieux où le langage semble être pris en défaut et faire retour sur soi, contraint d'entrer en observation. Ce serait peut-être de l'ordre d'une auto-analyse de la langue.

ME : Je me demande s'il n'y a pas quelque chose qui ressemble – le mot est un peu grossier – à une espèce « d'essorage » du langage, en vue de l'amener à une sorte non de pureté, mais de clarification.

JMR : Je ne crois pas que ce soit une clarification. Sans que cet objectif soit à écarter, c'est plutôt la conscience que l'on a, ici et là, que la défaillance est nécessaire, productive même, qu'il n'est pas question de souhaiter un texte lisse. Pour des raisons fortes qui ne sont pas simplement conjoncturelles, on est dans le bricolage ; les aléas de la fabrique prennent sens dans la construction même du propos. Il ne s'agit pas de les gommer. Qu'il y a donc quelque chose qui ne peut plus obéir à un bel idéal de clarté. J'ai tendance à privilégier les textes qui comportent des zones d'obscurité, dans lesquels il y a des modes de rupture, des discontinuités, des plans de fracture, plutôt que des textes qui présentent une surface trop lisse. Il me semble que le travail est aussi de ce côté-là.

ME : Bien qu'il soit sommaire de le formuler ainsi, il y a là un héritage de l'entreprise mallarméenne.

JMR : Oui, c'est un héritage de Mallarmé. Je dirais aussi que c'est un certain héritage du romantisme – allemand et français. Dès le XIXe siècle, à mon sens, quelque chose de cet ordre se produit dans les endroits les plus variés : philosophie, littérature, peinture. De tous les côtés, on a touché à un idéal de clarté et de rigueur, on a misé sur les expériences les plus variées qui portaient atteinte à des formes transmises par la tradition, on s'est risqué à l'invention dans un certain désordre. On n'a pas craint de ressasser et de reprendre des choses anciennes pour les transporter, les traduire dans la modernité, pour en faire des lieux d'expérimentation et commencer à en inventer les ressources. Comme si, après les Lumières, on se trouvait contraint de recouvrer la part d'obscurité et de dérèglement inhérente à tout travail, à toute forme de création, à l'art. Ce moment a été, sans toujours le mesurer, l'époque où il fallait compter avec l'informe, la dissipation, l'embarras, l'inachèvement, la dépossession, la croyance et bien d'autres chicanes de cette espèce. Étonnante configuration qui semble préparer – ou préfigurer – la *grande exigence d'analyse* qui se fait jour au siècle suivant dans les domaines les plus variés. Ont participé à ce mouvement aussi bien l'histoire que la poésie, le roman que la philosophie, autant la peinture que la musique. Nous en sommes encore aujourd'hui partie prenante.

ME : De la même manière, me semble-t-il, on ne sait plus très bien qui parle. Le poète ne sait plus très bien qui il est. Le poète est caméléon, comme le suggère Baudelaire dans *Le Spleen de Paris*. Il préfère qu'on nomme son œuvre plutôt que son nom. Cela relève sans doute de la même configuration.

JMR : Je crois qu'il y a une configuration très disparate, heureusement d'ailleurs, éclatée. Elle touche à la question du nom de l'auteur – on trouve cela chez Nietzsche aussi, d'une autre manière. L'essentiel, à mon sens, concerne le statut de l'œuvre. On a le sentiment que, ici et là, sous des formes qu'il ne faut pas unifier, il y a une interrogation forte à ce propos : l'œuvre n'a pas d'unité, elle se fragmente en se faisant, elle *perd son auteur*, à tous les sens du terme, à mesure qu'elle se constitue. À défaut d'homogénéité, ce sont comme des foyers d'intensité différents qu'on trouve dans ce qu'on appelle « une œuvre ». En d'autres termes, l'œuvre devient le lieu dans lequel les héritages les plus incompatibles parviennent à coexister ou à se concilier temporairement ; c'est d'ailleurs ce qui la dote de ressources inépuisables pour l'avenir, ce qui en fait un foyer d'interprétations souvent discordantes, l'espace de reprises inconciliables – une institution féconde. Il faut relire à ce propos ce que Baudelaire dit de Delacroix : il perçoit chez son peintre favori la nécessité de l'inachèvement, sa profondeur. Justesse de ses énoncés pour nous, aujourd'hui, qui savons ce que l'impressionnisme a pu trouver dans les esquisses de Delacroix : les ressources que ce mouvement a pu *inventer* dans son sillage, les différentes manières de donner suite à cet inachèvement.

Sur le plan de la réflexion, il y a une préoccupation du même ordre, un exercice continuel qui vient faire comme la preuve que l'œuvre est le lieu d'un désordre obligé, qu'elle ne saurait avoir la consistance qu'on lui a prêtée pendant longtemps. Nietzsche, Bergson, Wittgenstein, Valéry, Péguy, Benjamin, Rosenzweig, Musil : chacun fait de cette désagrégation un objet de rumination, une préoccupation majeure. Ce serait la pensée se produisant par le truchement d'une étrange auto-analyse, constatant par ce biais que son cours est irrégulier, apprenant ainsi qu'elle n'a pas l'unité qu'on lui supposait, faisant l'expérience de recours jusque-là inédits, se hasardant dans des directions inédites. On ne parle plus au nom de la pure et simple raison. On ne croit plus pouvoir s'abriter derrière les formes reconnues de la

Pensée ou des Lumières. Des processus d'un autre ordre semblent s'imposer et faire fi de ce qu'on croyait devoir pratiquer de longue date.

ME : D'où le recours à de nouveaux mots, *philologie*, *psychologie* par exemple, pour nommer le changement d'appréhension des problèmes, leur formulation ?

JMR : C'est un changement de statut des problèmes, un déplacement des enjeux du travail réflexif. En témoigne notamment l'irruption, pendant un siècle, sous des formes décousues et disparates, de la psychologie : tout ce dont on ne sait que faire, on le range dans cette discipline. C'est aussi la philologie qui vient occuper une place considérable dans ce moment. Ce travail philologique concerne d'un côté la philosophie et de l'autre la religion, c'est-à-dire la grande coupure qui, à ce moment-là, s'approfondit entre le catholicisme et le protestantisme – scission dont on sait l'importance, notamment pour la pensée allemande du XIXe siècle.

ME : Est-ce que l'ébranlement de la notion d'auteur appartient à cette même période ?

JMR : Tout à fait. Là encore, sous des formes différentes. On peut penser à quelqu'un comme Nodier, qui s'intéresse au plagiat et à ce qui est appelé par cette pratique ; et à Jean Paul, en Allemagne. On a effectivement, de plusieurs côtés – c'est l'intérêt de cette nébuleuse –, une sorte d'interrogation sur ce qu'est un auteur, ce qui le détermine, les rapports qu'il entretient avec son œuvre, etc. Soit un ensemble de problèmes qui se font jour à partir d'expériences similaires : quelque chose contre quoi on vient se heurter, qui vient susciter la réflexion dans les champs les plus variés. Car on touche là à une chose essentielle dont le XIXe siècle se préoccupe autrement, je veux dire la *propriété*, le processus d'attribution, les questions d'appropriation et de remembrement, l'héritage, la succession, les filiations, le patronyme, l'originalité, etc. ; tout cela entendu dans un sens symbolique. Du seul fait qu'il y a œuvre et qu'on en parle, il y a des propos nouveaux qui circulent : la multitude des expériences de fait vient solliciter le droit, l'oblige à se prononcer.

ME : De quoi l'interrogation sur la question de l'auteur est-elle représentative ? Quelles en sont les conséquences ?

JMR : On a le sentiment, en regardant un certain nombre d'œuvres du XIXe siècle, que quelque chose ici ne va plus de soi. C'est l'auteur poussé à revenir sur ce qu'il a fait, dispersant toujours davantage les éléments de son travail, contraint de jeter un regard analytique sur le processus de production, ayant le sentiment de n'avoir jamais terminé, voué à refaire en sens inverse le trajet aboutissant à l'œuvre, ne croyant plus à la totalité. L'œuvre est rarement seule : elle s'accompagne de gloses, de commentaires à perte de vue, devient un lieu d'insatisfaction majeure. Expérience fréquente qu'on retrouve en philosophie, en littérature, en peinture : l'auteur se présente comme naissant d'une œuvre en remaniement continuel, il perd une part de son pouvoir supposé en continuant à travailler ; il se doit d'insister sur la fabrique et tout autant d'inventer la manière de signer son travail. Que ce soit chez Jean Paul ou chez Kierkegaard, chez Michelet ou chez Nietzsche, chez Freud ou chez Valéry – on pourrait allonger la liste –, l'auteur apparaît comme une instance fragile, vacillante, peu au fait de ses droits de propriété, se débattant avec ses généalogies contradictoires, ne craignant pas de faire part de ce qui le constitue et d'indiquer ce qu'il a perdu. J'ai envie de dire que ce sont des auteurs qui ont appris à survivre *et* à Kant *et* à la Révolution, qui ont retenu en tout cas de l'une et de l'autre de quoi s'orienter avec les moyens qu'ils improvisent, qui sont sensibles à la dimension de l'échec ; des auteurs pour qui le processus est crucial et les résultats de moindre intérêt. La dialectique n'est pas leur fort à l'évidence.

ME : Vous offrez une perspective neuve sur le XIXe siècle. Avez-vous le sentiment de proposer un XIXe siècle un peu à part ?

JMR : J'ai conscience de présenter quelque chose qui est un peu atypique. Je sais aussi qu'on a là un massif disparate, un patchwork en quelque sorte, constitué d'expériences parallèles ou proches. Jean Paul met à mal le statut de l'auteur, avec un humour féroce qui, à mon sens, ouvre sur Nietzsche autant que sur Freud. Les deux l'ont lu. On a là des réseaux qui se tissent entre des auteurs différents, comme s'ils se répondaient, comme si avec le temps ils se découvraient quelque chose en commun. Ce sont ces formes de filiations que j'instaure – mais qui en partie sont déjà faites en quelque sorte ou préparées – entre des modes de penser différents, des formes d'écriture variées. Quelqu'un comme Victor Hugo a une pensée de grande envergure dans certains de ces textes en prose. On pourrait multiplier ces approches qui donnent un tableau du XIXe siècle disparate mais en même temps excitant. Je retrouve ici mon dialogue franco-allemand, qui me semble être une des composantes majeures de ce moment. Comme si ces auteurs n'arrêtaient pas de communiquer par-delà les frontières ; en se connaissant mal, ou en s'ignorant. Circulation intense – c'est peut-être là où une partie de l'Europe prend consistance – entre des modes de pensées, entre des auteurs qui souvent s'ignorent presque totalement. Un exemple très rapide : Valéry connaît mal Nietzsche, il le lit dans des traductions mauvaises, et pour autant il en perçoit – pour partie – toute l'importance. Il le réécrit, le réinvente. Jean Paul est plagié tout au long du XIXe siècle, alors que son œuvre est mal connue ou mal traduite. Chacun réécrit certains de ses prédécesseurs en les reconstituant à partir d'aspects sommaires. Des œuvres dont on n'a qu'une vue approximative, on les réinvente. La moindre connaissance déclenche un mouvement déterminant chez celui qui en prend la mesure. Le véritable héritier est celui qui, à partir de presque rien, constitue la succession de toutes pièces. La moindre référence devient parfois la raison d'être d'une invention. C'est la propriété symbolique elle-même qui est ainsi mise fortement en question ; au moment même où on renforce la législation sur la protection des biens matériels et où on fait de tous côtés l'éloge de l'appropriation. On se souvient de la phrase de Mallarmé à la fin du siècle : « Tout se résume dans l'Esthétique et l'Économie politique. »

ME : Mallarmé le dit plus fortement que d'autres. L'homogénéité de ce qui est légué dans l'ordre du savoir, de la pensée, est condensée. En résulte-t-il une transformation de ce qui est donné ?

JMR : Transformation en profondeur du don par réduction et, de ce fait, accroissement de ce qui est à inventer ; une bien étrange économie dans un moment où le mot d'ordre par excellence est « Enrichissez-vous ». Sous des formes différentes, ce qui se passe en France et en Allemagne est significatif de ce point de vue. Je parlerais à ce propos d'*héritages croisés* dans nombre de domaines.

ME : Nous avons continuellement affaire, dites-vous, à des héritages. Sommes-nous aujourd'hui encore dans cette filiation ?

JMR : Je crois qu'on est pour bonne partie encore dans cette filiation.

ME : Philosophes, écrivains, poètes, compositeurs, peintres ?

JMR : Je dirais, tous. On est dans cette filiation, on n'en a pas fini avec cet ensemble d'événements qui se jouent dans cette période-là, avec ces différentes reprises. C'est ce qui fait que nous parvenons à penser. Autant dire qu'il y a à préserver une chose fragile, précaire : la capacité à hériter, à fabriquer l'héritage de ce qui s'adresse à nous, depuis ce moment notamment. Le seul héritier conséquent est celui qui est obligé de constituer non pas ce qu'il a reçu, mais ce qui peut s'adresser à lui, ce par rapport à quoi il se découvre en dette. Je reprends volontiers dans cette perspective la formule de Brecht : « *Chaque chose appartient à qui la rend meilleure.* »

ME : C'est un encouragement et un droit à transformer.

JMR : C'est essentiellement de cet ordre ; sinon, cela n'a strictement aucun intérêt. C'est un droit de transformation, un droit d'inventaire où l'essentiel est d'apprendre à percevoir ce qui est susceptible de s'adresser à nous. En héritant sur ce mode, je me dois d'indiquer ce que je suis en train de fabriquer et dans quelles conditions je le fais. Ressassement dans lequel l'œuvre se fragmente à mesure qu'elle paraît se faire, découvre qu'elle est l'otage des multiples héritages dont elle se fabrique. Elle vit sous des menaces de cette espèce.

ME : Ce ressassement est aussi expansion. Expansion de l'œuvre à partir d'un préalable, par exemple un mot du dictionnaire Littré chez Ponge, d'une question économique comme la propriété.

JMR : Je crois qu'il y a diverses formes d'expansion, dans la perspective d'une redistribution de la propriété. Tout le XIXe siècle n'arrête pas de s'intéresser à la propriété, c'est le grand leitmotiv des économistes et des politiques. On pourrait dire que cette préoccupation est sans cesse contrée sur le plan symbolique, dans l'ordre esthétique pour parler comme Mallarmé. Ce serait l'art contre la régulation du marché en quelque manière, contre le mythe de l'autorégulation.

ME : Expansion et fragmentation, simultanément.

JMR : Il ne s'agit pas d'une accumulation, ni d'une augmentation. Contrairement à l'étymologie, l'auteur est ici l'être qui fragmente, qui reprend en dispersant, qui ressasse et se découvre plus otage qu'il ne le croyait. En se faisant, l'œuvre montre à son auteur les dépendances dont il procède.

ME : Est-ce que ce qui s'est formulé sous le vocable d'ineffable ne contrarie pas en partie votre propos ? Le motif de l'artiste échouant à formuler son intention est présent dans la littérature au XIXe siècle.

JMR : Plus que l'ineffable, me semble prédominer, dans ce moment, la nécessité de répondre à des formes inattendues, à des réalités fortuites et déconcertantes. C'est, par exemple, Baudelaire aux prises avec certains aspects du christianisme et de la pensée politique, maniant à ce propos l'ironie et le paradoxe ; c'est l'intérêt que Mallarmé porte à l'économie ou à la mode ; ou Nietzsche réfléchissant à la nourriture et au climat. Des objets considérés comme insignifiants *ou comme démesurés* entrent dans le champ des préoccupations de certains auteurs, deviennent des raisons d'écrire supplémentaires. On ne se situe plus dès lors dans la perspective de l'intention. Ce sont plutôt, au plein sens du terme, des expériences, souvent tâtonnantes, grâce auxquelles quelqu'un s'aventure sur un terrain qu'il ne connaît pas en mobilisant des éléments qu'il reçoit *et* qu'il doit inventer pour la circonstance. Le terme freudien de « perlaboration », *Durcharbeitung*, pourrait peut-être permettre, en un premier temps, de cerner un processus de cette importance. Ce serait une façon d'indiquer que l'œuvre est fréquemment une affaire de limbes, qu'elle se produit dans un entre-deux singulier, qu'elle fait coexister les modalités les plus incompatibles.

ME : Sans en faire la synthèse…

JMR : Je crois que la *faible force* – je reprends l'expression de Benjamin à propos du messianisme – d'une œuvre est d'esquiver toute forme de synthèse, de ne pas s'inscrire dans la perspective d'une relève dialectique, *Aufhebung*, de ne pas se plier aux contraintes de la conciliation. Ce serait une sorte de capacité d'échapper malicieusement à ce dans quoi on voudrait la contenir et, partant, un désir de s'aventurer, un besoin de se risquer là où on ne sait pas. On le notera, on est ici en présence de *négations qui ne procèdent pas du défaut.*

ME : Vous énumérez la diversité des points touchés – je pense à Valéry et à Mallarmé : la politique, l'économie, l'art, la mode, le langage, les relations sociales. Le « nouveau » se présente ainsi ?

JMR : Il y a chez eux et chez quelques autres une extrême diversité de propos. La spécialisation n'est plus à l'ordre du jour ; elle est devenue impossible même. Les frontières ne sont pas celles qu'on croyait ; l'étranger n'est pas aussi lointain qu'on le supposait. Chaque œuvre dessine peu à peu sa propre cartographie, imagine les expédients pour ce faire et donne aussi à ces moyens un statut en quelque sorte privilégié, montre qu'ils sont partie intégrante du travail. L'œuvre est un chantier interminable dont les démarcations deviennent invisibles : l'imagination est aux commandes. Legs de Kant une fois encore, diversement interprété mais constamment sollicité.

ME : Peut-on se dispenser de parler d'association libre ?

JMR : C'est difficile d'éviter un terme comme celui-là ; mais peu importe le mot qu'on emploie. Comme on le voit notamment chez Jean Paul ou chez Péguy, chez Nietzsche ou chez Valéry, l'essentiel est ailleurs : dans la façon de ces phrases en excès, débordant ce qui semble être leur motif initial, ne parvenant pas à circonscrire un seul objet, qui ne se produisent qu'au prix de détours et de biais inattendus et sont contraintes de suspendre leur finalité supposée, vivant une sorte de processus de dérégulation continuelle. C'est que les domaines n'ont pas la consistance qu'on leur prêtait, que leurs limites ne sont pas aussi rigoureuses qu'on voulait bien le dire ou le croire. *C'est surtout que le dire lui-même a quelque peu changé*, qu'il est tout à la fois plus vagabond et plus aléatoire, plus risqué et plus joueur ; comme s'il tirait les leçons de certaines de ses expériences antérieures pour en privilégier d'autres – à venir –, pour commencer à les mettre en œuvre. La circulation devient possible de ce fait entre les champs les plus différents : la réflexion à tout à y gagner évidemment. Dire, c'est comprendre peu à peu ce que représente le « se faisant », apprendre sur le tas de quoi le faire est capable ; c'est miser avant tout sur le processus dans ce qu'il a d'exubérant. Il y a là un geste de l'ordre du pari. Valéry, qui n'est en rien spécialiste d'économie, a des propositions fondamentales dans cette direction. De même, sans être linguiste – peut-être même parce qu'il ne l'est pas –, Péguy met en évidence les effets du « langage fiduciaire » et déploie des analyses d'une grande force dans cette direction. Autrement que ce que fait Wittgenstein à propos des « jeux de langage » ou Nietzsche avec ce qu'il nomme « généalogie ». Rien ne disposait Michelet à devenir un théoricien politique de premier plan. Chacun invente un commencement de réflexion sans trop se soucier de ce qui est déjà, sans se laisser même intimider par des...

ME : Par des savoirs ?

JMR : Par des savoirs institués, par des barrières convenues, par des frontières établies de longue date, par des formes de reconnaissance, etc. Certains ont cette capacité – ou se la donnent, on ne sait pas comment dire – de se déplacer entre des domaines, de braver des interdits, de ne pas tenir compte des diverses intimidations ou de ce qu'on pourrait appeler des surmoi culturels. Il y faut de l'audace, de la curiosité, le vieux *Sapere aude* repris par Kant et, plus que tout, une aptitude à saisir ce que sont les conventions et les expédients dans l'ordre de la pensée, une capacité à comprendre la force qui les maintient et ce que représente la puissance de l'artifice. Dans ces domaines, il faut apprendre à cerner des zones d'ombre. Chacun cherche à tirer les conséquences du fait que la pensée kantienne a modifié les conditions mêmes du discours, a commencé à transformer la cartographie courante en faisant s'estomper les frontières, a fait de l'imagination le moteur même de l'écriture.

ME : Quel exemple donner de l'irruption d'une imagination associative qui concernerait l'expression de la pensée comme le champ social et politique ?

JMR : Je pensais à l'instant à Benjamin chez qui la construction, l'assemblage, le montage, l'allégorie jouent un rôle déterminant. C'est d'ailleurs ce qui lui fait découvrir un XIXe siècle tout à fait surprenant et atypique, dans son grand livre sur le Paris des passages. Ici aussi, dans cet amas de citations et de références, le statut de l'auteur devient au plus haut point problématique et l'œuvre semble s'effriter en se faisant. Où l'on voit une chose significative : toute une partie du XIXe siècle a la capacité de faire venir sur le devant de la scène des propos majeurs qui touchent la politique, le lien social, l'ordre symbolique, des propos qui sont souvent sans rapport aucun avec l'idéologie affichée dans ce moment. Ce qui est notamment le cas de Quinet et de Michelet quand ils font appel à la « servitude volontaire » ou au « membre fantôme » pour saisir la puissance d'événements post-révolutionnaires, pour comprendre la portée de certaines survivances. On sait que Bonaparte a occupé une partie de la réflexion politique du XIXe siècle. Cette préoccupation a permis à ces auteurs de faire revenir ces vieilles choses que sont le *Discours de la servitude volontaire* ou les textes de Machiavel quelque peu oubliés ou interprétés de manière univoque, et d'autres propos anciens qui n'avaient pas de statut précis. Retour de ces propositions délaissées qui leur donne un statut pour le présent, en renouvelle la force. Ce n'est pas un savoir qui est convoqué, mais des propos qu'on s'efforce de faire travailler, ici et maintenant, pour saisir de quoi le présent est constitué, à quoi il répond. Démarche analytique qui met en place les expédients qui lui conviennent.

ME : Votre XIXe siècle se tient à l'écart d'un autre XIXe siècle, celui du positivisme et de la science. Je pense aux sciences naturelles, à la géographie, à l'œuvre de Claude Bernard. Cela ne semble pas faire très bon ménage.

JMR : Cela ne fait pas bon ménage du tout. Il y a des tensions extrêmes au XIXe siècle, notamment en France, des conflits virulents, voire des différends. C'est le moment où apparaît un positivisme extrêmement puissant qui en vient, vers la fin de siècle, à montrer ses carences et ses défauts. De ce point de vue, la démarche de Renan est intéressante, autant par sa trajectoire personnelle que sa conception de la science. On y voit notamment la manière dont on peut créditer la science de pouvoirs que manifestement elle n'a pas, le fait de mettre en place des peuplements imaginaires. Kant est le grand oublié de ce moment. Très tôt, Péguy montre que l'histoire et la sociologie naissante, celle de Durkheim, sont comme contaminées par les formes de ce positivisme. Il trouve dans ces deux savoirs nouveaux des adversaires considérables : face à eux, il déploie une intelligence remarquable et une ironie féroce. Une pensée se forme ici dans une polémique d'une grande ampleur – un combat concernant autant les savoirs que les institutions qui les abritent, autant la méthode que la « métaphysique inavouable » pratiquée par les promoteurs de ces savoirs. La phrase de Péguy se donne ainsi les moyens de répondre aux énoncés monolithiques du positivisme régnant et de les démonter. Le positivisme table sur une théologie qu'il ne peut reconnaître.

ME : Entre les grandes lignes de votre conception et le positivisme du XIXe siècle, y a-t-il place pour ce que Flaubert nommait « l'indisable » ou le livre « infaisable » dont parle Nerval dans la préface de *Les Filles du feu* ?

JMR : Je crois que certains écrivains français perçoivent fort bien cette situation : Baudelaire, Nerval, Flaubert notamment ; et fabriquent des phrases pour le dire et en poursuivre l'analyse, pour faire signe vers ce que les contemporains ne voient pas, pour comprendre d'où provient l'actualité.

ME : Les formes disponibles, disons littéraires, s'interposent à mauvais escient ?

JMR : Oui. Flaubert, par exemple, démonte les mécanismes de ces formes ; il a la férocité nécessaire pour percevoir la raison de ce qui se produit. Il s'affronte aux savoirs du moment autant qu'au conformisme qui les maintient, aux institutions et à bien d'autres empêchements du même ordre. Nietzsche, qui le connaît mal, est sensible à cet aspect. De par ce qu'il fait, il apprend ce que sont les croyances « modernes », ce qu'elles font et font faire, la place qu'elles occupent. Grandes questions récurrentes : Que peut-on faire de cela ? Comment s'en défaire ? Est-ce seulement souhaitable ?

ME : C'est-à-dire s'en encombrer pour s'en défaire ?

JMR : On ne s'en débarrasse pas d'un trait de plume. Il y a à ce propos la perception d'une tâche infinie. On a parlé de la philosophie comme d'une tâche infinie, d'un recommencement. Je crois qu'on pourrait dire à peu près la même chose de ce que font certains écrivains. Cette tâche implique des manières de faire aventureuses. Chacun court un risque majeur en s'engageant dans de telles voies : Jean Paul, Flaubert, Baudelaire, Péguy, Valéry, Musil. Le travail de chacun est une sorte de négociation continuée avec les éléments les plus hétérogènes : le conformisme, la propriété, le poids du savoir et de la tradition, la grammaire, la force des institutions, la bêtise, l'académisme, etc. Il faut donc savoir manier tour à tour les armes de l'humour, de l'ironie, du sarcasme, du paradoxe, de la dérision – et d'autres forgées pour la circonstance, qui empruntent ici et là leurs ressources. Ce sont les instruments obligés d'une critique qui dit son nom. À strictement parler, ils n'ont rien de nouveau. Leur usage de la part de quelques-uns, *dans ce moment*, peut être compris comme un rappel des façons de faire d'une partie du XVIe siècle : Montaigne, Machiavel, Érasme, La Boétie. C'est là une manière conséquente de les relire, de les faire travailler en des termes différents, avec des visées apparentées sans aucun souci d'orthodoxie, sans vouloir non plus les imiter.

ME : « Crucial » est l'adjectif qui qualifie le mieux pour vous les problèmes que lègue le XIXe siècle.

JMR : Il y a dans ce moment des questions capitales qui sont agitées, des positions déterminantes qui sont prises, des postures qui penchent pour telle ou telle hypothèse. Il y a dans ce XIXe siècle quelque chose qui n'arrête pas de nous faire signe, sous diverses formes. Mon idée, pour le dire vite, c'est qu'un certain nombre de penseurs ou d'écrivains français de ce moment sont dans la position de percevoir que la dialectique – sous sa forme dominante, c'est-à-dire allemande – n'est pas le remède aux problèmes du temps. Ils comprennent qu'il faut mettre en place des dispositifs pour faire entendre quelque chose de cet ordre.

ME : Qu'entendez-vous par « dispositifs » ?

JMR : J'entends des montages grâce auxquels on cherche à prendre la mesure de ce qui se produit dans un temps long, à un niveau de grande généralité. Là où la dialectique voyait les progrès de la conscience ou un processus analogue, il faut tenter de différencier les domaines, miser sur la diversité, introduire d'autres interrogations, continuer l'analyse. C'est ce qu'on trouve chez Quinet ou chez Michelet quand ils montrent que la sécularisation est une notion trop englobante, qu'elle ne règle rien. Il s'agit pour eux de se demander sur quel mode le christianisme peut subsister, au prix de quelles transformations. À leurs yeux, les grands événements dont ils sont contemporains font comme la preuve d'une chose décisive : la « mort » d'une institution – ou, plus encore, d'une religion – ne signifie pas sa fin, sa disparition ou son agonie ; pas non plus sa relève dans un ensemble plus vaste ; pas même son effacement ou son oubli pur et simple. Il y a là une chose qui est à repenser en de tout autres termes, pour laquelle il faut imaginer des façons de dire empruntées ici ou là, des formes métaphoriques, des images venues d'ailleurs. L'une des plus prégnantes, pour cerner la temporalité propre à certaines institutions, c'est le « membre fantôme » : il y a, pour les sociétés, des processus qui ressemblent à cette étrange réalité dont la médecine commence à soupçonner l'importance. Il faut donc multiplier les usages du « comme » dans l'analyse de certaines formes politiques ; il est d'ailleurs impossible de faire autrement. C'est, pour le coup, une précision nouvelle, une indication précieuse qui permet de donner une autre rigueur à l'approche des phénomènes qu'on dit politiques.

Un bref extrait du livre d'Edgar Quinet, *La Révolution* : « Il arrivait aux Français ce qui arrive à un homme dont un membre a été amputé : il le sent encore à chaque mouvement. La France sentait en toutes choses la royauté longtemps après qu'elle avait été retranchée. » Il faut rappeler, dans la même perspective, les analyses de Michelet de la mort du roi dans l'*Histoire de la Révolution française :* des dizaines de pages non pas sur l'événement comme tel, mais sur ses répercussions, ses aspects symboliques, sur les croyances que cela suscite, sur les effets imaginaires de la mise à mort, sur les incertitudes qui en résultent – et d'autres choses encore tout aussi surprenantes. Des questions cruciales y sont débattues qu'on peut résumer ainsi : qu'est-ce qu'on a tué avec le roi ? Est-ce un individu ou une institution ? Peut-on parler d'une fin de la monarchie à ce propos ? De quelle manière peut-on juger le jugement ? Tant chez Michelet que chez Quinet, il est fait mention, dans cette perspective, de « fantôme », de « spectre », d'« épouvantail » – et d'autres réalités de même nature ; mais aussi de « renaissance » ou de « résurrection » après la mort, de « survivances » inattendues, de transmissions inconscientes et de bien d'autres processus pour le moins inhabituels quand il s'agit d'une *mort.* Le terme n'est plus entendu, il renvoie à plusieurs instances. Où l'on voit que le temps n'a rien réglé, que les habitudes les plus anciennes se retrouvent, parfois inchangées, après la Révolution, sous d'autres noms plus attrayants. Le moment fondateur maintient en l'état des mécanismes qu'on croyait abolis, disparus ou dépassés, reprend sans le savoir des formes antérieures. Immense travail accompli par ces deux historiens sur un fait particulièrement énigmatique, la « mort » des institutions. J'ai le sentiment, à la suite des travaux de Claude Lefort, que ces démarches ne concernent pas uniquement ce qui se joue dans le début du XIXe siècle. De tels « dispositifs » ont pour effet majeur de venir en quelque manière gripper la machine dialectique, faire la preuve qu'une philosophie de l'histoire n'est pas tenable et qu'il faut inventer d'autres détours.

ME : Quel bilan tireriez-vous de ce XIXe siècle ?

JMR : Ce n'est pas précisément un bilan, mais plutôt l'insistance sur un processus significatif : la perception, parfois très aiguë, du fait que l'accomplissement prévu, rêvé, souhaité ou même programmé n'a pas eu lieu, et que cette sorte de défaillance oblige à poser des questions nouvelles. *D'autant plus que le christianisme est la religion par excellence de l'accomplissement.* L'une des questions les plus insistantes après la Révolution concerne évidemment le temps, plus précisément la « mort » de ces grands corps que sont les institutions – mais aussi tout ce qui paraît survivre à un changement qui s'est voulu radical, ces éléments qui restent en vigueur malgré l'annulation dont ils ont été l'objet, tous ces processus qui semblent devoir vivre encore alors même qu'ils ont perdu leur force, ces formes qui résistent à leur destruction programmée, ces choses qui se maintiennent intactes à travers les grands bouleversements. L'instauration du Nouveau n'abolit pas l'Ancien qui était à l'œuvre. Elle le perpétue souvent, le renouvelle, le dote parfois de forces inédites, lui trouve d'autres noms et des déguisements insolites. Freud n'est pas loin. De là naît la grande perplexité de quelques historiens au milieu du XIXe siècle devant ces imbrications de passé et de présent, en face de structures qui ne peuvent pas mourir et qui semblent subsister entre vie et mort : des êtres sans nom, de toutes provenances, des formations mixtes, des ombres, des fantômes, des revenants. Comme si l'Histoire était peuplée essentiellement d'êtres de cette espèce, qu'il faut répertorier minutieusement pour saisir les événements contemporains. C'est de l'ordre de l'*intraitable*, pour reprendre un terme auquel Lyotard donne un sens fort.

3

FREUD, PSYCHANALYSE

ME : Aucun de vos lecteurs ne peut ignorer la place qui revient à Freud dans vos textes, vos livres, votre pensée. *Parcours de Freud* en est sans doute l'illustration *princeps*. Ce parcours, est-ce le vôtre « dans » Freud, est-ce aussi celui de Freud ?

JMR : C'est, ici encore, l'insistance sur le déplacement, sur une œuvre dont l'essentiel est ce qu'elle produit, ce qu'elle permet de remarquer. Freud parcourt des terrains peu exploités et dont les limites sont floues. C'est ce que j'essaye de cerner en mettant l'accent sur des processus qui me semblent singuliers, notamment cette bisexualité.

ME : À l'époque de votre travail, ce motif n'est pas mis en avant. Ce qui trouble déjà bien des lecteurs, c'est ce que Freud avance au sujet du rêve, de l'inconscient, de la sexualité infantile, de la pulsion de mort.

JMR : Il m'a semblé nécessaire de reprendre certains motifs peu fréquentés, d'essayer de saisir à quoi cela pouvait s'apparenter, comment il était possible d'y donner suite. C'est une première approche, un découpage singulier de l'œuvre, je le sais. J'ai voulu montrer de quelle manière Freud construisait sa théorie, en m'appuyant évidemment sur les formes d'écriture qu'il pratique, cet allemand d'une grande clarté. Un Freud se faisant, si je puis dire.

ME : Il y a une parenté d'esprit, dans ce travail, avec votre livre sur Nietzsche.

JMR : Je l'espère.

ME : Ce serait quelque chose comme l'austérité. Vous n'abordez pas Freud là où, en apparence, il est le plus aisé : la psychopathologie de la vie quotidienne, le mot d'esprit. Vous l'appréhendez par la bisexualité et le confrontez aux anagrammes de Saussure.

JMR : Les anagrammes, chose de première importance. La publication faite par Starobinski a été pour moi un événement stimulant. Les anagrammes de Saussure sont une tentative pour scruter la poésie latine en faisant l'hypothèse que le poète se livre à une sorte d'analyse phonique des mots et qu'il y a ainsi des « mots » sous les mots. D'où pour moi l'idée de mettre en regard ce travail minutieux et certaines analyses de cas de Freud dans lesquelles il y a décomposition du langage.

ME : Vous prenez aussi en charge le grand texte sur la dénégation sans faire œuvre de commentateur malgré la difficulté de cet article. Est-ce une même démarche qui lie vos travaux sur Freud et Nietzsche ?

JMR : C'est sans doute encore le moment d'apprentissage, la mise en place d'un ensemble de problèmes que je n'arrive pas à nommer. Une manière de m'approcher

– comme vous le dites, sur un mode austère – de choses intimidantes ; d'autant plus quand on pense à ce qu'est la psychanalyse à ce moment-là, avec le lacanisme en pleine efflorescence. J'essaye de donner suite à des choses qui étaient en réserve dans le travail précédent, de reprendre aussi des préoccupations antérieures, touchant la psychologie. J'avais sans doute plusieurs fers au feu, notamment quand je tente ce rapprochement entre le Saussure des anagrammes et certains propos de Freud.

ME : Votre traduction du texte, *Die Verneinung*, « *La Dénégation* », et l'étude qui l'accompagne sont précieuses. Pour quelles raisons des traductions manquaient ?

JMR : Pour des raisons de droits. À l'époque, Freud n'était pas dans le domaine public. On ne pouvait pas traduire des textes de Freud. Laplanche, à qui j'avais écrit, me l'a confirmé. Donc j'ai dû faire cette opération.

ME : Quelle opération ?

JMR : Une lecture minutieuse qui suivait le texte dans ses méandres, qui le décomposait en montrant la portée de ses énoncés, en indiquant leur originalité et, plus encore, ce qu'ils permettaient de faire. Ma manière de procéder m'a permis de retraduire quasiment l'ensemble du texte en le fragmentant. Simple ruse qui m'a permis d'avancer des propositions ; certaines ont été remarquées et discutées par des psychanalystes.

ME : Quatre ouvrages constituent un massif autour de Freud et de la psychanalyse. L'un a déjà été mentionné, *Parcours de Freud*. Suivent *Des mots à l'œuvre* et *La Transmission de pensée*, d'abord publié sous le titre *L'occulte, objet de la pensée freudienne*. Ce dernier ouvrage a été composé en compagnie du psychanalyste Wladimir Granoff. Enfin, après un livre sur Kafka, *Le Matériau freudien*. Dans ces volumes aussi, votre attention aux mots de la langue de l'auteur est grande. Doit-on seulement retenir l'exigence d'un mieux-traduire ? Ne rejoignez-vous pas par là l'interrogation sur le rapport de la pensée à la langue, au langage ?

JMR : Comme pour Nietzsche, pourrait-on dire, la chance de ce moment, de ce début des années 1970, c'est que les traductions de Freud étaient imprécises, dispersées – parfois introuvables. Il fallait donc accompagner la lecture d'un recours continuel au texte original. Il y aurait beaucoup à dire sur la politique de la traduction en France. Nous étions alors le seul pays européen à n'avoir pas une traduction complète des œuvres de Freud. Un petit scandale éditorial. L'édition complète réalisée sous la direction de Jean Laplanche a été très critiquée, et à juste titre à mon avis. Elle rend parfois peu lisible la langue parfaitement claire de Freud. J'ai moi-même participé en 1988, aux Assises de la traduction à Arles, à un débat assez virulent à ce propos avec l'équipe de Laplanche.

Aborder une œuvre comme celle de Freud, cela ne consistait pas pour moi à reprendre de grandes entrées thématiques, à produire un exposé systématique qui n'aurait pas eu grand sens dans une perspective réflexive. C'était déjà fait et cela ne menait pas loin. Ce qui m'a retenu longuement, dans ces années, c'est la manière dont Freud construit un ensemble théorique de grande envergure *en devenant écrivain ;* c'est la façon des phrases, le choix des mots, la logique des énoncés, les modes d'enchaînement, la pratique de l'allusion – et bien d'autres choses de même ordre. *Des mots à l'œuvre* : un livre entier pour suivre à la trace un seul mot, pour montrer ce qu'il indique du travail accompli par l'auteur, pour faire comprendre que ce simple terme est plus significatif, plus important aussi, que les thèmes censés être ceux de Freud. Ce mot est le verbe allemand tout à fait courant, *übersehen*, qui a deux significations quasi opposées : « dominer du regard » et « passer à côté de ». Mon hypothèse se résume à ceci : sans l'avoir souligné, peut-être même sans l'avoir remarqué, l'écriture freudienne tire continuellement parti de ce double registre ou de cette ambiguïté ; elle donne à ce simple mot une portée considérable, en adéquation avec la découverte de l'inconscient. L'hypothèse est comme confortée par le fait que, de très longue date, *la théorie emprunte au registre de la vision.* Elle a aussi l'avantage de renvoyer à un problème de traduction.

ME : Vous abordez la question du « matériau freudien » au terme de trois livres. Cela permet-il de comprendre pourquoi vous vous emparez si tard de cette question ? Pourquoi n'est-ce pas votre point de départ ?

JMR : Le matériau, c'est un autre terme que j'ai souligné chez Freud. Son texte est très clair tant dans sa structure que dans sa syntaxe, dans son vocabulaire aussi, un peu comme celui de Bergson pourrait-on dire à titre de comparaison. Il est animé d'un mouvement de transformation de termes ordinaires, et c'est ce qui peut retenir l'attention d'une démarche réflexive. Parler du « matériau » – l'allemand dit *Material* – est une façon d'indiquer l'ensemble de ce qui vient s'imposer à l'observation d'un sujet. L'intérêt de ce terme courant, aussi bien en français qu'en allemand, c'est qu'il laisse ouverte la dimension de la désignation : comme si, dans ses commencements, au moment de la correspondance avec Fliess notamment, Freud prenait le temps de construire pas à pas son propos ; comme s'il laissait germer les termes qui vont devenir peu à peu les principaux supports de la démarche. En cernant un objet que rien ne laissait prévoir, Freud est contraint, pourrait-on dire, de tester les mots dont il va faire usage par la suite : travail minutieux de *nomination* dont on peut suivre maints aspects dans certains textes du début. Nécessité donc pour le lecteur d'être attentif au phrasé de Freud, à la manière dont il construit son propos, à sa façon de s'avancer sur un terrain dont il ne connaît pas la configuration mais dont il pressent l'importance.

ME : Votre sensibilité à l'allemand mène ici encore votre travail. Il est rare de constater de la part d'un non-germaniste pareil attachement et attention à l'écriture de cette langue, en l'occurrence celle de Freud. Comment expliquer vos égards à l'endroit de l'allemand ?

JMR : Je dirais que c'est une connaissance un peu rudimentaire de l'allemand qui a pu me rendre sensible à des processus qu'un germaniste ne perçoit pas nécessairement. Il m'a semblé que j'étais d'autant plus attentif à certains plis de la langue, à certaines modalités de l'allemand *de* Freud, que je ne savais pas d'emblée m'y retrouver : il me fallait ralentir la lecture. J'ai le souvenir de mon étonnement devant ce terme, *übersehen*, qui n'a rien de remarquable, si ce n'est qu'il dit deux choses quasiment incompatibles. Je me suis interrogé sur le fait qu'un terme très courant puisse avoir une fonction aussi forte dans l'écriture de Freud, alors même que le terme n'est pas souligné. Plus que bien de ses contemporains, Freud a dû prêter attention aux particularités de la langue qu'il employait et à ce qu'on appellerait, platement, les effets de contexte. On entrevoit aussi la difficulté que peut poser la traduction de ce terme banal. On voit aussi de quelle manière un tel mot peut appeler la théorie, la susciter – peut-être même l'anticiper…

ME : C'est donc en écrivain plutôt que comme le fondateur de la psychanalyse que vous considérez Freud. Vous rencontrez un écrivain plus que celui qui apporte une conception théorique nouvelle de la vie psychique.

JMR : Effectivement. Je le traite comme un écrivain qui *élabore* une théorie, et je m'interroge sur ce qui fait le lien entre l'écriture et la construction d'une théorie – sur la consistance de ce nouage, sur les emprunts que cela suppose, sur des processus apparemment minuscules qui prennent d'un seul coup une place considérable. Quand on connaît trop bien une langue – et cela vaut aussi pour sa propre langue –, on risque de passer à côté de certains fonctionnements, de ne plus voir des éléments mineurs contribuant à sa richesse. Ce qui m'a intéressé dans la démarche de Freud, ce sont des façons de nommer, de désigner, de tourner autour d'une chose qu'il ne peut énoncer directement, des manières de phrase ; des manières de faire qui rompent avec ce qu'on trouve d'ordinaire dans une construction théorique. Le texte le plus parlant de ce point de vue est à mes yeux *L'Homme Moïse et la religion monothéiste* : un testament plein d'hésitations et de doutes, une fragilité dans la démarche qui s'accompagne d'une forte détermination, un entrelacement de l'histoire personnelle et d'une Histoire impossible à écrire. Un texte bancal qui sollicite tout particulièrement l'attention.

ME : L'approximation ou l'incertitude que vous décelez chez Freud n'est-elle pas liée à l'objet de sa recherche autant qu'à l'effort de formulation qui lui correspond ?

JMR : Il s'agit de rompre avec la présentation d'une théorie bien faite, avec l'idée que chez Freud il y aurait, sinon un système, du moins un ensemble bien articulé. Mon intérêt va à la fabrique de la langue freudienne, à la mise en place d'un dispositif qui est de fait lacunaire. De là la nécessité de m'arrêter à certains phénomènes qui peuvent paraître mineurs, secondaires, accessoires, mais dont je pense qu'ils sont déterminants. Ce qui revient à déséquilibrer ce que représente le corpus freudien. C'est pour cela que cette insistance sur le « matériau » m'a semblé importante.

ME : Vous n'êtes pas analyste mais vous êtes très lié à certains psychanalystes. Vous contribuez à leurs revues, à leurs colloques. *Les Mots à l'œuvre* en témoigne : le livre est issu pour une part des séminaires de recherche auxquels vous avez participé. Jusqu'à quel point vos liens avec les analystes ont-ils déterminé votre relation à Lacan ?

JMR : Mes premiers travaux sur Freud m'ont fait rencontrer des analystes au début des années 1970, notamment Wladimir Granoff et Marie Moscovici avec qui j'ai travaillé longtemps. C'est avec eux et quelques autres – Robert Pujol, Danièle Broda – que j'ai en quelque sorte testé l'hypothèse centrale de *Des Mots à l'œuvre.* Il est difficile de répondre pour ce qui concerne Lacan et le « lacanisme ». Le premier Lacan, si l'on peut parler ainsi, est souvent éblouissant, il a contribué à faire lire Freud avec une grande rigueur. Mais on sait qu'il n'est pas toujours bon de faire école. L'histoire du lacanisme est tout entière à écrire ; elle n'est pas séparable de ce qui se passe dans le domaine de la philosophie dans ces mêmes années.

J'ai créé avec Marie Moscovici la revue *L'Écrit du temps* aux Éditions de Minuit, qui se voulait à cheval sur plusieurs disciplines : philosophie, histoire, anthropologie et psychanalyse. Ce fut une entreprise de grand intérêt, interrompue trop tôt par l'éditeur. Au même moment, il y a eu l'expérience de « Confrontation », ces rencontres organisées par René Major entre analystes de tendances diverses, auxquelles j'ai participé. Au moment où se créait la revue *Les Cahiers Confrontation*, Major a demandé à Wladimir Granoff et à moi-même de traduire un texte de Freud qui n'avait pas été traduit, un petit article intitulé « Psychanalyse et télépathie ». Nous nous sommes mis à ce travail pour nous apercevoir qu'on ne pouvait faire cette traduction sans une lecture d'ensemble du texte et de ses compléments. La traduction a donc consisté à ralentir le travail : c'est un livre écrit entièrement à deux qui en est sorti, une entreprise un peu folle, difficile et en même temps passionnante. J'ai tenu à mettre en exergue de ce long travail une phrase de

Mallarmé : « Il doit y avoir quelque chose d'occulte au fond de tous, je crois décidément à quelque chose d'abscons, signifiant fermé et caché, qui habite le commun... » Le livre a été republié par Aubier en 2005, sous un titre différent, avec une préface que j'ai signé seul – Granoff est mort en 2000. À partir de 2009, j'ai fait partie du comité de rédaction de la revue *penser/rêver* dirigée par Michel Gribinski.

ME : « Psychanalyse et télépathie » n'est pas, pour ce que je crois savoir de Freud, un texte indispensable à la compréhension de sa pensée.

JMR : Là encore le hasard a bien fait les choses ; qu'on nous propose ce texte-là, atypique dans la démarche de Freud, puisqu'il traite de la télépathie, de la transmission de pensée, de choses de cet ordre qui débordent le domaine de la psychanalyse. Je dirais pourtant qu'il est important dans l'ensemble de la démarche et particulièrement significatif des façons de faire de Freud. Le gardien de l'orthodoxie qu'a été Ernst Jones, le biographe officiel de Freud, ne s'y est pas trompé en ayant de grandes réserves sur ce type de recherches.

ME : On reproche souvent, et non parfois sans brutalité, la pratique et le discours peu vérifiables, peu falsifiables de la psychanalyse.

JMR : C'est sans doute là où est son importance. On a affaire avec Freud à un texte passionnant qui se confronte à des choses difficiles, qui ne se prononce pas sur la nature de ces phénomènes auxquels il est confronté, à un domaine dont les limites ne sont pas nettement tracées. Dans l'article de 1890 que j'évoque souvent, « Traitement psychique », Freud dit qu'il faut croire aux guérisons miraculeuses. Et il développe toute une argumentation dans cette perspective, à propos de phénomènes inaccoutumés qui sollicitent la pensée. Je retrouve non pas l'équivalent mais quelque chose d'analogue dans la pensée américaine, avec William James notamment : l'empirisme radical se risque sur des terrains de même espèce, cherche à saisir le rapport entre des énoncés et des actions, le dire et le faire, s'interroge sur la croyance.

ME : C'est ce que vous appelez « des mots à l'œuvre ». Pas au travail, mais à « l'œuvre ». Quelle différence introduisez-vous entre des mots au travail et « des mots à l'œuvre » ?

JMR : Les mots à l'œuvre fabriquent quelque chose dans plusieurs directions. Les mots œuvrent à notre insu, nous mènent là où nous ne savons pas, engagent des croyances et des formes d'agir, comme à perte de vue. Je retrouve là une vieille préoccupation : l'œuvre n'est jamais achevée, elle vit de son inachèvement, surgit de ce qui lui reste à faire.

ME : Peut-être même dans une indétermination ?

JMR : Une indétermination qui permet à un processus de continuer à être, de se maintenir et, tout aussi important, de faire signe à quelqu'un, de constituer une adresse indécise. J'ai toujours été sensible à des formes de ce genre, au fait qu'une œuvre ne parvient pas à consister, qu'elle ne trouve jamais son centre de gravité, ou se détricote à mesure qu'elle se fabrique. Pour prendre des exemples différents, Kafka, Artaud et Valéry, Nietzsche et Freud, Wittgenstein. À des titres divers, ce sont des œuvres dans les limbes.

ME : Est-ce aussi, chez Freud, de l'ordre de la réévaluation des acquis théoriques, de leur questionnement par la pratique clinique ?

JMR : Il y sans doute chez Freud une sorte d'inquiétude de cette espèce, quant à ce qu'il transmet et quant à ce qu'il fabrique. Il sait qu'il touche à quelque chose de crucial dans l'ordre de la *Kultur*, il a conscience aussi de la fragilité de cet édifice. *Malaise dans la civilisation* et *L'Homme Moïse* parlent de tous ces aspects avec détermination et rigueur. Il sait que nombre d'acquis sont menacés tant du dedans que du dehors, que le progrès dans l'ordre de la *Geistigkeit* (« spiritualité ») n'est jamais définitif, que les régressions se produisent avec une facilité déconcertante. Belle métaphore que celle de l'assèchement du Zuiderzee, qu'il forge dans cette optique – un énoncé qui n'est pas sans rapport avec certains propos de Benjamin ou de Valéry. Il a compris qu'une *approche analytique* des choses va dans le sens d'une déception fondamentale, qu'elle ne peut éveiller que l'hostilité ou l'antipathie. Une des raisons de mon intérêt pour Freud est à chercher de ce côté-là.

ME : Vous opposez l'œuvre au travail. Le travail sous-entend un point de départ et un point d'arrivée. L'œuvre est en suspens, en attente de son prolongement ou de sa reprise, sans se clore.

JMR : Il y a là une grande opposition que l'on peut poursuivre dans des domaines différents ; Blanchot a été d'une grande aide pour moi de ce point de vue. Une œuvre qu'on suppose achevée laisse peu de place à une reprise, à un déplacement ou à une contestation. On dira aussi bien qu'une œuvre est ce qui peut déchoir, connaître la défaillance, se mesurer à ses défauts, tirer parti de son effondrement, connaître le rebond – et ainsi de suite. C'est ici encore le côté architectural de la démarche qui me retient : ces histoires de plan, de consistance, de projection, de matériaux, de chantier, d'ingénierie, de projet, de perspectives, tous ces divers éléments flottants comme en attente d'une suite.

ME : Encore une fois, pour quelles raisons ces mots – *Übersehen, Unheimliche* – vous arrêtent-ils ?

JMR : « Inquiétante étrangeté » dit-on d'ordinaire pour « *Unheimliche* ». L'essentiel n'est pas tant dans le terme supposé équivalent – inadéquat ou défectueux – que dans l'effort de lecture qu'il faut redéployer à ce propos, dans les détours qu'il convient d'emprunter. S'arrêter sur ce terme d'une grande richesse qu'est « *Unheimliche* » revient à convoquer, de manière discrète, la littérature, autant Jean Paul que Hoffmann, à solliciter fortement les dictionnaires et l'étymologie, à faire appel à un savoir inexistant en matière de langues, à poser la question de la traduction dans les langues européennes, à dessiner les contours d'un problème qui ne semble pas avoir d'équivalent, à se risquer donc en terre inconnue avec des moyens que Freud forge pour la circonstance. Où l'on voit comment un mot saisi dans une histoire fictive, happé par la littérature, incapable de devenir un concept, renvoyant à un domaine mal délimité, engage pourtant une réflexion de grande ampleur, laquelle permet, à mon sens, de se demander si ce n'est pas la démarche même de Freud qui est *unheimliche*, si le terme ne se retourne pas contre celui qui en fait la remarque. Hypothèse qui permet de saisir ce que, au-delà même de ce qu'il en pouvait savoir, Freud emprunte à la littérature et à ce qu'il nomme le « *Sprachgebrauch* », l'usage de la langue, ce qu'il prend *et* ce qu'il fabrique, ce qu'il reçoit *et* qu'il rend autre – plus énigmatique.

ME : Les mots s'échappent de leur usage, de leurs emplois attestés.

JMR : Les mots ne cessent de s'échapper de l'usage, se promènent, émigrent, passent les frontières, changent de continent. La littérature en tire parfois parti, la théorie également à la condition de reconnaître qu'il y a un voyage incessant et que rien n'est à même de l'arrêter ou de le contenir. Cela nous oblige à être vigilants, à trouver les moyens de saisir de telles trajectoires et à en comprendre la portée. On ne peut être que dérouté par des changements de cap de cette espèce, et par les effets qui en résultent.

ME : Dans *Des mots à l'œuvre*, vous écrivez que « la psychanalyse est une affaire de lecture ». Cette affirmation ne manque pas de surprendre. Pour beaucoup, la psychanalyse est affaire de thérapie, de clinique et de théorie mais pas affaire de lecture. Ne vous opposez-vous pas ainsi à l'enracinement clinique, thérapeutique, de la psychanalyse ?

JMR : Non, j'essaye de dégager et de faire entendre, avec des détours qui vont m'emmener loin évidemment, ceci : il y a dans la constitution de la psychanalyse, dans la manière dont elle se fabrique, quelque chose qui est absolument inévitable, que je crois être de l'ordre de la lecture.

ME : Ce n'est pas la lecture du symptôme.

JMR : Non, non, ce n'est pas la lecture du symptôme, c'est l'activité même de la lecture en tant que telle dont l'affaire majeure est le texte. Il me semble que cette dimension-là, elle n'arrête pas d'être à l'œuvre chez Freud. Freud a été un immense lecteur, et un lecteur bien particulier, c'est-à-dire un lecteur qui faisait dire parfois au texte qu'il lisait tout à fait autre chose que ce qu'il y avait en principe en lui. Il est difficile de séparer tout ce qui concerne l'interprétation de la saisie du texte – quitte à élargir la notion qu'on doit se faire de celui-ci. Les opérations de lecture sont souvent les grandes oubliées dans cette perspective.

ME : Oubliées par ceux qui s'emparent de la psychanalyse ? Philosophes, théoriciens, esthéticiens ?

JMR : On a tendance ici et là à considérer le corpus freudien comme un ensemble constitué, maniable, dans lequel on peut puiser des concepts sans difficulté. Une des raisons de mon travail sur Freud, c'était l'agacement – et plus que l'agacement – devant l'usage des notions analytiques. Il y a là comme un usage forcé, mécanique, passé dans les mœurs. On ne s'interroge plus sur la formation de ces notions analytiques, sur leur portée, sur la façon dont elles se sont constituées. On les sépare et on en fait des termes susceptibles de fonctionner dans les contextes les plus variés. Et c'est là précisément qu'il y a des questions à poser sur ce que Freud peut faire de ce dont il s'empare.

ME : Vous protestez contre un recours inconséquent à Freud. Quel texte lit-on quand on déclare que « la psychanalyse est une affaire de lecture » ? Lisez-vous le même texte que vos amis analystes ?

JMR : C'est une question – parmi d'autres d'ailleurs –, celle des enjeux de la lecture, de sa visée, de ce qu'elle peut mobiliser et des conséquences des opérations effectuées dans cette perspective. Il y a des divergences avec ce que font les analystes, mais il y a aussi des convergences fortes avec certains : je l'ai constaté avec Granoff et quelques autres. Je crois que ce qui est en jeu ici, c'est le mode d'usage de ce qui est supposé être une théorie d'ensemble. Et c'est peut-être cela qu'il faut interroger inlassablement, les manières de procéder et la visée – le désir ? – qui est au principe d'un tel travail.

ME : Théorie d'ensemble, c'est-à-dire théorie de l'appareil psychique, de la culture, de la lecture, l'ensemble faisant une espèce de même corps ?

JMR : Je dirais plutôt *semblant faire même corps. S*'il y a bien un corpus freudien, ce que je crois, je ne suis pas sûr de sa cohérence, de sa consistance interne. J'ai le sentiment qu'il est formé de strates différentes, d'éléments provenant d'horizons variés, d'emprunts de toute nature. Sous le nom de Freud, on comprend des choses hétérogènes : c'est aussi ce qui lui donne son importance hors même du champ clinique. Quel lien pouvons-nous établir, par exemple, entre l'article de 1890 « Traitement psychique » – un des points de départ à mes yeux de toute la démarche – et *L'Homme Moïse et la religion monothéiste* qui est comme le testament de Freud ? Quel usage puis-je faire de l'un et de l'autre à partir du moment où je sais qu'ils sont du même auteur ? On pourrait multiplier les questions en ce sens. J'ai essayé d'en poser certaines dans mes différents livres sur Freud, en en indiquant les prolongements et les problèmes qui se posaient.

ME : Des problèmes qui s'apparentent à ceux liés à la langue ?

JMR : Entre autres les problèmes liés à la langue. Ce que Freud nous a laissé, si l'on peut parler ainsi, c'est une sorte de chantier – un ensemble dans lequel les termes ont à la fois une puissance considérable et une fragilité tout aussi marquante. L'une des questions qu'on doit se poser, c'est de savoir ce qu'on peut en faire, comment on peut y donner suite, en quoi cela vient modifier notre regard sur les choses, en quoi cela nous occupe et nous concerne – et ainsi de suite.

ME : Vous pensez que Freud, c'est ce que vous écrivez, a changé notre manière de lire, en tout cas la vôtre. De quelle façon l'a-t-il modifiée ? Est-ce que ce n'est pas une capacité qui vous est propre qui permet de lire Freud ainsi ?

JMR : Je ne sais quoi vous répondre quant à la « capacité propre ». Mais que Freud ait modifié notre façon de voir les choses, cela me semble tout à fait évident.

ME : Le premier point est devenu une vulgate. Mais modifier notre façon de *lire*.

JMR : Notre façon de lire, sans aucun doute. Est-ce que je lui prête beaucoup en fonction de ce qui m'intéresse, c'est possible. *Mais n'est-ce pas ce qu'il demande en quelque manière ?* Ce que j'en retiens en tout cas, ce ne sont pas des injonctions mais des indications – comme le fait de quelqu'un qui soulignerait discrètement certains éléments pour qu'on aille y voir de plus près, qu'on s'y attarde le temps qu'il faut, qu'on ne passe pas à côté, qu'on commence à en prendre la mesure.

ME : Comment lisiez-vous avant votre familiarité avec Freud ? Est-ce qu'il y a une manière de lire avant Freud, et une manière de lire affectée par la pratique du texte freudien ? Comment votre manière de lire a-t-elle changé ?

JMR : Je crois que les choses se sont produites lentement, dans une sorte de processus qui m'échappe en bonne partie. Il n'y a évidemment ni décision ni quelque chose qui est reçu ; il n'y a pas un chemin de Damas ou quoi que ce soit de tel. Il y a peut-être un processus qui fait que j'ai au départ une très vague idée, une intuition sans objet précis. Il y a sans doute une rencontre – je ne peux pas dire autrement – entre les préoccupations propres qui viennent de mon histoire et ce que je peux arriver à déchiffrer chez Freud. Il y a une rencontre entre une attention, qui vient sans doute de très loin, à ce que je lis, mais aussi à ce qui se dit, à ce qui s'énonce ici ou là ; à ce qui ne s'est pas dit comme tel, une attention qui vient recroiser ce que j'ai pu trouver ou j'ai pu mettre au jour chez Freud lui-même. Donc, je crois qu'il n'y a rien de décidé là-dedans. Cela a eu lieu et cela continue de se produire, en partie à mon insu. Pour le meilleur et pour le pire.

ME : Un auteur peut avoir la puissance de transformer votre conception de l'existence, de corriger votre engagement politique, mais changer la manière de lire, ce n'est pas quelconque.

JMR : Sans doute, mais j'ai le sentiment qu'il y a quelque chose de cet ordre-là. Encore une fois, ce n'est pas une découverte *stricto sensu*, pas non plus un changement du tout au tout ; plutôt un accompagnement qui, à un moment donné, devient plus fort, prend un peu plus de place, et qui, parfois, me semble régresser ou se mettre en sourdine. Je ne crois pas aux conversions. Et entre là-dedans l'espèce de perception que j'ai de longue date de la différence entre les langues – disons, entre le français et l'allemand, entre le grec et le latin. Avant même d'avoir su quelque chose de précis de l'une de ces langues, j'avais comme le pressentiment d'une différence qui m'importait, d'une énigme sur laquelle je devais m'attarder. Peut-être est-ce un effet des premières lectures, de ces séquences incompréhensibles que je remarque assez tôt dans des textes de tous ordres.

ME : Autant d'affinités avec Freud et sa pensée vous ont-ils conduit à vous demander : serai-je, deviendrai-je psychanalyste ?

JMR : J'ai dû y penser très jeune. D'autant que certains de ma génération étaient attirés par Lacan et le lacanisme. Certains de mes contemporains philosophes sont devenus psychanalystes assez tôt. Pour ma part, je dirais qu'il y a eu, sans doute, une sorte de détermination plus forte du côté du travail réflexif. D'autres raisons, évidemment, entrent en ligne de compte, notamment ce à quoi je tiens beaucoup, pouvoir gérer mon emploi du temps comme je l'entends, me réserver de longues plages de travail ; un certain anarchisme sans doute aussi.

ME : Vous diriez-vous freudien, pour autant que son œuvre instruit votre façon de penser, de questionner, de lire ?

JMR : Non, je ne me dirais pas freudien. Avant tout, pour une raison de principe : j'ai toujours pensé qu'il ne fallait pas être ceci ou cela. C'est chez moi une détermination depuis toujours. Qu'il ne faut pas se dire ni spécialiste d'un domaine, ni s'inscrire dans une discipline ou quelque chose d'équivalent à cela. Pour parodier une formule connue, on ne naît pas freudien, on le devient, à la rigueur. S'il fallait me définir, je dirais en utilisant un italianisme : « *Je fais le lecteur.* » Pour « être peintre », l'italien dit « *fàre il pittore* ».

ME : Votre rapport à Freud définit, je vous emprunte la formule, une *position d'écriture*. Quels effets cette position d'écriture produit-t-elle sur votre façon d'aborder les textes, d'aborder les thèmes de votre travail ?

JMR : J'aurais envie de faire un léger détour en disant à ce propos l'admiration que j'ai pour le travail de Michel de Certeau. Je rencontre chez lui ceci qui m'importe, une capacité à travailler avec Freud, en s'occupant de choses tout autres. Aucune instrumentalisation, un accompagnement, un endettement doublé d'une interprétation. Se donner une possibilité de traiter sur ce mode ce qui arrive. C'est évidemment une position difficile, mais c'est la seule que je peux avoir. À mes risques et périls, comme on dit.

ME : Quel est « votre » Freud ?

JMR : « Mon » Freud ? Celui qui m'accompagne, qui vient parfois me solliciter et qui a l'amabilité de me laisser emprunter d'autres voies. « Mon » Freud est tolérant et me laisse m'aventurer dans des styles un peu différents, certains qui s'apparenteraient à l'empirisme. Il se trouve que « mon » Freud a rencontré le Freud de certains analystes, pendant un certain temps. Il m'a permis aussi, me permet encore je l'espère, d'aller dans des directions qui me semblent s'imposer à un moment donné. Il est compatible avec d'autres manières de faire. Il me laisse de la latitude : c'est pour cette raison que ce petit texte de 1890 sur le « traitement psychique » m'apparaît d'une grande richesse. J'avais travaillé, il y a quelques années, sur le *Discours de la servitude volontaire* de La Boétie. Et je dirais qu'il n'y a pas là d'incompatibilité entre « mon » Freud et le grand texte de La Boétie. La lecture du premier ne peut qu'enrichir l'abord du second. J'essaie de faire le lien entre ces deux démarches, d'indiquer ce qui les rapproche, de montrer ce qui (me) fait signe dans l'une et dans l'autre. Il s'agit tout autant d'une réflexion sur des théories qui *n'ont pas la consistance* qu'on souhaite d'ordinaire à de tels édifices. C'est, à mes yeux, tout le contraire d'un défaut. Il y a dans les deux cas une difficulté à circonscrire un ensemble que je dirais exemplaire.

ME : Chez La Boétie comme chez Freud, il y a effort pour nommer ce qui résiste à la nomination.

JMR : Tout à fait ; et c'est là aussi quelque chose qui me fascine, qui me retient en tout cas fortement. Toutes ces démarches, La Boétie, Freud, Nietzsche, Kafka, Artaud sans doute aussi, Valéry à sa manière, qui ne cessent pas de revenir sur cette difficulté majeure, qui s'engagent à ce propos dans un travail interminable. Et c'est peut-être là que « mon » Freud est compatible avec ces démarches-là, même s'il peut y avoir des différences évidentes. Mais il n'en reste pas moins que le Freud que j'essaye de m'approprier, que j'essaye de *faire mien*, comme on dit dans la rhétorique, me pousse à m'intéresser à ces questions aiguës dont le point commun est la nomination.

ME : Ce Freud-là, plus exactement peut-être sa manière d'avancer, demeure.

JMR : Oui, il y a une permanence, un accompagnement, il y a une sorte de présence tacite.

ME : Une invitation ?

JMR : Sans aucun doute. Comme une invite à me risquer dans des problèmes – compliqués, je le sais – qui ne sont pas strictement les siens, mais qui ont quelque chose à voir avec ce qu'il a fait, avec ce qu'il ne cesse pas de faire, d'une certaine manière. Ce qui pousse à croire que l'œuvre n'est pas fermée sur elle-même, qu'elle continue sa gestation.

ME : Cela veut dire penser, travailler, écrire avec « un Freud » présent à l'esprit.

JMR : Il y a de cela ; mais encore une fois, en refusant toute exclusivité, c'est-à-dire en laissant la place aux préoccupations qui peuvent naître de là et qui, parfois, trouvent à s'alimenter ou à s'étayer dans cette œuvre en construction. Autant dire qu'à chaque fois, il me faut régler la distance, remettre en chantier ce dont je croyais disposer.

ME : Avec « votre Freud » vous menez donc aussi bien des travaux de littérature que des études dont la matière et l'enjeu touchent davantage à l'histoire ou à l'idéologie. Vos lectures de Michelet, Joseph de Maistre ou Barbey d'Aurevilly attestent la plasticité de votre rapport à Freud.

JMR : On peut dire quelque chose de cet ordre, à la condition de ne pas isoler cette démarche, mais de l'inscrire dans ce que j'appelle le dialogue franco-allemand. À la condition de rappeler la richesse d'une partie du XIXe siècle qui, en quelque manière, le prépare. Sur un point tout particulièrement : l'immense réflexion sur un ensemble de problèmes que le XVIIIe siècle a quasiment méconnu, ignoré ou minoré, des problèmes touchant l'articulation du sujet à son histoire, à son être collectif, peu importe comment on dit cela.

Réflexion à l'œuvre chez Michelet, chez Quinet, chez Bergson, mais aussi chez Stirner ou Nietzsche. Avec ce point nodal qu'est le *statut de la croyance*, pour reprendre un terme extrêmement large, mais qui est le plus déterminant dans cette perspective. On ne cesse pas de s'interroger sur les formes de la croyance, sur les raisons de son maintien, sur sa puissance, sur les objets qu'elle conquiert, sur la signification qu'elle peut prendre – et ainsi de suite. Le domaine est immense.

ME : À certains égards, nous pensons être assez loin de Freud. De même, nous nous croyons très éloignés du XIXe siècle. Ce n'est pas votre manière de voir.

JMR : Non, j'ai le sentiment que le Freud auquel nous avons accès aujourd'hui est comme au centre de ces préoccupations, qu'il peut nous aider à saisir certains problèmes qui viennent de ce domaine. On peut y ajouter, selon ses convictions, telle ou telle partie du travail de Lacan. À mes yeux, c'est, je l'ai dit, le premier Lacan qui m'apparaît le plus significatif.

ME : D'une certaine manière, vous contribuez à émanciper Freud de sa propre pensée, de sa propre théorie.

JMR : Si j'étais prétentieux, je dirais sans doute quelque chose comme cela. Il faudrait parfois pouvoir énoncer des propos de cet ordre. Travailler sur un auteur de cette envergure, c'est être confronté au fait qu'on en vient à toucher à l'autorité qu'il est supposé représenter, que, sans l'avoir forcément cherché, on ébranle quelque peu le domaine qu'il était censé constituer et qu'on déplace la puissance que peut représenter sa démarche. C'est Benjamin qui parlait de la *faible force* messianique. Est-ce qu'on ne peut pas dire la même chose à propos de Freud ? Il y aurait chez lui une faiblesse liée à une force considérable. Tout lecteur doit se confronter à un processus de cette espèce.

ME : Vous exploitez les fissures de l'édifice ?

JMR : Oui, c'est effectivement de bonne guerre, si je puis dire. Les fissures de l'édifice ne sont pas à considérer comme des défauts : il faut forger à ce propos de tout autres catégories, selon les contextes. Le travail de pensée vient, pour bonne partie, de notre capacité à trouver des fissures et à faire naître des questions dans ces interstices. On ne travaille véritablement qu'avec des loques, avec ces lambeaux que Benjamin trouvait dans les recoins du XIXe siècle, ces auteurs mineurs, secondaires, dans lesquels il voyait, à juste titre je crois, quelque chose d'important qui se faisait jour, mais sous des formes dispersées, sous des aspects disparates.

ME : Freud : un homme du XIXe siècle qui quitte le siècle avant d'autres ?

JMR : L'intérêt de la démarche de Freud tient au fait qu'il évoque sa formation, qu'il raconte l'institution de ses manières de faire, qu'il indique aussi le XIXe siècle dont il procède, qu'il n'élude pas les difficultés qu'il rencontre, qu'il laisse voir les fissures qui lui permettent de cerner son objet. Les références à Schopenhauer et à Nietzsche – et à quelques autres bien antérieurs – vont dans ce sens. Ce qui est frappant chez lui, c'est cette façon d'hériter d'un moment d'une richesse très grande et, dans le même temps, de n'en être pas dépendant, de n'y être pas assujetti, de savoir opérer une sorte de tri parmi les grandes références et les grandes autorités à partir desquelles il a pu travailler, avec lesquelles il a appris à le faire. C'est peut-être là une des choses qui m'occupe, l'héritage à constituer par celui qui est censé recevoir.

ME : L'héritage n'est pas donné. Il est à établir, à conquérir.

JMR : Il est à constituer entièrement et je crois que là il y a quelque chose qui peut nous intéresser au-delà même de Freud, touchant...

ME : ... les œuvres ?

JMR : Les œuvres, bien sûr, les textes, les moindres fragments. Valéry lisait très peu ; quand il n'avait pas lu, il inventait quelque chose d'équivalent. Je pense qu'il n'a pas lu ou qu'il a dû seulement feuilleter Bentham ; il retrouve pourtant l'impulsion de Bentham dans ce qu'il fait. De même pour Péguy : c'est peut-être ce peu qui lui permet de passer au crible le XIXe siècle finissant, et de poser à ce propos des questions qui nous occupent toujours. Chez les auteurs qui m'intéressent, je retrouve quelque chose du même ordre, parfois revendiqué comme tel. Chez tous, cela joue un rôle important dans ce qu'ils font et dans ce qu'ils laissent ou sont supposés laisser.

Nietzsche disait de son *Zarathoustra* que c'était « un livre pour tous et pour personne » ; et Brecht : « Chaque chose appartient à qui la rend meilleure. » La lecture devient forte à partir du moment où celui qui se fait lecteur – ou le devient – invente pour partie ce qu'il est supposé recevoir. Il y aurait à considérer l'enseignement sous cet angle aussi ; c'est un problème de taille. Au tout début de l'Université de Vincennes, j'avais annoncé, en 1969 ou 1970, un cours sur Freud. Certains étudiants m'ont demandé de faire à la place un cours sur Lacan. J'ai refusé en donnant les raisons de mon refus. J'ai fait un cours sur Freud, en essayant là encore de ne pas transmettre une totalité, mais de briser au contraire ce que j'étais en train de transmettre, de faire entendre que la dimension de l'héritage n'est pas à oublier dans cette optique. Travailler ainsi permettait, je crois, des ouvertures.

ME : Cette manière de travailler est très éloignée du commentaire. Il s'agit, me semble-t-il, d'une pratique qui décèle ce qu'il y a dans un texte, et qui descelle, au sens où l'on détache des pierres.

JMR : On sépare des pierres, c'est de cet ordre. La métaphore se trouve chez Nietzsche d'ailleurs. On a affaire à du matériau, à quelque chose de construit, en apparence au moins. Le travail ne consiste pas à parfaire la construction ; ce n'aurait même pas grand sens. Il s'agit plutôt de défaire pierre à pierre l'édifice, pour voir comment il est constitué, de quels apports il est fait, sur quoi il repose. Granoff disait en plaisantant que mon grand plaisir était de démonter les montres. Le XIXe siècle enseigne quelque chose de cet ordre à Freud, lui montre ce qu'est la « construction », la reconstitution de ce qui n'a pas été comme tel constitué. Lui dit tout l'intérêt de ne pas être dans la duplication, dans la contemplation du monument ou la révérence, dans l'aliénation, dans l'assujettissement à quelque chose qui est fait et dont on ne sait quoi faire justement. Il me semble que, dans le domaine intellectuel, l'assujettissement peut avoir des conséquences catastrophiques. Parfois, sous le couvert de penser, on répète ; sous le couvert de réfléchir, on s'assujettit à quelque chose qui a déjà été formulé.

4

CRÉDIT, CONFIANCE, CROYANCE

ME : Le crédit est un problème qui occupe plusieurs de vos livres et de manière bien différente. On qualifiera volontiers de théorique le premier d'entre eux, *Le Temps du crédit.* Ceux qui suivront explorent ce thème dans le domaine littéraire en retenant trois romans. Ensemble, ils composent une trilogie. Petite remarque à propos du *Temps du crédit* : « Temps » s'entend au moins de deux façons : au sens d'époque et au sens de temporalité.

JMR : Oui, l'expression *temps du crédit* est à double sens : elle indique l'époque dans laquelle nous sommes, depuis le XVIIIe siècle notamment, et souligne la temporalité spécifique dans laquelle se constitue l'économie de nos sociétés. Le crédit est un moment capital dont on ne voit pas la fin, et forme le rythme des échanges. C'est une affaire cruciale, quelque chose de décisif dans notre devenir, une sorte de phase de l'économie dans laquelle nous sommes encore, cela va de soi. À y regarder de près, c'est également un mécanisme délicat susceptible de se gripper à la moindre occasion, éminemment fragile, dans la mesure où les garanties qu'il se donne sont le plus souvent précaires, quand elles ne sont pas imaginaires ou simplement fiduciaires. On le sait de plus en plus, il prête le flanc à bien des excès dans le domaine financier ; et sans doute ailleurs aussi.

ME : Vous n'êtes pas économiste, pourquoi vous intéresser particulièrement au crédit ?

JMR : Je ne suis pas économiste de formation ; j'ai acquis quelques notions d'économie ces dernières années. Pourquoi le crédit ? Le problème s'est imposé à moi petit à petit comme une chose énorme que j'ai retrouvée dans des zones extrêmement différentes, des domaines ayant à première vue peu en commun. Un propos incontournable qui permet de faire le lien entre les activités les plus variées, celles qui concernent les mécanismes financiers comme d'autres qui mettent en jeu la seule parole. Dans le domaine économique, cela va de soi : c'est avant tout la grande banqueroute de 1720, cet événement colossal de notre histoire qui a des effets réels et symboliques, pourrait-on dire, jusqu'à aujourd'hui. Tout le XIXe siècle n'arrête pas de ressasser cette histoire de la banqueroute – une véritable « perlaboration », pour parler comme Freud, une rumination qui parfois faire naître des rudiments de pensée. On sait que cet épisode a été un véritable traumatisme pour la nation tout entière : d'un seul coup, la propriété pouvait changer de mains et les promesses tenaient lieu de réalité ; le langage prenait une importance de premier plan au moment même où, sous des formes différentes, on en fait un objet de savoir. La coïncidence est remarquable et demanderait à être précisée. Parallèlement à cet aspect, il y a les acceptions différentes du terme de crédit. Je suis parti d'un constat élémentaire fait par le jeune Marx et d'autres qu'on peut résumer ainsi : pour avoir du crédit financier, il faut *d'abord* avoir du « crédit » moral. On voit apparaître là des problèmes déterminants concernant ce va-et-vient entre les mécanismes du crédit financier, qui sont relativement connus, et ceux, beaucoup moins connus, du *crédit moral*. Le nouage entre ces deux formes de crédit produit des choses faramineuses, fantastiques, délicates, de tous ordres, des perspectives à l'infini. D'où, pour moi, assez rapidement, il devient évident qu'on ne peut pas s'en tenir à la dimension économique, qu'il faut trouver des biais, inventer tous les moyens possibles pour analyser cet entrelacement entre le crédit économique et le crédit qu'on peut appeler *moral* faute d'un autre terme. L'extension que peut avoir cette forme de « crédit » a de quoi étonner, de quoi surprendre : c'est précisément ce qui est devenu un objet de travail avec lequel je suis loin d'en avoir fini. J'ai essayé de cerner les problèmes qui se posaient dans ces perspectives, en partant effectivement de cette histoire de la banqueroute qui me semblait être un bon fil conducteur. D'autant plus que, dès le XVIIIe siècle, il y a des penseurs comme Montesquieu qui montrent que le propos déborde le domaine économique et qu'on est projeté dans des zones mal connues, aux limites floues. Le roman est un terrain privilégié pour engager des analyses dans cette direction. Mais il n'est pas seul. La théorie politique est évidemment concernée par de tels propos, dans la mesure où la crédibilité, au même titre que la confiance d'ailleurs, occupe une place décisive dans les dispositifs qu'elle met en place.

ME : La question du crédit est présente dans l'histoire chez Montesquieu, dans le théâtre chez Marivaux. Le crédit, est-ce aussi un problème psychologique et éthique ?

JMR : Il faut rappeler que Marivaux a été lui-même ruiné par la banqueroute et qu'une bonne partie de son théâtre tourne autour de problèmes de même nature. Le crédit oblige celui qui s'y attarde à se déplacer entre des textes différents. Dès qu'il en est question sous une forme ou sous une autre, on est continuellement renvoyé du psychologique au moral, du moral au politique, du politique à l'économique – et ainsi de suite. C'est dire l'ampleur des questions soulevées dans cette perspective. En d'autres termes, il faut du temps pour digérer la banqueroute, pour saisir ce que représente la fin de la propriété, comprendre les enjeux symboliques de ces formes de faillite. C'est, pour l'essentiel, le XIXe siècle qui s'occupe de manière frontale des problèmes posés par la banqueroute de 1720 *et* par l'épisode assez analogue dans son fonctionnement des assignats. Problématique post-révolutionnaire donc. Le XIXe siècle est le moment dans lequel, de divers côtés, on se saisit des effets de ces deux événements majeurs, de leurs conséquences à court ou à long terme, où l'on prend la mesure du fait que le crédit financier n'est pas séparable d'autres phénomènes qui n'ont pas d'assise matérielle mais sont tout aussi puissants. Ce qui frappait à la porte depuis longtemps *exige en quelque sorte d'être traité* : il faut le prendre en considération dans tous ses aspects et, pour certains auteurs, trouver le remède à ce qui apparaît comme un mal de grande ampleur ; il faut entreprendre de l'analyser et, parfois, lui ôter ce qu'on pourrait appeler ses côtés toxiques. L'idéologie ne suffit pas pour cette tâche nouvelle. D'autres approches sont nécessaires.

ME : Pour quelles raisons ? Est-ce parce que le crédit change de puissance, prend une ampleur jusque-là inconnue ?

JMR : À force de se répéter, il contribue à installer une sorte de frayeur. On comprend par là qu'une économie peut sombrer très rapidement, sans qu'on ait même le temps d'en saisir les raisons. La réflexion bute sur des processus de cet ordre qui font partie désormais du paysage. À quoi s'ajoute ceci : dans sa forme la plus élémentaire, le crédit est à même d'engager le futur, en vient même parfois à promettre un progrès illimité pour la production – dans un moment qui n'attend que cela. Certains font valoir qu'avec un tel mécanisme on risque de miser sur ce qui est par nature indéterminé ou contingent, l'avenir, on en vient à miser sur des garanties imaginaires et à s'en remettre à l'inconnu. J'ai le sentiment, pour ce qui concerne notamment la France, que cette interrogation sur le crédit vient concurrencer la philosophie de l'histoire et contribue à lui donner une moindre importance.

ME : Est-ce parce que le crédit entre en rapport avec le social et pas seulement avec l'économique ? Est-il à la fois destructeur de lien social et fabricateur d'un nouveau lien ?

JMR : Je crois que c'est une oscillation de cette espèce qui traverse ce siècle. Le crédit apparaît comme nécessaire, de même que la « confiance » qui est un terme clé sur lequel ce moment revient abondamment. C'est une sorte de fondement nouveau dont on commence à comprendre qu'il est des plus précaires. Situation post-révolutionnaire par excellence : on a foncièrement besoin d'un processus de cet ordre dont le fondement est pourtant fragile – d'aucuns disent introuvable. De là cette abondance de discours en vue de légitimer le crédit qui semblent, assez fréquemment, relever plutôt d'une sorte de réassurance continuelle. J'ai souligné le fait qu'au milieu du siècle Edgar Quinet puisse dire qu'une *banqueroute de l'humanité* n'est pas impossible : phrase formidable qui a évidemment des consonances aujourd'hui, sans doute plus qu'au moment de sa formulation. Ce que nous avons appris depuis, c'est à quel point, dans nombre de domaines, le crédit ne prend appui que sur des éléments imaginaires, que sur du fiduciaire ; la confiance qu'on peut lui accorder doit être, autant que possible, mesurée, raisonnée.

ME : Le mot « confiance » devient emblématique et prépondérant ?

JMR : On est entré, avec le XIXe siècle – encore une fois, ce n'est pas strictement nouveau, mais cela prend une importance considérable –, dans un moment où les actes de parole, les engagements, les promesses, etc., prennent une consistance forte, deviennent une sorte de ciment social. On s'aperçoit de plus en plus que les grandes activités individuelles ou sociales sont régies par ces différents actes de parole, par des éléments provenant de la vieille rhétorique. Le point nodal le plus évident d'un tel processus est, à mon sens, le fait que le maître-mot de nombre de discours est « la confiance » ; cette chose décisive sur laquelle quelques penseurs de la fin du siècle – Nietzsche, Simmel – mettent l'accent, conscients qu'il faut, autant que possible, en comprendre les mécanismes, en éclaircir le fonctionnement. Difficile donc de se fier à la confiance, de croire qu'elle est à coup sûr là où on la réclame, là où on l'attend. Tant d'attentes ont été déçues.

ME : Le même mot appelle les paroles d'engagements. Elles sont aussi susceptibles de produire déception, voire tromperie.

JMR : Il y a en tout cas, à ce propos, alternance de positions contradictoires. En prenant peu à peu la mesure de cette dimension obligée qu'est la confiance, on s'aperçoit qu'elle relève d'opérations qui, pour l'essentiel, procèdent de formes d'énonciation spécifiques, que son terrain d'élection est la rhétorique ou même la sophistique, qu'elle a des accointances avec la pragmatique. Il s'agit, le plus souvent, de la capacité de convaincre d'une existence, de la nécessité de croire *et donc de faire croire* à ce qui ne peut manquer de venir dans un proche avenir, à ce qui se maintiendra forcément. Ce sont les ressources d'un messianisme au rabais qui sont mobilisées dans cette optique ; un propos qui, sous des formes diverses, circule dans tout ce moment. L'emphase de certains penseurs du XIXe siècle – Quinet, Michelet – est, à mon sens, une manière d'attirer l'attention sur la gravité même de la chose, et sur la difficulté à la saisir. Se préoccuper du « crédit », de la « confiance » et des mécanismes équivalents, ce n'est pas autre chose que l'obligation de réfléchir à ce qui nous constitue comme corps social, comme ensemble cohérent ; à une époque où l'on sait que la Révolution est terminée, la question de savoir ce qui va maintenir l'ensemble de la société se pose de façon renouvelée, impérative. Dans un vide de cette nature, il y a des formes de réalité qui sont comme engendrées par le désir qu'on en a, des formations imaginaires qui donnent corps à des choses consistantes ; dans les lieux les plus divers le « comme si » semble réaliser de véritables prouesses – on va même jusqu'à parler de « miracles » –, et bien des aspects de ce que nous nommons « le réel » n'existent que par le crédit qu'un « nous » leur accorde ; et ainsi de suite. Après la Révolution, en France tout particulièrement, je dirais que *c'est le fiduciaire qui règne en maître dans nombre de domaines* : les historiens que j'évoque sont ceux qui commencent à reconnaître qu'il en va bien ainsi, et à en tirer les principales conséquences. C'est d'ailleurs ce qui leur permet aussi bien d'analyser l'« idolâtrie » dans l'ordre politique que de convoquer, pour analyser la situation du moment, des artefacts comme le « membre fantôme ». L'un et l'autre ont conscience de nouages de cette espèce, de liens fictifs qui résistent au temps en produisant des effets déconcertants. Pour Valéry, c'est toute la « machine sociale » qui a été comme détraquée par « l'économie fiduciaire ».

ME : La confiance fonctionnerait alors à la façon d'une sorte de ciment ?

JMR : Oui, mais un ciment particulièrement fragile, et d'autant plus que sa consistance est, pour bonne partie, celle de la parole, des phrases, de l'énonciation. En condensant le propos, je dirais que le fiduciaire est, plus qu'auparavant sans doute, au principe même de la politique – comme il l'est de l'économie. Les grands orateurs de la Révolution ont évidemment œuvré en ce sens ; ils ont ouvert la voie pour produire le changement qu'ils projetaient.

ME : Est-ce que l'impressionnante expression de Quinet, « banqueroute de l'humanité », n'est pas le signe d'une ignorance de ce qu'est le capitalisme ? Il semble difficile au XIXe siècle de dissocier l'expansion du crédit du développement du capitalisme. Comment comprendre que des penseurs qui insistent sur la propension du crédit à ébranler ce qu'ils nomment « humanité » ne sont pas, apparemment, attentifs à la découverte de Marx sur la nature du capitalisme ?

JMR : J'ai le sentiment que Quinet, dans la suite de *La Révolution*, est plus attentif aux processus d'ordre symbolique, à tout ce qui s'apparente à des actes de langage, à des promesses au sens fort du terme, à des formes d'accréditation, à tout ce qui se dit comme à tout ce qui se tait. Dire que l'humanité peut devenir banqueroutière est une manière de faire apparaître les questions qui se posent après la Révolution : des questions qui touchent d'abord l'inconséquence des hommes politiques par rapport à l'économie, qui concernent aussi les *conséquences morales* d'une ruine financière – ce qui n'est pas de moindre importance dans cette perspective. C'est d'ailleurs ce dont se préoccupe Marx dans les textes de 1844, sur un mode un peu différent. Reste qu'une des préoccupations majeures de Quinet, c'est la difficulté pour le nouveau de se déprendre du poids de l'ancien, ce sont les idoles antérieures qui persistent après la Révolution, ce sont ces nombreux *processus de hantise* qui embarrassent la République en voie de formation et lui font obstacle. Ce sont encore les succès de la vieille rhétorique, les « sophismes » les plus éculés revenant sur le devant de la scène, et les régressions qui en découlent. C'est aussi le

« retour périodique des mêmes fatalités » qui engendre la « bêtise » et fait que « la servitude devient volontaire », l'aveuglement devenant monnaie courante. Nul plus que Quinet n'a été sensible aux survivances de diverses provenances et à leurs effets sur les croyances d'une époque.

ME : Par exemple ?

JMR : Survivances d'une partie du domaine religieux, bien sûr, et tout autant vestiges ou reliques de l'Ancien Régime. Un exemple rapide chez Quinet : « Souvent les athées mêmes conservent tous les préjugés historiques des croyances qu'ils n'ont plus. » Son grand livre, *La Révolution*, fourmille d'analyses dans cette direction, avec une liberté de ton peu commune dans ce moment ; avec une grande intelligence de ce que peut être le symbolique dans un moment de transition aussi déterminant que 1789 en France. J'ai republié, il y a quelques années, son livre mal connu *Philosophie de l'Histoire de France*. C'est Miguel Abensour qui me l'a demandé et l'a accueilli dans sa collection « Critique de la politique », chez Payot. On a là une réflexion de grande ampleur qui concerne aussi bien l'écriture de l'histoire que la théorie politique. Je crois que Quinet est à redécouvrir ou, plus simplement, à découvrir.

ME : Dans un passage de *Le Capital*, Marx associe le système monétaire au catholicisme et le système du crédit au protestantisme. Comment comprendre cette caractérisation des deux systèmes ?

JMR : Je le comprends comme une résurgence du jeune Marx dans le vieux Marx, en quelque sorte. C'est une sorte d'intuition, une hypothèse de travail. Mais, en même temps, c'est un propos qui le rapprocherait de gens comme Quinet ou Michelet. Il ne peut s'agir en l'occurrence que d'un bricolage pour essayer de voir comment le système de crédit ou le système monétaire s'est engendré, sur quelles structures religieuses il a pu s'établir. Ce sont évidemment de très vieilles choses ; mais on sait ce qui s'est joué autour de certains processus.

ME : De l'usure.

JMR : De l'usure, du sacrifice, et d'autres opérations du même ordre qui empruntent manifestement à la théologie chrétienne. Le constat de tels emprunts occupe une bonne partie de la réflexion au XIXe siècle. C'est, par exemple, en Allemagne, le moment où Novalis insiste sur les effets de la grande *Spaltung* d'où est sorti le protestantisme. Une fois constaté qu'il y a un tel écart entre les deux religions, la spéculation va bon train, ici ou là, pour déterminer ce qui relève de l'une et ce qui procède de l'autre, dans le domaine des croyances bien évidemment, mais aussi sur le terrain de l'économie ou même pour ce qui concerne les savoirs en cours. On sait notamment tout ce que la discipline philologique doit au protestantisme. Il faut lire, dans cette perspective, les travaux de Daniel Vidal sur les imbrications de la théologie et de l'économie aux XVIIe et XVIIIe siècles. Quinet et Michelet ont été assez proches du protestantisme : c'est, pour une part, ce qui leur a permis de saisir certaines extensions inattendues de la théologie, dans l'ordre politique notamment. Que la théologie n'est pas dépassée et qu'elle continue à œuvrer dans ce qui nous apparaît comme des mécanismes économiques ; qu'il y a, sur ce terrain comme sur d'autres, des *survivances* qui ne peuvent que surprendre et déconcerter.

ME : Quelles survivances ne relèveraient ni de la sphère religieuse ni de la sphère économique ?

JMR : Je pense aussi aux admirables analyses de Michelet sur la mort du roi, dans son *Histoire de la Révolution française*.

Il montre que la mort du roi ne résout aucun des problèmes posés dans le moment, qu'il y a une incertitude quant à savoir si c'est la personne du roi ou si c'est la royauté dont on pense se défaire. Les formes prises par cette mort ont l'effet inverse de celui qui est souhaité, puisque Louis XVI sort grandi de l'événement, qu'il revit après le procès : « Le 21 janvier consomma sa résurrection dans l'âme et le cœur de l'Europe. » On n'a pas su prendre la mesure du fait que les véritables régicides, ce sont ceux qui ont fait le roi. Les hommes de 1793 n'ont pas su saisir le rapport de la Révolution au christianisme ; il en est résulté une idée fausse de l'unité de la Nation qui a égaré bon nombre de révolutionnaires. Il faut lire dans le détail les nombreuses analyses faites par Michelet dans ce livre : elles soulèvent des questions fortes sur les effets de la survivance, sur l'héritage dans la perspective politique, sur les tâches qui sont celles d'un changement complet de régime, sur les façons de se défaire de mécanismes ancrés de longue date, sur les figures de la hantise, sur la longue durée des fantômes – et ainsi de suite. Tout ce qui est censé relever d'une logique du dépassement apparaît sous un jour critique. On comprend que Michelet et Quinet n'aient pas pu adhérer sinon à Hegel, peu connu en France dans le milieu du siècle, du moins à un hégélianisme assez courant dans ce moment. Affaire d'oreille, pourrait-on dire, de sensibilité à la longue durée, à ce qui subsiste et se perpétue malgré les changements. L'intelligence de choses inattendues va de pair avec une certaine emphase ou, ce qui revient parfois au même, une grande liberté de ton, une capacité à se risquer dans des chemins inconnus. Ils n'ont d'ailleurs pas eu de successeurs ou de disciples. Mais, on le sait, le XXe siècle aura été occupé par des propos de même provenance, à peine différents.

ME : La foi, la croyance se mêlent à la rationalité ? C'est cela ?

JMR : Le domaine politique, comme celui de l'économie, vit en partie de ces survivances. Il me semble qu'il faut être attentif aux énoncés qui circulent dans l'un et l'autre et qui parfois se ressemblent, être à l'écoute de ce qui ne se dit pas dans les propos échangés – je dirais : devenir sensible à ce qui s'énonce sans s'énoncer directement, à ce qui fait signe dans les propos les plus courants et les plus ritualisés. Michelet et Quinet l'avaient parfaitement compris : il faut avoir une sorte de regard double pour avoir une chance de saisir ces mélanges de raison et de foi, ces mixtes de rationalité et de crédibilité, et d'autant plus quand on a affaire à des processus institués.

ME : Qu'est-ce que ce « regard double » ?

JMR : Dans ses « Trois Discours sur la condition des Grands », Pascal parle déjà de « double pensée ». Bien avant ceux qu'on a appelé les maîtres du soupçon, il avait saisi l'importance d'un tel dédoublement, comme Montaigne ou comme le Montesquieu des *Lettres persanes*. Il comprend que, dans certains discours politiques, il y a des propos qui doivent s'entendre en deux sens différents, dans deux directions incompatibles – et que cette ambiguïté conforte le pouvoir, lui donne une certaine assise, permet de ne pas se soucier des garanties en faisant prédominer une confiance qui est, le plus souvent, imaginaire. De Pascal à Nietzsche, je dirais que la conséquence est bonne : ils savent l'un et l'autre que la confiance se prête aux opérations les plus opposées. Elle ne saurait à elle seule être revendiquée comme une valeur par excellence ; elle a trop de zones d'ombre, elle présente trop de fragilités et fait souvent la part trop belle à l'imaginaire.

ME : Il arrive que la confiance se mue en violence individuelle ou sociale quand la parole engagée n'est pas honorée.

JMR : On entre ainsi – certains le perçoivent bien au XIXe siècle – dans une ère qui n'est pas exempte de brutalité, ou même – ce qui est tout aussi dramatique – de violence feutrée ; ou de violence quasi légale. Car, le plus souvent, les seuls gages qui soient donnés au niveau d'une société, ce sont les institutions. Mais on sait bien, depuis longtemps déjà, que ces institutions peuvent être défaillantes, qu'elles peuvent permettre des opérations qui sont ou à la limite de la légalité ou même carrément illégales, qu'un État peut être en cessation de paiement ou même qu'il peut mentir. Le XIXe siècle a, si je puis dire, exploré des possibilités de cette espèce, grâce aux historiens, aux penseurs politiques et aux romanciers ; Balzac est évidemment dans le domaine français l'auteur le plus riche. Il a perçu le grand symptôme que représente la finance : il a mis en évidence les dérives les plus folles qu'elle suscite autant que les formes de sa précarité. Les choses s'accélèrent dans ce moment, de même que les désirs qui se font jour dans la perspective de la richesse. C'est ce qui oblige quelques-uns à réfléchir sur cette sorte d'ambiguïté.

Il y a la nécessité d'un développement et la mise en place de nouveaux mécanismes dont le crédit est le plus significatif. On assiste ainsi à une répartition nouvelle de la richesse et à un désir de propriété qui devient une idéologie dominante. Mais, dans le même temps, on sait, sans trop vouloir le savoir, sans désirer s'y attarder, que cette richesse peut changer de mains en un instant, qu'il y a une menace continuelle sur la propriété et que la banqueroute est comme l'horizon de toutes ces affaires.

ME : Une certaine littérature en fait sa matière.

JMR : Le théâtre et les romans ; les canevas sont en quelque sorte donnés dans la réalité, il suffit de peu de chose pour en faire de véritables histoires. Le sujet est trop beau pour n'être pas exploité. On peut donc considérer ces diverses fictions comme les premières analyses de cet état de fait, comme l'exercice de cette « double pensée » qu'évoque Pascal. Des analyses qui montrent le fonctionnement qu'on dirait secret d'une société, qui indiquent aussi les excès dont l'économie est capable et les transgressions dont elle paraît souvent s'accommoder. De loin en loin, ce sont les principaux bouleversements dont ce siècle est le lieu qui se trouvent ainsi exposés ; c'est la dérégulation d'un système qu'on nous raconte par le menu et les conséquences que cela peut avoir sur les sujets. Avec le crédit, on est entré dans une ère dans laquelle avec quasiment rien on peut acquérir beaucoup – à défaut de tout –, où l'on peut se moquer des règles instituées au nom du développement et du progrès, où l'on peut sans vergogne se réclamer de l'illimité en misant sur un gain de cette espèce.

ME : Ce qui est mis en scène dans les fictions ne constitue-t-il pas les prémisses d'une idéologie ?

JMR : C'est devenu une dimension idéologique, quelque chose qui semble relever de l'évidence et n'étonne plus, sauf pour quelques-uns dans quelques moments difficiles. C'est dans les moments où cela se défait que l'attention est attirée et que la réflexion prend son essor.

ME : L'essor est aussi celui d'un « vivre à crédit ».

JMR : À tel point qu'on entend depuis quelques années l'idée selon laquelle à partir d'un moment donné l'humanité vit à crédit. C'est-à-dire qu'elle a dépensé les richesses en sa possession sans rien engranger, que les mois qui restent sont gagés sur l'année suivante. Autant dire qu'avec la mondialisation le mécanisme peut s'étendre à la Terre entière, et que ce genre de calcul n'est pas dénué de sens : petit progrès depuis le XIXe siècle. La mort du système ferait-elle partie de la perspective du crédit ? Nous avons acquis en tout cas un savoir quant aux risques de ces opérations, quant à l'insouciance qui les accompagne le plus souvent, quant à l'aspect criminel que cela peut avoir dans certaines circonstances. Le *temps du crédit* serait aussi de cet ordre. Un savoir qui n'est pas le bienvenu.

ME : On sait et on oublie.

JMR : On sait et on oublie : c'est ce qui s'impose à un double regard. Il y a de ce point de vue de très belles analyses de Galbraith sur l'amnésie des financiers, où il dit que l'expérience pour eux ne compte pas, que leur intelligence fait défaut dans certaines circonstances. Après un désastre financier, c'est comme si rien ne s'était passé, tout est oublié rapidement, et on recommence strictement comme avant. Les dernières années nous montrent la grande pertinence de telles remarques. Je ne peux m'empêcher de rapprocher ce type d'attitude de l'oubli de l'immédiat après-guerre tel qu'il est analysé par Günther Anders pour ce qui concerne son pays d'origine, l'Autriche. Anders raconte que, dans toutes les rencontres qu'il a pu faire dans ces années, « il n'a été question d'aucun de ceux qui sont morts à la guerre ». Il ajoute : « Lorsque sont évoquées les victimes de cette époque, ce sont toujours des victimes des bombardements de Vienne même. » Une partie du réel doit être éludée pour ne pas entraver la suite, le retour à l'ordre établi ou à un terrain connu. Le prix à payer est de l'ordre d'un escamotage qu'on essaie évidemment de rationaliser. On pense rétablir par ce biais une continuité bienfaisante, apaisante, en inventant les justifications pour cela. L'avenir, proche ou plus lointain, viendra tout arranger, sera la solution de tous les conflits.

ME : Cela s'appelle-t-il « retrouver la confiance » ?

JMR : C'est cela en effet. Cela s'accompagne parfois d'une grande insouciance. Mais on prend par là le risque

que la catastrophe suivante soit encore plus ample que celle qu'on vient de passer sous silence. On voit cela presque tous les jours, avec les banques notamment. Les mécanismes financiers sont suffisamment dérégulés aujourd'hui, suffisamment libéralisés pour que les mêmes désastres puissent recommencer – après l'oubli nécessaire. On trouvera d'autres explications ou d'autres justifications pour n'avoir pas à y regarder de trop près. Dans ce cas comme dans celui tout autre évoqué par Anders, des discours sont requis pour se disculper, légitimer la position qui innocente celui qui est au centre de l'affaire. Les arguments sont à portée de main, tant en politique qu'en économie ; ils se ressemblent d'ailleurs et s'empruntent parfois des ressources.

ME : Le mot « confiance » a pour associé le mot « crise ». « Crise » ressemble à une notion fourre-tout. Nous en connaissons les rubriques : institutionnelle, politique, économique, sociale. Crise dans les arts. « Crise de vers », écrit Mallarmé.

JMR : Il y a « crise » quand quelqu'un vient indiquer un domaine en faillite ou montrer les défauts majeurs d'un ensemble, le risque d'une disparition brutale. Il y a aussi Cournot, à la fin du siècle, qui a des pages fortes sur l'éventualité d'une crise globale de l'économie dont les conséquences seraient catastrophiques. Inutile de dire qu'il n'est pas entendu. Sentiment prédominant chez tous avec toutes les nuances que l'on sait : la crise n'est pas simplement un épisode passager qu'on va surmonter avec un peu de courage ou de détermination ; il s'agit d'un bouleversement qui risque d'emporter le système et de produire une véritable banqueroute dont personne ne sait ce qui peut en résulter. Peut-être est-ce ce qui a maintenu en France une attention à des symptômes dans les différents domaines que vous évoquez ; d'autant plus qu'il n'y a pas de pensée englobante occupant le devant de la scène et régentant tous les grands domaines, comme celle de Hegel en Allemagne pendant des décennies.

ME : Est-ce parce que l'Allemagne est occupée à la construction de l'État, qu'elle est peu attentive au risque que vous évoquez ? En France, la question de l'État est, si l'on peut dire, déjà réglée et laisse libre l'attention pour autre chose.

JMR : Cette construction de l'État est une des raisons qui fait qu'on n'a pas en tête la possibilité de la catastrophe. Seuls Nietzsche et Simmel, à la fin du siècle et au début de l'autre, viennent introduire quelques grains de sable en laissant entendre que le système laisse de côté bien des choses et que la « confiance » demande à être redéfinie de fond en comble. Leurs propos n'ont pas grande portée. En France, c'est du côté d'un certain catholicisme qu'on s'interroge, avec une certaine acuité, sur ce qui fait le lien entre la confiance et la foi, entre l'attente et la théologie chrétienne. La chose peut sembler paradoxale, elle a pourtant une importance non négligeable dans un moment où le positivisme joue un rôle décisif.

ME : À quoi ou à qui pensez-vous ?

JMR : Deux auteurs tout particulièrement : Léon Bloy et le jeune Claudel. Avant d'être ambassadeur à Washington et d'être à peu près le seul, au début 1929, à percevoir la gravité de la crise financière et morale qui se prépare, Claudel réfléchit à la proximité du Credo et du Crédit en des termes forts. Une pièce comme *L'Échange*, qui date de 1893, en fait amplement la preuve. Il serait intéressant de faire une lecture croisée de cette pièce et des longs télégrammes que Claudel expédie en 1929. Où l'on pourrait voir qu'une certaine forme de catholicisme a permis à Claudel de faire le lien entre ces différents propos : l'argent, le crédit, la substance, la croyance, l'amour, l'attente, etc., avec une grande rigueur. Où l'on verrait aussi de quelle manière le théâtre peut s'emparer d'un propos de cette ampleur en en produisant une analyse rigoureuse. Je tiens que cette pièce est comme une partie d'un traité d'économie qui évoque ce dont le savoir économique ne sait pas parler, ce à quoi il ne sait pas donner consistance. Faut-il rappeler que, tant en Amérique qu'en France, on n'a tenu strictement aucun compte en 1929 des avertissements de Claudel.

Le polémiste qu'est Léon Bloy est extrêmement attentif à des questions du même ordre dans la perspective de l'argent. Il a su comprendre comment l'économie moderne pouvait s'immiscer dans la théologie, produisant d'étonnants nouages entre l'intérêt et la croyance. Il ne cesse pas de polémiquer avec virulence contre les différentes manières de rendre Dieu utilitaire et de l'accommoder aux besoins de l'homme. Il faut relire notamment ce texte non dénué d'ambiguïtés qui s'appelle *Le Salut par les Juifs*. J'ai le sentiment qu'il y a eu en France, dans un milieu catholique restreint, sous des formes contradictoires, une perception aiguë d'un vieux problème dont personne ne semble s'occuper, qui toucherait, pour le dire vite, l'articulation de la croyance et du crédit ainsi que tout ce qui concerne l'attente d'une rétribution illimitée – disons, par exemple, l'énigme d'un bénéfice excessif pour un investissement moindre, le fait de la disproportion même, la logique de la rémunération sans mesure – et tout ce qui s'y apparente.

ME : Vous soulignez le lien, peu perçu, du crédit avec le religieux. Peut-on envisager un paganisme du crédit ? Est-ce que cela à un sens à vos yeux ?

JMR : Je ne suis pas sûr qu'on puisse envisager, selon votre belle expression, un véritable paganisme du crédit. Ce système est lié à tant de processus qui ne disent pas leur nom, qui n'avouent pas leur nature ou leur visée, qu'il paraît difficile d'en isoler un noyau rationnel, d'en faire un ensemble strictement laïcisé. Plus encore, ce qui ne simplifie pas la chose, le crédit me semble emprunter, aujourd'hui encore, autant à certaines structures provenant du christianisme qu'à des éléments qui ont leur source dans la grande rhétorique latine. Il est de fait inséparable de certaines formes d'énoncés très anciennes et de convictions qui ont avant tout pour garantie du faire-croire.

ME : Les questions langagières ne s'effacent pas.

JMR : Bien entendu. Il faudrait nommer ces modalités de la phrase qui sont absolument nécessaires au fonctionnement du crédit. Elles doivent être à l'œuvre, même si elles ne sont pas formulées en tant que telles. Il faut promettre, il faut faire croire, attendre ou faire attendre…

ME : S'agit-il là de modalités propres au crédit ?

JMR : Sans doute en bonne partie, même si on peut les retrouver ailleurs. Mais j'imagine aussi que les grands financiers, les décideurs au niveau mondial, aimeraient pouvoir s'en passer, n'avoir strictement rien à dire dans ce qu'ils fabriquent, laisser en somme faire les choses. Vieux rêve d'un certain XIXe siècle ici encore. Les dirigeants des régimes autoritaires ont sans doute le même désir : le silence et l'action. Dans le domaine politique comme sur le terrain économique, on trouve la même chose : l'obligation continuelle de *dire pour faire*, ou de *dire sans faire*. Peu de régimes peuvent s'exonérer de cette nécessité de dire ce qu'ils font. La manière dont ils le font, c'est une tout autre affaire.

ME : Ne rien énoncer et faire.

JMR : Et que les choses se fassent *d'elles-mêmes*. Mais, dans la plupart des cas, il faut parler, justifier ce qu'on va faire, dire ce qui en résultera, susciter l'attente, maintenir la croyance en éveil – et bien d'autres opérations de même nature. Madoff a su convaincre même ses propres amis, il a dû promettre, faire miroiter du merveilleux, susciter l'enthousiasme, prophétiser et dire l'avenir. Il a été, tout à la fois, un bon rhétoricien, un connaisseur de l'inconscient, un expert en sophistique, quelqu'un de compétent en pragmatique, sachant ce que permettent certaines formes d'énoncé – et ainsi de suite. L'opération de Madoff est contemporaine de la promotion des actes de langage, du temps où on en prend la mesure. On ne peut pas oublier que cette Amérique-là s'est formée dans un moment, la fin du XIXe siècle, où publie un certain William James. Ce que celui-ci analyse avec une extrême finesse et une grande hardiesse, celui-là le met en œuvre en tirant parti des failles du système financier en place – sans avoir eu à lire les écrits de William James : les hypothèses ont circulé, sont devenues presque monnaie courante, ont trouvé ici et là, sans référence au texte original, une audience, un public disparate, en quelques décennies seulement – comme une vulgate. Je pousse le rapprochement un peu plus loin : les termes que James utilise pour décortiquer un objet particulièrement difficile à saisir, Madoff les reprend avec d'autres infléchissements et, bien évidemment, d'autres visées : comme on le sait, il sera parfaitement entendu, sans doute mieux que le philosophe. Il a su promettre l'impossible et jouer sur la crédulité de ses clients, en occupant la place qu'il fallait au bon moment. Ce sont comme des figures en miroir, des sujets qui, sous des formes différentes, explorent les limites de la rationalité.

ME : La manière de dire est-elle à ce point décisive ?

JMR : Elle est cruciale même, comme on peut le voir dans le rapprochement que je viens d'établir entre William James et Madoff. La façon de dire compte autant, sinon plus, que les énoncés eux-mêmes ; sans parler bien sûr de la visée, de l'intention, de la position de celui qui parle, du contexte d'ensemble – et ainsi de suite. L'escroquerie dans tous ses aspects fait partie du paysage contemporain. Penser aujourd'hui consiste parfois à placer en vis-à-vis des propos ayant une certaine ressemblance, mais allant dans des directions différentes, pour mettre en évidence ce qui les rapproche et les différencie. C'est l'obligation de s'attarder sur des énoncés, anciens ou récents, où certains termes jouent un rôle déterminant, en vue de comprendre ce que sont des effets de contexte, comment opèrent les modalités du dire. Cela concerne notamment, à mon sens, les discours qui proviennent de la sphère dite politique, ou ceux qui procèdent du terrain considéré comme économique.

ME : Dans ces ordres de discours, le mot « confiance » est un puissant tropisme.

JMR : Sous une forme ou sous une autre, ce terme est effectivement présent. Même absent, il est susceptible d'œuvrer. Ce qu'il faut donc analyser, c'est la fabrication des phrases, la construction des énoncés, la manière dont on cherche à réduire, ici ou là, l'espace entre le dire et le faire. Le domaine est immense : il comprend aussi bien le discours du politique ou de l'expert – de celui qui se présente comme tel – que les propos de l'escroc.

ME : Dans *Le Capital*, à propos des porte-parole du crédit, c'est ainsi qu'il les appelle, Marx écrit : « Ce sont des escrocs ou des prophètes. »

JMR : Belle ironie dans laquelle je retrouve le jeune Marx, cette intuition formidable, cette capacité à rapprocher avec rapidité des êtres dissemblables pour une remarque décisive. C'est aussi une manière de désigner une forme de réalité qui, d'un rien, peut pivoter sur un tout autre plan ;

le réel se change en son contraire, comme au gré de nos croyances. Je repense, dans la même perspective, à l'ironie de Musil à propos du « grand homme », à la manière dont il montre la consistance de ce qu'il nomme le « théorème de l'amorphisme humain », dans ses essais comme dans ses romans : l'homme capable aussi bien de devenir cannibale que d'écrire la *Critique de la raison pure.* Permettez une citation tirée de *L'Homme sans qualités*, qui demanderait à être commentée longuement : « Les attributs des grands hommes et des grands enthousiasmes survivent à leurs prétextes, c'est pourquoi il y a toujours une quantité d'attributs de reste. Ils ont été créés un beau jour par un grand homme pour un autre grand homme, mais ces hommes sont morts depuis longtemps, et il faut utiliser ces notions survivantes. » Musil a su analyser avec une grande rigueur certaines formes de banqueroute morale ou intellectuelle : c'est même, je crois, le centre de son travail. J'ajoute, pour revenir à votre remarque, que le XIXe siècle a été le grand moment de la prophétie en tous genres. Le crédit a souvent quelque chose de prophétique.

ME : Les anticipations prophétiques ne sont pas absentes du socialisme français du XIXe siècle.

JMR : Il les rencontre et il en fait un usage abondant. Il faudrait faire une histoire et une généalogie de ce prophétisme proliférant. On découvrirait certainement des choses qui pourraient modifier en profondeur notre vision du XIXe siècle. On sait que Benjamin s'était engagé dans un travail de cette nature en prenant comme point de départ les passages de Paris, c'est-à-dire l'abondance des textes qui les évoquent ou les décrivent. Je veux juste rappeler que les saint-simoniens aussi bien que les frères Pereire s'intéressent de très près au crédit économique, qu'ils en attendent beaucoup, que c'est pour une part cet intérêt qui en fait des prophètes.

ME : Que fait croire le crédit ? Fait-il croire en nous-mêmes ?

JMR : Ce qui est capital, crucial même, déterminant dans le crédit, c'est qu'il fait croire, qu'il réactive des croyances anciennes et les met au goût du jour. Il est devenu la grande matrice des croyances de tous ordres, à partir de son instauration avec Law. Il fait croire à la rentabilité illimitée, et même à la puissance. Il permet à une société de s'imaginer sous une forme gratifiante, de se supposer investie d'un pouvoir créateur. Avec peu de chose, vous aurez beaucoup. Il fait croire aussi que le système financier ira d'autant mieux qu'on y adhérera. Le crédit conforte ceux qui estiment que la valeur par excellence est l'accroissement, l'augmentation sans limites d'un capital. L'*enrichissez-vous* de Guizot prend appui sur cette forme d'espérance, sur cette façon de miser sur le futur et d'investir le temps de pouvoirs incontestables. Ce qui frappe aussi dans la pratique du crédit, c'est qu'il est à même de convertir ceux à qui il s'adresse. Ce qui est promis doit arriver. On parle sur le terrain économique des *prophéties auto-réalisatrices* : un tel mécanisme est intéressant et trouve sans aucun doute à se prolonger dans d'autres domaines. Il suffit parfois de dire pour qu'un processus s'enclenche qui vient confirmer ce dire initial. Où se tissent des liens suffisamment forts entre le dire et le faire pour transformer et convertir ceux qui sont preneurs, ceux qui pensent que le système a ses vertus et qu'il est en fin de compte profitable. Les discours ne manquent pas qui vantent l'adhésion pure et simple, sans autre considération : propos d'un autre âge en continuel renouvellement. Mais ce qu'on passe forcément sous silence, ce sont les conditions pour qu'il y ait de l'adhésion.

ME : Voire de la dépendance.

JMR : Il faut relire Péguy à propos de ce type de dépendance. Quelque chose est comme entré dans les mœurs avec ce crédit, qui est de l'ordre d'une croyance nécessaire dans la bonté du système, dans son caractère sans grand défaut. Pierre Legendre a attiré l'attention sur cet aspect depuis des décennies, sur des croyances qui ont la vie dure et persistent malgré les défaillances, les banqueroutes de tous ordres. Terrain sur lequel l'expérience n'a aucune influence ; tout semble être fait pour qu'on n'aille pas y regarder de trop près. Montesquieu, dans les *Lettres persanes*, en 1721, un an après la grande banqueroute, écrit le roman de cette séquence d'histoire, avec une ironie formidable. Il décrit John Law, le promoteur de cet ensemble, comme « le fils d'Éole », qui promet effectivement à ceux qui veulent bien l'entendre l'impossible : « Mettez-vous tous les matins dans l'esprit que votre fortune a doublé pendant la nuit ; si vous avez des créanciers, allez les payer de ce que vous aurez imaginé, et dites-leur d'imaginer à leur tour ; pour achever votre fortune, souffrez que je vous ôte la moitié de vos biens. » La promesse est constitutive de ce mécanisme : il est difficile de résister à une promesse, quand elle est à ce point alléchante, tant dans l'ordre financier que sur le terrain politique. On a chez Montesquieu une analyse rigoureuse de la *crédulité*, comme il y en a peu. On n'en parle quasiment plus par la suite ; comme si s'attarder sur un tel motif comportait quelque risque, menaçait l'ordre établi, était malvenu ou inopportun. Il semble préférable de se confier au temps, de croire qu'il permet bien des choses qui ne sont pas à portée de main dans le présent.

ME : N'est-on pas avec le système du crédit, dans un présent-futur ou un futur-présent, soudés à l'instant même de la promesse ?

JMR : Avec le crédit, on a modifié de fond en comble le cours ordinaire du temps, on a touché à un des paramètres majeurs de notre système de pensée. Mais on ne perçoit plus comme telle cette modification fondamentale.

ME : Il n'y a pas ou plus de passé.

JMR : Le passé est comme aboli, devenu en tout cas insignifiant. Et ici encore, les analyses de Galbraith sont magnifiques qui mettent l'accent sur l'amnésie nécessaire dans toutes ces opérations. Il n'y a pas de passé ; à la place, on trouve le rêve d'une sorte de connivence entre le présent et le futur, voire d'une fusion.

ME : Présent et futur se touchent.

JMR : Ils se trouvent en contact étroit le plus souvent. On a donc un pied déjà engagé dans le futur, alors même qu'on ne sait pas ce qu'il sera. Le futur est cette instance qui remonte en quelque sorte dans le présent et contribue à l'orienter de manière décisive. Il n'y a pas de possibilités, croit-on, d'échapper à cette force du futur, à cette étrange présence ou prégnance du futur. Le temps social est modifié par toutes les opérations de crédit. On peut rappeler dans cette perspective les analyses, elles aussi très ironiques, de Péguy sur la Caisse d'épargne comme modèle du monde moderne : les formes de raidissement du présent qu'implique cette optique, à l'encontre même de la conception du temps de Bergson. La manière même dont on envisage le présent commande, dit Péguy, « les économiques, les civiques, les morales, les métaphysiques ». Il évoque aussi « une énorme caisse d'épargne universelle, une grosse caisse d'épargne intellectuelle générale et même universelle automatique, automatique en ce sens que l'humanité y mettrait toujours et n'en retirerait jamais ». C'est la matrice d'une théorie du progrès indéfini.

ME : Que le futur soit meilleur que le présent légitime le crédit ?

JMR : C'est sa seule légitimité, évidemment. Mais c'est ce qui autorise des opérations plus qu'étranges, extravagantes, destructrices le plus souvent.

ME : Pour quelles raisons acceptons-nous le dispositif « crédit » ?

JMR : C'est tellement passé dans les mœurs financières qu'il est difficile de s'en séparer ou de se mettre à distance. Cela constitue aussi, en bonne part, la raison d'être de toute politique, au principe de nombre de discours depuis des décennies. C'est, par exemple, des énoncés de cet ordre : la confiance n'est plus là, mais elle revient, on le sait, elle est sur le point de réapparaître. Rien n'indique cela, mais on croit que dire une chose de cette façon suffit à la faire advenir. Il y a un aspect incantatoire : nous appelons de tous nos vœux ce retour, en croyant et en espérant que l'appel sera entendu. Mais il n'y a pas d'instance qui soit susceptible de satisfaire nos désirs sur ce mode. On mise sur la logique de la prophétie auto-réalisatrice. « La soif des choses mentales peut créer ces choses », dit Valéry.

ME : À côté des énoncés, il y a des institutions.

JMR : Tout à fait. Simplement, pour ce qui nous occupe, tout est pris en charge par des institutions. Mais les institutions sont sujettes à faillir : nous le savons de plusieurs façons. Reste qu'on est souvent contraint de croire ce qui se dit, ici ou là, pour la seule raison que les autres y croient. L'objet de la croyance importe moins que le fait même de la croyance, que le renouvellement d'une forme spécifique de Foi. Le crédit est une chose cruciale ; nous vivons de ce que nous pouvons ajouter à perte de vue – des ajouts qui restent dans l'insu, qui ne sont pas comptabilisés. Je rappelle la formule qu'on prête à Ford : si les Américains avaient conscience du fonctionnement réel du système monétaire, ce serait la révolution. Peu importe si la phrase est inventée. L'essentiel est le constat, fait dans les domaines les plus divers par nombre d'observateurs, qu'il y a obscurité, méconnaissance, non-dévoilement concernant l'économie des institutions, qu'il faut qu'une partie reste dans l'ombre. Valéry l'énonce sans détours : « Aucune société ne pourrait supporter une notion nette de ses conditions d'existence, aucun pouvoir ne saurait suffire à l'appel de ses forces. » Ou bien encore, dans la même optique : « La société est fondée sur des liaisons qui donnent à l'irréel force de réel. » Je pourrais multiplier ces formules qui reviennent toutes à signifier que le savoir dans ces matières est sujet à caution et qu'il y a, sur toutes ces questions, comme des interdictions d'aller au-delà d'une connaissance vague et, qui plus est, purement utilitaire, instrumentale.

ME : Qu'est-ce qui n'est pas maîtrisé, qui excède ? Qu'est-ce ?

JMR : Il y a quelque chose qui est continuellement en excès, qui met en jeu d'étranges mélanges de réel et d'imaginaire, d'inventions et de fictions, de choses et de foi. Aucune institution ne semble être possible dans la pleine lumière. Autre propos de Valéry du début des années 1940, dans un moment où il porte toute son attention sur le lien social, sa consistance précaire, sa fragilité, sa constitution disparate, son caractère vacillant – avec toutes les conséquences qui peuvent en découler. « Toute société vit de *blagues*, de mots dont l'*effet* passe le *sens vérifiable*, de valeurs de crédit. Loin du net et du pur, comparables au feu, l'être vivant en société doit se tenir. » L'énoncé frappe par sa rudesse, son aspect radical. On peut être sensible au fait que, chez Valéry, l'ironie devient le moteur de l'intelligence, qu'elle permet avec quelques acrobaties syntaxiques ou verbales, c'est-à-dire un travail de la phrase, d'aller à l'essentiel. L'acuité dont il est fait preuve ici situe le propos en marge des idéologies du moment et des croyances ordinaires en la matière. C'est ce qui peut vraisemblablement les rendre encore lisibles aujourd'hui.

ME : Quel écho trouve ce type de propos ?

JMR : Un tel propos est difficile à entendre, en raison même de ce qu'il rapproche. J'ai fait, il y a quelques années, un débat sur *Le Temps du crédit*, avec, d'un côté, un prêtre et, de l'autre, un cadre d'une banque célèbre. Je ne suis pas parvenu à persuader le financier, mais le prêtre comprenait parfaitement ce que je disais. Ce fut l'alliance objective, pour un moment, avec l'homme de la foi contre le financier. Le problème se retrouve, à mon sens, dans le texte des économistes aujourd'hui. On voit, chez Stiglitz par exemple, dans son livre intitulé *Le Triomphe de la cupidité*, qu'il faut sans cesse se référer à ce qui ressemble à de la psychologie pour aborder des problèmes d'ordre économique. Dans ce domaine tout particulièrement, on n'apprécie guère ce qui relève de l'analyse, du caractère critique qu'elle a fréquemment ; on préfère éviter cette mise en pièces qui ne peut avoir que des aspects négatifs, préjudiciables, contrariants, gênants, voire nocifs ou pathogènes. Les vues d'ensemble sont préférables, comme celles qui nous offrent un paysage connu et sans grandes aspérités. Dans des perspectives différentes, les grands Viennois qu'ont été Freud et Musil l'ont rappelé en montrant le prix à payer pour maintenir le cap de l'analyse ; de même que Wittgenstein. Il y a des réalités qui se défont du seul fait d'être regardées de près ou d'être soumises à une forme d'analyse : une défaillance en général mal tolérée par les institutions – ou même par les individus. C'est une sorte de rejet sur lequel il faudrait s'interroger.

ME : C'est à tout cela que le crédit fait penser. Ou plutôt, est-ce ce qu'il donne à penser ?

JMR : Oui, à tout cela et à bien d'autres choses qu'on suppose apparentées ou de même espèce. C'est un problème interminable qui n'arrête pas de rebondir, dans l'économie, mais aussi dans d'autres domaines. Enseigner, c'est réclamer un certain crédit ou produire les conditions pour que cela ait lieu. Psychanalyser, sans doute également ; de même gouverner, est-il besoin de le préciser. Les tâches impossibles sont précisément celles dans lequel il faut toujours à nouveau ce qu'on nomme du crédit.

ME : La relation à autrui aussi réclame crédit, confiance.

JMR : Je dirais que la relation à l'autre est le lieu par excellence où il y a crédit, où la confiance est sans cesse exigée et mise à l'épreuve. D'où la nécessité, comme le fait Simmel, dans son livre *Philosophie de l'argent,* au tout début du XXe siècle, de revenir sur le motif de la confiance. Ailleurs, il dit que la confiance est une « hypothèse sur une conduite future » et un « état intermédiaire entre le savoir et le non-savoir sur autrui ». Ce sont des remarques qu'il est amené à faire en analysant notamment le fonctionnement des sociétés secrètes. Autant dire qu'on retrouve cette dimension dans un grand nombre de situations. Simmel est un des seuls penseurs de ce siècle à s'intéresser de manière aussi forte à la « confiance ». Il met l'accent sur le fait que, dans certaines circonstances, comme celles qui sont liées au secret ou à d'autres structures équivalentes, la confiance consiste avant tout à savoir se taire et que c'est en l'occurrence une « foi » qui a besoin d'être « renouvelée subjectivement ».

ME : Quels domaines échapperaient au registre de la confiance ?

JMR : À un titre ou à un autre, ce registre de la confiance est partout à l'œuvre. On a mis l'accent sur sa fonction dans la perspective financière où c'est une réalité évidemment incontournable. L'intérêt du travail de Simmel est de montrer l'extension du propos et son importance, de savoir continuellement changer d'échelle et d'adopter une démarche délibérément empirique. Il n'est pas inutile de rappeler qu'il a laissé un testament spirituel. Il écrit ceci dans ce texte : « Je sais que je mourrai sans héritiers spirituels (et c'est bien ainsi). Mon héritage est semblable à une somme d'argent que l'on partage entre un grand nombre d'héritiers ; chacun transforme sa part en un bien quelconque, qui correspond à sa nature à lui : un bien dont on ne reconnaît pas qu'il provient de cet héritage-là. » Belle lucidité de la part de quelqu'un qui a cherché à saisir la confiance dans les moindres recoins. Intelligence aussi d'un homme qui a compris qu'il fallait faire varier le registre de l'économie.

ME : Entre économie financière et économie psychique, par exemple ?

JMR : Tout le problème est de savoir à quoi peut correspondre ce « et ». On est souvent renvoyé d'une économie à l'autre : ce qui est la preuve qu'elles ne sont pas strictement séparables. Certains romans, de Balzac à Zola, tirent magnifiquement parti de ce va-et-vient. Ils ont une capacité analytique considérable dans le moment qui nous occupe. Sans parler de cette aisance à passer d'un registre à l'autre, de l'économique au symbolique, du social à l'individuel, de l'anecdote familiale à la grande histoire. Liberté qu'on retrouve chez Michelet, pour prendre l'exemple le plus probant, mais aussi chez Bergson ou chez Péguy, et même chez Freud.

ME : Chacun connaît l'expression familière et populaire : « La confiance règne. » *Régner* qualifie le monarque ou le souverain, même si dans cette expression familière il y a parfois de l'ironie. Quand il y a ironie, doute et suspicion s'en mêlent alors que la confiance est au-delà des preuves, la légitimité du monarque également. Comment entendre la formule : la confiance règne ?

JMR : Je crois que cette formule est très importante ; on la retrouve d'ailleurs aujourd'hui dans nombre de déclarations des autorités – ce qui la rend plus encore significative. Ce qui frappe, c'est le fait que la « confiance » devient une sorte de substance par excellence, *le sujet même d'un certain nombre de phrases* qui concernent l'état supposé de l'économie et même, plus largement, l'état de la société en son entier. Avec ce type d'énoncé, on est à la jonction de l'économie et de la politique – d'*une politique essentiellement déclarative*, animée par des formes inouïes de promesse, s'énonçant sur le mode élémentaire du désir ou du souhait –, sous couleur de simple constat, empruntant certaines formes d'incantation. À être ainsi placée, la confiance devient un opérateur du temps ; certains voudraient qu'elle vienne simplement se plier à leurs visées. Les discours ne manquent pas dans cette perspective, dans les moments les plus difficiles notamment. Ce qui peut aussi retenir l'attention : le terme a une très longue histoire, disons depuis la *fides* latine ; il occupe les lieux les plus divers : la « confiance » est tour à tour escomptée, désirée, rêvée, souhaitée, ferment d'une utopie ou d'un désir collectif, mot d'ordre et ainsi de suite. Elle prend souvent la place d'une sorte de divinité, sans doute païenne et chrétienne en même temps. Son empire semble n'avoir pas de limites. Elle a toute latitude pour régner, parfois même sous d'autres noms. Elle sait jouer de la différence entre un simple sujet et un corps social. Les usages de la mythologie sont multiples quand, par exemple, le nom d'un dieu, *Terminus*, devient un nom commun.

ME : La confiance est productrice de politiques : que fait-on, que décide-t-on ? Elle s'accompagne simultanément d'un doute sans cesse nécessaire à son rétablissement ou à son affirmation.

JMR : C'est effectivement tout le paradoxe de la confiance. C'est-à-dire qu'il y a cet emportement qu'on voit bien dans les discours des révolutionnaires ou des inventeurs ; pour entreprendre, il faut dire et répéter qu'elle est bien là, et pour longtemps. Mais il y a aussi, parfois chez les mêmes, une sorte de doute abyssal qui vient habiter les partisans de ce même affect. Un grand enthousiasme et, d'un seul coup, son contraire ou quelque chose d'approchant. Les déplacements sont conséquents et engagent souvent des effets à long terme, incontrôlables, déconcertants.

ME : La confiance est instable, on ne sait jamais si elle est là.

JMR : Je dirais une instabilité constitutive. On ne sait jamais si elle est véritablement là, sous quelle forme elle peut venir, dans quelle temporalité elle est à même de se produire, si elle est univoque. *Il y a en elle, je crois, quelque chose qui l'apparente à certaines formes classiques de messianisme.* Je ne sais pas si on peut pousser plus loin cette sorte d'analogie. Mais le domaine de l'économie, j'ai essayé de l'indiquer à plusieurs reprises, est assez accueillant pour des formes de discours qui s'appuient sur l'évocation ou l'incantation, pour des propos qui cherchent à négocier avec l'avenir en promettant bien des choses. Un exemple tout autre, mais qui est assez proche de ce que j'évoque. Quand je terminais le travail sur le temps du crédit, l'économie de l'Argentine était en train de s'effondrer, et on en parlait évidemment beaucoup. Une des choses qu'on entendait à la radio à propos de la bourse, était : « On attend les déclarations de monsieur Greenspan » – le Président de la Réserve Fédérale. L'économie de la planète, déjà à ce moment-là, il y a quinze ans, était suspendue aux déclarations d'un seul homme ; selon ce qu'il disait – peut-être même les inflexions de sa voix, ses formes d'énonciation –, la Bourse mondiale pouvait monter ou descendre. Dans un contexte proche, la rumeur – le terme est élastique – peut avoir un effet sur ce qui est en train de se faire, avoir des conséquences énormes sur le cours des choses. Ce qui vient mettre l'accent sur le peu de réalité des processus économiques, sur la versatilité qui les constitue. On fait croire, bien entendu, tout le contraire.

ME : La réalité est alors essentiellement de l'ordre du langage. Les mots sont là, mais la langue écarte tout autant qu'elle énonce le savoir économique, le savoir social, etc. Ce qui est présent dans la langue est relégué à l'extérieur. S'agit-il d'actes de langage ou d'actes de parole ?

JMR : Ce sont le plus souvent des actes de langage.

ME : Quelle différence faites-vous ? Qu'est-ce qu'un acte de langage ?

JMR : C'est ici même une forme d'énoncé qui, dans une situation donnée, est susceptible d'entraîner, d'engager, de susciter, de produire – on pourrait multiplier les verbes –, des effets disproportionnés dans ce qu'on nomme le réel. Quand on regarde cette histoire pendant trois siècles, depuis 1720, on est obligé de se dire que la parole a joué un rôle absolument crucial dans la formation du réel économique ; dans la manière dont se constitue ou se reconstitue la richesse, dans la manière dont se déplacent les formes de propriété. Les grands mécanismes de l'économie s'accompagnent d'énoncés, sont réglés pour partie par des actes de langage. On a parlé à ce propos de *prophéties auto-réalisatrices*. Quelque chose s'énonce, et, par le seul fait de s'annoncer, produit – engendre ou suscite – des effets qui viennent réaliser en partie ce qui était dit. On touche là à un problème très important qui est le statut du réel économique, un réel fragile, dépendant de conditions qui sont extérieures à lui, comme les divers actes de langage. Certains s'empressent de remarquer qu'on n'est pas loin de la prophétie chrétienne, d'une *grande logique de l'accomplissement*. On sait qu'il y a eu des liens très intimes pendant tout le Moyen Âge, et même avant, entre l'économie et la théologie, des rapports se manifestant jusqu'au niveau du langage.

ME : Michelet résume cela en une formule : « l'assignat, c'est l'hostie ». Le vocabulaire religieux, catholique, chrétien, est associé à l'économique.

JMR : Cette expression fait partie des intuitions de Michelet, de sa formidable capacité à rapprocher des choses en apparence tout à fait hétérogènes.

ME : La langue et les actes de langage sont au-delà du savoir. Quoi qu'il arrive, la langue a le dernier mot.

JMR : Effectivement, il y a quelque chose de cet ordre-là. Il est particulièrement difficile d'en prendre acte, pourrait-on dire. Cela a un aspect véritablement déconcertant d'un point de vue rationaliste.

ME : Comment la langue l'emporte-t-elle sur le savoir ?

JMR : Il y a quelque chose qui fait qu'obstinément, de manière récurrente, les savoirs, et notamment tous les savoirs qui se développent à partir du XVIIIe siècle – à partir de la banqueroute de 1720 –, n'ont qu'un rôle mineur. Il semble que ce qui prédomine, ce qui compte véritablement, ce sont des décisions formulées, des actes de parole, des énoncés, des morceaux de phrase, des rumeurs : toute une configuration qu'on peut effectivement ranger sous le terme d'« actes de langage ». Et les prophéties auto-réalisatrices en font évidemment partie. Expérience renouvelée d'un pouvoir de la parole extrêmement puissant qui permet avant tout d'engager un avenir, de le convoquer pour résoudre tous les conflits et garantir ce que nous faisons, résoudre ce qui n'est pas soluble au présent. On fait confiance au futur pour régler ce que nous sommes incapables de comprendre. Le grand problème est tout simplement que c'est un *nous* qui est au principe de cette opération. Un « nous » dont les limites sont imprécises et qui se définit pour l'essentiel par l'endettement.

Deux citations rapides pour indiquer les questions qui se trouvent posées par cette présence du « nous ». Valéry : « Nous vivons sur des notions très vagues et très grossières, qui d'ailleurs vivent de nous. » Heine : « Les générations qui se succèdent sont solidaires entre elles, et cette solidarité, les peuples qui tour à tour entrent dans la carrière doivent l'assumer, si bien qu'au bout du compte, c'est l'humanité entière qui soldera peut-être le grand legs du passé par une banqueroute universelle. » Questions en nombre et conséquentes dans les deux cas. Est-ce que nous avons le droit de préempter en quelque sorte l'avenir de nos enfants ? Est-ce que nous avons le droit, comme dit Quinet, de constituer une humanité banqueroutière ? Grand mouvement d'une partie de la pensée française dans la suite de 1720 et 1790 : la nécessité de réfléchir à ce que *nous* transmettons, au fait que dans cette transmission il y a des choses qui hypothèquent gravement l'avenir. La préoccupation touchant les effets divers du crédit occupe tout le XIXe siècle et déborde sur le suivant.

ME : Ne donnez-vous pas une importance excessive au problème du crédit, comme si tout tombait dans son escarcelle ? Le crédit ne perdrait-il pas alors sa crédibilité, si l'on peut dire ?

JMR : Il est difficile de limiter le propos, tant est grand le nombre des domaines où le crédit est tout-puissant et ses effets diversifiés. Je ne vois pas pour quelles raisons le crédit pourrait en venir à perdre sa crédibilité. Les expériences les plus négatives ne semblent pas entamer sa toute-puissance ni même fournir d'arguments permettant d'en limiter véritablement l'extension. Encore une brève citation de Heine, cet homme si clairvoyant sur le moment qui est le sien et qui est au cœur de ce que j'appelle le dialogue franco-allemand. Remarque tirée d'un récit d'éducation : « On me posa bien six fois la question : "Henri, *wie heisst der Glaube auf französisch* ?" Et moi de répondre six fois en pleurnichant : "*Das heisst* le crédit." La septième fois, l'examinateur en colère, le visage cramoisi, me lança : "*Es heisst* la religion". » (« Henri, que veut dire en français le terme [allemand] *Glaube* ? » Réponse du jeune Heine : « Cela veut dire le *crédit.* » Propos d'autant plus ironique que le terme *Glaube*, qui joue un rôle important dans la philosophie allemande, signifie « croyance » ou « foi ».)

ME : Le discours économique affirme des critères de scientificité. Par ailleurs, il s'accompagne d'un pari sur ce qui va être décidé, réalisé, obtenu. Deux dispositions qui marchent de front.

JMR : L'économie est effectivement toujours prise dans cette sorte de contradiction forte. En quoi elle est toujours politique. S'il y a un savoir – ce que certains contestent –, il est souvent purement et simplement oublié quand les circonstances l'exigent ; Galbraith et Stiglitz l'ont montré. Ce n'est pas un oubli passager ni même un lapsus. C'est un évidement constitutif. Par des voies différentes, mais tout aussi convaincantes à mon sens, Simmel et Valéry disent des choses analogues, en le montrant par mille biais. C'est comme une sorte de rappel intempestif de ce qui a été oublié par les spécialistes.

ME : Pour en revenir au XIXe siècle, avec Marx encore : il lui arrive de transposer la langue du capitalisme dans le lexique catholique et d'écrire : « Le crédit public, voilà le *credo* du capital. Le manque de foi en la dette publique vient-il, dès l'incubation de celle-ci, prendre la place du péché contre le Saint-Esprit, jadis le seul impardonnable ». Est-ce pour se faire comprendre, ou est-ce un régime d'équivalence que Marx dévoile ?

JMR : Je crois que la question est pertinente : la remarque de Marx me semble d'une grande force. Il y a évidemment, dans toutes ces opérations, des restes de théologie, des formes de survivance en tout cas extrêmement fortes, qui ne sont sans doute pas totalement éliminables. Il est difficile – c'est le moins que l'on puisse dire – de se déprendre de processus qui font appel à la « foi », à cette sorte de ciment social. Claudel et Léon Bloy notamment – souvenez-vous –, ont réfléchi à ce type de lien qui établit un rapport étroit entre l'économie et la théologie : manière de revenir sur la constitution de l'être social en tant qu'il est inséparable de mécanismes relatifs à la croyance. Ils cherchent à dire les conditions pour que le lien social perdure, tout en pressentant que ces mêmes conditions sont susceptibles de le détruire. L'un et l'autre, je l'ai dit, se sont intéressés de très près à l'économie réelle, ont montré de quels investissements elle est constituée et aussi quels sont ses points de faiblesse.

Je ne peux pas m'empêcher de rapprocher de telles remarques de ce que dit La Boétie dans le *Discours de la servitude volontaire*. Le point central se résume à ceci : ce qu'on donne au tyran, on peut aussi, par un tout autre mouvement, le retirer. Il est toujours possible d'annuler ce qui a été « baillé » sans réflexion. Ce serait un geste de l'ordre d'une *anarchie* – au sens le plus fort du terme. Comme une interruption, une sorte de commencement qui veut défaire ce qui a été mal fait, qui *montre la malfaçon en la nommant, en l'analysant* et, par là même, indique les moyens rudimentaires de s'en déprendre, les fait connaître à qui veut bien comprendre de quoi il s'agit. La leçon est, pour plusieurs raisons, particulièrement difficile à retenir.

ME : Marx écrivait : le système monétaire est catholique, le crédit est protestant. On ne qualifierait pas aujourd'hui le crédit en disant : c'est la Réforme, et de l'autre côté la Contre-Réforme. Pourquoi ? Serait-ce parce que notre conception des affaires économiques est aujourd'hui laïcisée ?

JMR : La phrase de Marx est énigmatique et demande à le rester. Quant au reste, c'est une énorme question. Ce que je puis dire, sans prétendre y répondre directement, c'est ceci : l'économie est le domaine dans lequel il y a une forte imprégnation théologique, où la « foi » est sans cesse requise, où les mécanismes de la « croyance » sont nécessaires ; et c'est, en même temps, le lieu où il y a ce que j'appellerais des *laïcisations partielles, temporaires* – comme des pans de réalité qui seraient en voie de se défaire de leur gangue de provenance religieuse. À quoi s'ajoute ceci : fréquemment dans cet univers, le réel n'est pas ce qu'on voit, mais *ce qu'on croit* – peut-être même *ce qu'on doit croire.* C'est, à mon sens, une des raisons pour lesquelles ceux qui sont au cœur du système financier doivent périodiquement oublier ce à quoi ils ont affaire, ne plus tenir compte du fait qu'il y a eu des défaillances fortes, *pour* pouvoir simplement recommencer. Une annulation utile en somme dans un monde où on ne sait pas précisément ce que sont les croyances, ni à quoi elles répondent, ce qu'elles impliquent. Autant tout effacer une bonne fois, en vue de pouvoir reprendre, croit-on, dans une perspective nouvelle.

ME : L'immixtion du religieux dans les affaires économiques est troublante. Vers quelle époque se tourner pour trouver le même rapport ?

JMR : Oui, c'est effectivement tout à fait étonnant. Je déplace le propos en évoquant un phénomène parallèle, à mon sens : la persistance de certaines formes du droit romain dans nos manières de faire, notamment ce qu'on appelle les fictions juridiques. Pourquoi sommes-nous obligés de maintenir aujourd'hui ce statut des fictions juridiques romaines où on abolit le temps, où quelqu'un qui est mort est considéré comme ne l'étant pas – et ainsi de suite ? J'ai le sentiment qu'il y a une proximité entre cette persistance de certaines procédures de droit romain et la survie de catégories théologiques dans l'économie. On peut se demander également s'il n'y a pas, sur le terrain même de l'économie, une sorte de croyance au « miracle », à ces événements inattendus qui améliorent le cours ordinaire du monde et qui viennent combler un souhait. Une partie du travail de Michel de Certeau demanderait à être repris dans cette perspective : réflexion imposante qui porte notamment sur ce qui reste de l'antérieur.

ME : L'antérieur, est-ce le théologique ?

JMR : Je dirais c'est *du* théologique ; c'est un mélange de fables, de rumeurs, de théologie naïve, de termes grecs ou latins, et de théologèmes dont on ne sait pas trop d'où ils viennent. Un ensemble d'éléments symboliques bigarrés qui n'obéissent évidemment pas à la temporalité historique ou à ce qu'on reconnaît pour tel.

ME : Au risque d'une simplification excessive, ce serait, en d'autres termes, opposer les savoirs au théologique, au symbolique, par exemple. On négligerait un fonds de culture cependant difficile à ignorer.

JMR : Dans votre remarque je vois une occasion de réfléchir aux modes de construction d'un savoir. Il s'agit, en un mot, de chercher à voir à quoi tel savoir s'oppose, de quoi il prend la place, sur quel terrain il peut se développer, à quoi il s'alimente, dans quelle géographie il s'inscrit, ce qu'il en modifie, de quelle manière il présente sa genèse, la temporalité qu'il constitue, les rêveries qui lui frayent la voie, ce qu'il fait espérer, ce qu'il permet de voir – et bien d'autres dimensions de cet ordre. Chaque savoir ressemble à une conquête qui tend à faire disparaître ce qui le précédait ou le rend méconnaissable. La constitution de la psychanalyse montre des choses intéressantes de ce point de vue. J'ai cité plusieurs fois le texte de Freud de 1890 qui s'appelle « Traitement psychique », qui évoque les guérisons miraculeuses et d'autres phénomènes du même genre. Il serait intéressant de préciser ce qu'il en est de Freud du point de vue des dimensions que j'évoque ici, d'évoquer la manière dont il se saisit de croyances d'origines diverses et ce qu'il est à même d'en dire. Sans parler de l'usage fréquent qu'il fait de la littérature. Son savoir – si le terme est adéquat en ce qui le concerne – prend appui sur les éléments les plus hétérogènes, ne craint pas de les rapprocher et de s'interroger sur des proximités ou des ressemblances qui n'avaient pas cours. L'ancienne géographie n'a plus cours, pour reprendre une métaphore dont il fait usage.

ME : Si on laisse en l'état le découpage des savoirs, les points aveugles demeurent.

JMR : Il faut sans aucun doute revoir les frontières dont nous avons pu hériter, s'interroger par ce biais sur ce qu'elles représentent effectivement, sur la nécessité ou non de les maintenir, sur le rôle qu'on leur fait jouer. C'est flagrant dans le cas de l'économie. La connivence qu'elle entretient avec ce qu'on appelle, faute d'un autre terme, la « psychologie » est un phénomène qu'il faut apprendre à prendre en compte et dont il faut, autant que possible, mesurer les effets sur ce que nous disons, sur ce que nous supposons, quand nous parlons de richesse, de crédit, de capital ou d'autres réalités de cette espèce.

ME : Comme si les savoirs, pour garder ce mot, étaient aussi régis par quelque chose dont ils n'ont pas connaissance et qui les anime sans qu'ils le sachent.

JMR : Je crois que c'est la force de la démarche de Freud d'être constamment comme à l'écoute de ce qui lui a permis de faire ce qu'il fait. En témoigne évidemment le grand livre de la fin, *L'Homme Moïse et la religion monothéiste*. Il revient, une fois encore, sur cette vieille histoire du monothéisme, sa constitution, sur le meurtre de Moïse, sur le partage qui se fait à l'intérieur du judaïsme, etc. C'est cela véritablement son testament, ce texte dépareillé qu'il vient léguer à ceux qui voudraient s'y intéresser. Un texte en morceaux dont les articulations ne sont pas évidentes, en même temps qu'une réflexion intime sur les modes de constitution de ce à quoi il donne un nom, et de surcroît des fragments d'histoire intime souvent cryptés. Un étrange « savoir » qui procède des lieux les plus différents. Comme la preuve qu'un savoir qui s'alimenterait à un seul lieu est voué au dogmatisme, peut tourner à la catastrophe.

ME : Dans votre travail, suivez-vous cette démarche ?

JMR : J'essaye de faire quelque chose qui ressemble à cela. Cela s'est constitué petit à petit, par morceaux, fragmentairement. Il ne s'agit pas de coordonner les différents lieux où elle emprunte ni de chercher à les faire converger dans une unité qui ne pourrait être qu'imaginaire. Mais il faut laisser jouer des rêveries, des énoncés, des semblants de démonstration, des propositions, des hypothèses, des obsessions.

ME : Sans les mettre en concurrence.

JMR : Sans les hiérarchiser. Je pense qu'il faut abandonner toute idée de hiérarchie entre des savoirs, des expériences, ou les pratiques que j'ai évoquées. Il peut y avoir de la philosophie dans le geste d'un peintre ou d'un musicien. Elle est différente évidemment de celle qui prend corps dans les textes. La théorie politique et l'économie sont à coup sûr des lieux dans lesquels prolifèrent des points aveugles et ce qu'on nommerait des croyances lointaines, de vieilles choses.

ME : Pensez-vous que l'on puisse se débarrasser, de ces « vieilles choses », de ce substrat théologique, religieux qui nourrit les réflexions à leur insu ?

JMR : Il est extrêmement difficile de répondre en quelques mots à votre question. Je pense qu'il y a une matrice de pensée qui doit beaucoup à la théologie et à ses différents avatars depuis la Renaissance notamment, celle dont on retrouve les effets dans l'économie et dans la politique en priorité. Une des choses qu'on peut faire aujourd'hui, c'est tout à la fois de montrer cette prégnance et d'inventer les moyens de s'en déprendre. Mais il y a un travail préalable de reconnaissance qui, lui aussi, doit inventer ses procédures. C'est le rôle d'une rumination portant sur des textes de différentes provenances. Ce que les Allemands appellent *Grübeln*, une sorte de rumination, trouve ici pleinement sa place.

ME : Votre approche du crédit et de la confiance emprunte par ailleurs les voies et les voix de la littérature. C'est par elle que vous confirmez et débordez le point de vue de l'économie et ce en convoquant trois écrivains – Alexandre Dumas, Thomas Mann et Herman Melville – et trois de leurs romans. Le titre ou sous-titre que vous choisissez pour annoncer chacun d'eux nomme l'hypothèse principale de votre lecture. *La Vengeance par le crédit* s'attache au roman d'Alexandre Dumas, *Le Comte de Monte-Cristo* ; *Banqueroute en famille* s'appuie sur *Les Buddenbrook* de Thomas Mann ; enfin vous adoptez pour le roman d'Herman Melville, le titre de la nouvelle traduction, *L'Escroc à la confiance* ou *L'Escroquerie de l'homme par l'homme*. Quels sont le point de départ et la raison de ce qui désormais prend l'allure d'une trilogie ?

JMR : J'avais fait un article il y a quelques années sur le crédit. Michel Gribinski, qui dirigeait la collection *penser/rêver*, m'a suggéré d'en faire un livre. J'ai rédigé un manuscrit portant sur Dumas et Thomas Mann. Gribinski m'a proposé de séparer les deux auteurs. Et l'idée m'est venue de faire une trilogie. Cela m'a engagé dans ce projet de reprise d'un certain nombre de motifs amorcés ou à peine indiqués, pour certains, dans *Le Temps du crédit*. C'est une suite, un développement, une reprise, mais aussi un déplacement ; j'ai essayé de ne pas répéter des choses déjà énoncées dans *Le Temps du crédit*. C'était pour moi l'occasion de donner suite à un propos et de lui trouver un autre ancrage chez Dumas, Thomas Mann et Melville. Il m'a semblé, sans vouloir être exhaustif, que ces auteurs étaient emblématiques et qu'il y avait dans les trois romans des éléments importants concernant les divers aspects du crédit. J'avais comme à disposition trois auteurs, à retravailler et à relire ; mais aussi trois langues. Avec l'obligation pour moi de regarder de près le texte original.

ME : Ces langues sont le français, l'allemand et l'anglais ou l'américain pour le roman de Melville.

JMR : Un anglais très particulier de Melville. Il s'est agi à chaque fois de repérer des types de phrases et un certain nombre de termes significatifs dans cette perspective. Au-delà de ces repérages un peu microscopiques, il y avait des problématiques différentes qui s'esquissaient. C'est ce qui m'a permis de faire varier ce motif du crédit, de le regarder autrement et d'introduire une chose qui n'était pas présente dans *Le Temps du crédit*, ou d'une manière très mineure, l'escroquerie ; problème qui, à ce moment-là, fin XIXe-début XXe, prend un relief particulier, devient une matière romanesque féconde et riche.

ME : Est-ce que les trois romans font comprendre une différence entre crédit et escroquerie, ou laissent-ils entendre que de l'un à l'autre la différence s'estompe ?

JMR : Il y a des passerelles entre le crédit et l'escroquerie. On a le sentiment, en lisant ces romans et ce qu'écrivent certains économistes, en regardant ce qui se passe dans le monde, que nombre d'opérations illicites évidemment, relevant de l'escroquerie, ont effectivement lieu et qu'elles deviennent presque légales – quelque chose qui ressemble à ce qui se pratique couramment dans la finance. Une partie de l'économie mondiale est devenue plus laxiste depuis quelques décennies, a permis – laissé faire, autorisé, tout ce qu'on voudra de tel ; le libéralisme, en un mot – des opérations qui, au regard de la loi, s'il y en a une dans ce domaine, sont en effet tout à fait répréhensibles. Processus en voie de mondialisation qui tend à annuler toute possibilité de légiférer. L'économie aujourd'hui occupe la place de la politique, en la délogeant ou en la confinant. La dérégulation a permis des opérations de cet ordre, les a peut-être même en partie encouragées.

ME : Au regard de l'escroquerie, le crédit se présente comme un dispositif financier réglé et régulé.

JMR : Le crédit apparaît ainsi, il s'est constitué comme tel. Mais on sait de plusieurs côtés, au moins depuis la banqueroute de Law, sans doute avant, que les frontières de ce que le crédit autorise sont flottantes. Il y a une sorte de jeu qui s'est instauré sous diverses formes à partir du crédit qui légitime bon nombre d'opérations dont les limites sont indécises. On est renvoyé constamment à des situations de cette nature difficiles à caractériser. Le crédit, dans son état le plus classique, fait preuve de laisser-aller et tolère en fait de grandes irrégularités. Ce qui frappe aujourd'hui : certains de ses mécanismes laissent vite place à l'escroquerie. Il m'a semblé que ces trois romans, dans leur facture différente, représentaient des modalités d'usage du crédit qui permettaient de saisir ce jeu entre un mécanisme régulateur et un excès, une règle et un dépassement. L'escroquerie sait fort bien se glisser dans ces interstices, c'est même une de ses caractéristiques majeures, et son habileté première.

ME : Dans chacun de ces romans, les protagonistes poursuivent un objectif particulier. Monte-Cristo s'efforce par le crédit de se venger d'un banquier. *Les Buddenbrook* amplifie la question en la portant au cœur d'une famille économiquement et politiquement puissante. Dans le roman de Melville, la mesure prise par le crédit rapproche de l'escroquerie. Est-ce que chacun de ces romans dissèque une modalité particulière du crédit tout en la débordant ?

JMR : Ce qui m'est apparu en composant cette trilogie, c'est une sorte de progression. C'est d'abord un usage individuel qui a l'intérêt de montrer la ruine d'un banquier, autrement dit le système retourné contre lui-même. La puissance de Monte-Cristo, c'est de connaître tous les mécanismes de la finance, d'être au fait des ruses de la rhétorique et de parvenir finalement, en utilisant le système, à détruire l'homme dont il veut se venger, Danglars. Il y a d'emblée cette donnée individuelle mettant en jeu du psychologique, pourrait-on dire pour simplifier. Mais je crois que toute forme de crédit implique une dimension de cet ordre-là ; une relation souvent pipée.

ME : Centrée sur deux personnages, la relation est duelle. Il y a affrontement.

JMR : C'est un dialogue qui tourne à l'avantage d'un seul, Monte Cristo, et au détriment de celui qui pensait détenir le pouvoir, le banquier. Et *duel* aussi au sens d'un affrontement sans merci – il y a là une description de la vengeance qui a quelque chose de terrible, prenant des formes extraordinairement puissantes. En bref, affrontement de deux personnages autour de deux usages du crédit. Avec le même expédient, c'est, en bonne logique capitaliste, l'espoir d'un gain sans limites – on est en plein apogée du capitalisme et on pourrait dire que Dumas a une oreille de ce côté-là –, mais ce peut être aussi le germe d'une destruction rapide et définitive d'une fortune. On a, dans le même contexte, une analyse forte des différents types de fortune. Le roman a la capacité de montrer le mécanisme, de le construire à partir de deux personnages, et de revenir plus discursivement – il y a de grands morceaux discursifs, philosophiques même, chez chacun des trois auteurs – sur ce qu'est le crédit, sur ce que représente l'argent, et sur l'origine et la *fragilité* de ces fortunes. Belle méditation de Dumas à ce propos : ce qui s'est constitué lentement est susceptible de se défaire de manière brutale, avec violence même. On a là un élément très intéressant concernant tout à la fois la réussite du crédit *et* son extrême précarité, ses prouesses *et* sa fragilité constitutive.

ME : Le roman de Thomas Mann retrace la lente édification, à travers plusieurs générations, d'une fortune et d'une puissance industrielle familiales qui vont s'effondrer au début du XXe siècle.

JMR : L'importance du roman de Thomas Mann, c'est de montrer une famille qui construit sa richesse progressivement et en quelque sorte rationnellement. On rejoint les analyses de Max Weber sur le capitalisme et sur son soubassement protestant, de la part d'un auteur qui a seulement vingt-cinq ans. Les deux démarches ont lieu en même temps. On est dans un climat qui tout à la fois engage une certaine éthique et permet un profit. Cette lente ascension est contrée, à un moment donné, par le mariage d'une des filles, Tony, avec quelqu'un du même milieu, mais qui s'avère vite être un pur escroc. Description d'un espace familial, propice à une forme de capitalisme, sur fond d'une certaine endogamie : on se marie entre gens du même monde pour assurer l'avenir de la fortune. Mais il y a ici même de l'imprévu, une bévue majeure sur le conjoint, un ratage dans l'alliance : quelqu'un qui, tirant parti des ressources du crédit, parvient à faire croire un temps qu'il va rentabiliser la fortune familiale, alors qu'en fait il est en train de la dilapider. Le bien se convertit rapidement en mal. La fortune se réduit en peu de temps à rien.

ME : Elle est détruite par les manœuvres d'un homme dont on a pourtant évalué, estimé les qualités requises avant d'entrer dans la famille.

JMR : Il la détruit par des opérations qui là aussi sont à la limite de la légalité. On est toujours dans ce même dispositif. C'est chez Thomas Mann une méditation sur la structure familiale, son rapport aux affaires, sur la relation entre l'éthique et l'économie, dans un milieu très clos. Il y a dans cette histoire quelque chose d'inéluctable, une façon d'interrompre une lente montée, la constitution de la fortune ; tout est mis à bas par un individu qui avait pourtant toutes les garanties morales pour parfaire la réussite familiale. Dimension déterminante que j'ai évoquée dans *Le Temps du crédit* : le terme de crédit signifie deux choses complémentaires empiétant sans cesse l'une sur l'autre, un mécanisme financier bien connu *et* les qualités morales qu'on attribue à quelqu'un ; un individu peut s'inscrire dans l'ordre du crédit à la condition qu'il apparaisse comme étant moralement crédible. On retrouve là ce que le jeune Marx analyse de manière fulgurante : cette qualification imaginaire qu'on donne à quelqu'un pour qu'il entre dans un circuit économique d'un certain type. Renvoi continuel que montre le roman entre le mécanisme financier du crédit *et* une qualité morale supposée, attribuée on ne sait comment à quelqu'un qui est donc capable de mettre en œuvre ce report ; cela autorise aussi toutes les escroqueries. D'autant plus que le crédit mise sur l'avenir. Au nom du futur souhaité ou rêvé, fantasmé, on s'aveugle. Description forte de celui qui met en œuvre cette escroquerie, et qui, jusqu'au moment où elle devient évidente, essaye de se raccrocher au père de sa femme, pour lui demander une dernière fois de fermer les yeux sur son action, de venir rétablir la situation. Dernier recours de la famille. Il s'adresse à celui qu'il appelle « père », son beau-père, et cela ressemble à la demande du Christ mourant : « *Père, pourquoi m'as-tu abandonné ?* » On est dans la configuration où l'aspect religieux joue un rôle important et vient, dans cette histoire singulière, masquer pendant longtemps le fait qu'il y ait escroquerie.

ME : *Le Comte de Monte-Cristo* et le roman de Thomas Mann n'ont pas le même contexte religieux. Le catholicisme domine l'un, le milieu protestant l'autre. À quel point est-ce pertinent ?

JMR : Il y a quelque chose de cet ordre-là, difficile à saisir, une petite différence qui se noue, et notamment en Allemagne. Il me semble qu'une partie du protestantisme – il ne faut pas généraliser – a permis une certaine tenue des affaires, a permis qu'il y ait une compatibilité assez grande, pendant un temps, entre l'économie et la morale ; cette compatibilité ne joue sans doute pas de la même façon dans le catholicisme, pour des raisons de croyance fondamentale et de sacralisation – le sacré n'est pas situé au même endroit dans les deux cas. On peut supposer – il faudrait des analyses plus minutieuses à la suite de celles de Max Weber – que la valorisation du travail n'est pas du même ordre dans le cas du protestantisme et dans celui du catholicisme, et que les valeurs de l'une et l'autre religion ne sont pas véritablement superposables, sur ce point notamment.

ME : Le développement du capitalisme met à l'œuvre dans le domaine économique des motifs qui ne sont pas seulement d'ordre économique.

JMR : Le XIXe siècle vient nous éclairer sur une chose qui met du temps à se nouer : un rapport très singulier, qui n'est pas strictement nouveau, mais s'est sans doute accentué avec le développement du capitalisme, entre l'économie, la morale, et le psychologique – tout cela mêlé, et faisant, par exemple, que le statut de la promesse est crucial dans toutes ces opérations. Le crédit repose soit sur des promesses énoncées, formulées comme telles, soit, ce qui est beaucoup plus insaisissable, mais tout aussi déterminant, sur la confiance ; sur le rapport à un autre ou à d'autres, ou à une institution, un rapport tout entier orienté vers l'avenir, un avenir qui *doit* conforter ce qui est en train de se faire. On est dans une perspective d'espérance, sans doute pas loin parfois de certaines analyses d'Ernst Bloch sur l'utopie dans ses aspects divers.

ME : L'espérance se conçoit-elle néanmoins associée à une rationalité qui serait celle de l'économie ?

JMR : Le XIXe siècle nous montre une chose importante à ce sujet : le développement d'une forme d'économie qui représente un grand moment de l'histoire du capitalisme, une rationalisation qui va de pair *avec* le maintien d'îlots de croyances importants. On s'étonne de cette compatibilité entre une rationalité économique puissante, qui a assuré un essor conséquent de l'économie européenne, et le maintien de formes de foi totalement irrationnelles, sans aucune garantie. Simmel a bien montré que la foi et la confiance étaient nécessaires au fonctionnement d'une société. La confiance ne se commande pas ; on peut faire des souhaits, y rêver, cela repose sur des choses d'un certain ordre (de l'imaginaire, de la croyance, de l'espérance, etc.) et cela forme une sorte de totalité plus ou moins cohérente. L'espoir d'un gain va souvent de pair avec le fait qu'on pense faire le bien.

ME : L'économie capitaliste, selon Marx, devait venir à bout des enclaves religieuses. Or, elle ne s'en accommode pas si mal.

JMR : Je crois même que cela a engendré ou suscité d'autres formes. Il me semble évident que ce qui touche à la confiance est propre à susciter des formes de croyance et de crédulité, des formes de religiosité qui ne sont pas éliminées par le fonctionnement supposé rationnel d'une économie. Et quand on en vient à une échelle macroscopique, celle d'un continent, cela prend encore plus d'importance. Quelques économistes ont analysé ce type de processus, Galbraith a très bien saisi cela, Stiglitz aussi. Ils ont insisté sur cette irrationalité, sur ces zones d'ombres qui accompagnent un développement économique. L'essentiel joue ici sur des ressorts – là aussi l'anthropologie peut montrer des choses tout à fait intéressantes de ce point de vue – assez élémentaires et rudimentaires qui sont ceux de la confiance, de la *fiducia* comme disait Valéry avec obstination.

ME : Qu'est-ce que la *fiducia* que Valéry invoque si souvent ? *Fiducia*, fiduciaire sont des notions assez difficiles à apprécier, à transcrire dans un lexique plus précis.

JMR : Chose difficile à saisir en effet, parce qu'omniprésente. L'intérêt du terme de *fiducia*, c'est de n'être ni un concept ni même une notion. Valéry fait jouer le sens italien et l'acception latine du terme, qui ne sont pas exactement les mêmes, pour indiquer que dans nombre de domaines il y a une absence de garantie. Il regroupe en un ensemble disparate un certain nombre de problèmes : la dimension de la confiance – puisque *fiducia*, c'est la *fides* latine et ce qui en dépend – dans toute son extension, la raison d'être des institutions, le faire-croire, le statut de la « valeur », les énoncés qui ressemblent à des actes de langage, etc. Avec la *fiducia*, on est dans un monde où les grandes garanties ont disparu, où le réel tient avant tout sa consistance de ce qui se dit et de ce que nous pouvons en croire. Dans l'ensemble de l'existence sociale on ne cesse, dit Valéry, de « se figurer des êtres qui n'existent que par la croyance qu'ils existent ». Autre manière d'indiquer cette dimension : « Nous vivons de ce que nous ajoutons. » Apport nécessaire mais particulièrement fragile, parce qu'il est vague et échappe à tout examen et parce que le « nous » est une instance précaire. C'est cette espèce de mécanisme qu'il essaye de cerner sous le terme de *fiducia*, en mettant à chaque fois l'accent sur le crédit – ou la crédulité – comme une « chose vitale ». Nous devons croire à la consistance de l'institution et des conventions en sachant, dans le même temps, qu'elle ne repose que sur des croyances ou sur des mythes ; nous devons nous plier à ce qui n'est jamais avéré, à ce qui relève d'une économie du faire-croire. « Toute société vit de blagues, de mots dont le sens passe le sens vérifiable. » Il s'agit là, à mon sens, de la *version valéryenne de la mort de Dieu*, doublée par ce qui lui appartient en propre, un questionnement sur l'existence d'un irréel qui a souvent la force d'un réel, sur des « valeurs fiduciaires illimitées », sur la connivence de l'imaginaire et du fiduciaire. Grand questionnement sur le statut du réel qui est déterminant chez Valéry, dans les *Cahiers* notamment, et sur ce qu'on appellerait un « devoir-croire », une nécessité d'adhérer.

ME : Ces romans, *Le Comte de Monte-Cristo*, *Les Buddenbrook*, *L'Escroc à la confiance*, chacun à sa manière, déplacent-ils le motif du croire ? Je crois non pas, selon la fameuse formule, parce que c'est « absurde » mais parce que c'est imaginaire.

JMR : C'est en partie de cet ordre en effet. Nous croyons d'autant mieux que c'est imaginaire et parce que, sans cette croyance, nous pressentons que l'ensemble risque de s'effondrer. Il y a chez Valéry une perception aiguë de ce *caractère terrible de l'imaginaire*. Si l'on retire le crédit qu'on porte à l'institution, celle-ci se défait, perd toute réalité, est comme frappée de mort. On dira aussi bien que faire partie d'une société revient à faire confiance aveuglément à des forces inconnues, à donner son adhésion à l'existence fiduciaire dans tous ses aspects *en ignorant*, le plus souvent, *qu'on le fait et ce qu'on fabrique par là*. « La foi s'ignore », dit aussi Valéry dans le même contexte ; les problèmes ne commencent donc qu'« au moment où elle cesse de l'ignorer ». Une des conséquences les plus fortes qu'il tire de tels constats, c'est qu'aucune société n'est à même d'avoir une vision précise de ses conditions d'existence ; ce serait là une manière de contester les constructions sociologiques comme celles de Durkheim. Il y a une formidable lacune dans toute perception de ce genre. On comprend que les conséquences de ces propos ne sont pas mineures. La fin de l'ignorance n'est pas nécessairement le point de départ d'une connaissance. Ce peut être bien plutôt le commencement des problèmes ou des difficultés supplémentaires. Un risque majeur en tout cas. Musil tient des propos analogues, avec la même acuité.

ME : Comme avec « critique », on a affaire avec « imaginaire » à un éventail de significations. Quel sens donner au terme d'*imaginaire* ? Quel serait le propre de cet imaginaire ?

JMR : C'est la grande question que j'ai essayé d'aborder dans le troisième volume sur Melville, en rappelant que le Code pénal parle, depuis plusieurs siècles, de « crédit imaginaire » pour définir l'escroquerie. Je compte y revenir ultérieurement. L'escroc est avant tout l'homme qui use, et abuse évidemment, d'un « crédit imaginaire ». Grande plasticité d'un tel qualificatif : « imaginaire » indique ici ce qui n'a aucune garantie, ce qui ne repose sur aucune base tout en ayant une certaine force, ce qui relève d'un certain arbitraire en permettant bien des manœuvres, un élément insaisissable facteur de puissance. Une précision sur le livre de Melville : c'est le récit d'un escroc qui change d'aspect et qui sait trouver les mots et les phrases pour s'adresser à celui qu'il rencontre. Il a une perception très aiguë de celui qu'il choisit comme interlocuteur et qu'il va plumer, tout simplement, en quelques énoncés. Sa force vient de ce qu'il est méconnaissable : il se transforme au gré des rencontres. Il sait faire croire ce qu'il faut à chacun de ses interlocuteurs, au moment qui convient et dans des formes qu'il maîtrise. Il fait tout pour recevoir des contreparties réelles, financières en l'occurrence, en échange de ses seules paroles ; comme s'il percevait ce qui se produit à l'échelle même du corps social. À sa manière, il a compris que *les rapports fiduciaires sont le lieu ordinaire du rapport social* et qu'il est possible, avec quelques propos bien adressés, d'en tirer un grand profit. Il sait par ce biais que le réel est inséparable de fictions et qu'il est possible, dans certaines circonstances, de donner le pas à celles-là au détriment du réel supposé. L'acception très péjorative que forge le Code pénal pour condamner l'imaginaire indique, comme en creux, que le réel ne saurait jamais être d'un seul tenant et qu'on s'aveugle si on ne prend pas la mesure de cette forme hétéroclite, si on ne parvient pas à tirer les conséquences déterminantes de cet état de fait. Et l'événement se passe en plus le 1er avril, un jour approprié pour cela. Cet ajustement d'une perception aiguë et d'un discours serait en quelque sorte le summum de l'escroquerie, c'est-à-dire la capacité de s'adresser à quelqu'un en supposant précisément ce qu'il est, en devinant ce qu'il est à même de faire. Cette situation trouve à s'élargir dans les proportions que l'on sait aujourd'hui.

ME : *L'escroc à la confiance* a pour cadre un bateau qui descend le Mississipi. Votre livre a pour sous-titre : *L'escroquerie de l'homme par l'homme ou The Confidence-Man.* Mais qui d'autre que l'homme escroquerait l'homme ?

JMR : On change de continent, on change de dimension. Il y a une sorte de géographie nouvelle, une simplification : les situations sont réduites à leur quintessence si l'on peut dire. Je rappelle à ce propos le petit texte magnifique d'Edgar Poe, « De l'escroquerie considérée comme l'une des sciences exactes », qui ressemble à celui de Melville et est d'une grande pertinence. Je crois qu'il y a dans ces années 1850 en Amérique, à un moment où le capitalisme prend un essor considérable, des écrivains qui perçoivent l'envers du décor et qui en font montre avec les moyens qu'ils inventent. Dans ce moment particulier, bien différent de la vieille Europe, la grande référence des philosophes et des romanciers américains, c'est la Bible et Shakespeare. Cela semble suffire. On a chez eux une réflexion qui s'amorce sur l'escroquerie proprement dite, sur ses moyens de procéder. Les techniques de l'escroquerie sont équivalentes ou analogues à celles du capitalisme. On oscille, me semble-t-il, entre la proximité et la confusion. Pour Edgar Poe et pour Melville, cette réalité est en train de se constituer sous leurs yeux. Il revient au roman de l'évoquer précisément. Une pratique en voie d'élargissement en somme, sur fond de mondialisation. Une réflexion philosophique de grande ampleur apparaît à peu près en même temps, celle de William James, le frère du romancier dont un des romans a pour titre *Confidence*, « Confiance » en français. Ce penseur est attentif à des phénomènes religieux, il en propose une analyse qui joue un rôle important dans la formation de la mentalité américaine. Il s'interroge sur des processus auxquels on ne prête pas attention d'ordinaire, qu'on dirait parapsychologiques, et il réinterprète l'empirisme à sa façon, en mettant l'accent sur une chose cruciale : les rapports entre ce qui est dit et ce qui se produit. Dire suscite du réel. La « foi en un fait » peut créer le fait en question : il y a des cas où « la croyance crée sa propre validation », dit encore William James.

Le constat s'élargit : nombre de processus sont tissés d'imaginaire ; que ce soit à petite ou à grande échelle, ils sont inséparables d'élément incontrôlables, innommables, dont on ne connaît pas la provenance, dont on perçoit qu'ils participent de la croyance et peuvent y puiser une force inédite. Le roman sait bien sûr tirer le meilleur parti de cette efflorescence. Dans la suite de l'empirisme de Hume on s'intéresse de plus en plus aux différentes *espèces de fiction*. C'est comme si on mesurait le pouvoir de certaines fictions dans le réel le plus ordinaire par le biais du romanesque – Hawthorne, Melville, Henry James –, par le truchement de l'expérience au sens le plus large – William James –, en reconsidérant le langage en vis-à-vis de l'économie – Valéry. Balisage d'un terrain qui oblige à faire le point sur les rapports subtils entre l'imaginaire et le réel, notamment la puissance que celui-là détient sur celui-ci dans les contextes les plus disparates et avec des effets considérables, en général imprévisibles, infiniment retors donc. Ce travail fragmentaire, particulièrement délicat, difficile même, n'a été possible qu'en prenant appui *volens nolens* sur l'empirisme de Hume et de Locke, en le réinterprétant de fond en comble, en en séparant les arguments. On n'a pu saisir les divers aspects du crédit et de la croyance que dans cette perspective. Il en va de même pour l'escroquerie : on n'a pu la comprendre que sur ce même terrain. Qu'il l'ait su ou non, Valéry s'inscrit dans ce paysage – à la condition qu'on rajoute au nom des deux fondateurs de l'empirisme celui de

Jeremy Bentham et qu'on y joigne aussi celui de Nietzsche –, ce qui change quelque peu la donne. Sans les avoir lus de près, il donne suite à ce qu'ils ont su cerner à ce propos en des termes différents. Grand motif qui prend des aspects différents : l'imaginaire façonne le réel de diverses manières, en tient parfois lieu, se fait passer pour tel ; le réel n'est pas l'objet d'une perception, mais d'une croyance.

ME : Dans le roman de Melville, l'escroquerie se hausse, si l'on peut dire, à l'échelle de l'humanité. Elle devient spirituelle en quelque sorte. Est-ce que vous hiérarchiseriez les différentes formes d'escroquerie à l'œuvre dans les trois livres de cette trilogie ?

JMR : Je me suis rendu compte en écrivant cette trilogie qu'il y avait une progression d'une dimension à l'autre effectivement ; que dans le troisième livre, il y a cette *dimension de mondialisation* : ce que j'ai essayé d'indiquer par cette formule de « l'escroquerie de l'homme par l'homme ». J'entends par là une dimension nouvelle dans laquelle d'abord les limites entre l'escroquerie caractérisée et la pratique ordinaire deviennent de plus en plus floues, flottantes, aussi bien individuellement qu'à plus grande échelle. Il suffit de penser à ce qui s'est passé avec certaines banques ces dernières années, qui continue d'ailleurs de se produire : jouer avec les mécanismes légaux, mais en étant à la limite de cette légalité et en sachant tirer parti de cela, en *faisant croire*, en misant sur le flou ou l'indéterminé, en faisant miroiter l'impossible. On voit bien dans ce contexte quel peut être le pouvoir de la *fiducia,* du « faire comme si » dont parle abondamment Valéry dans ses *Cahiers.* Il y a des situations dans lesquelles celui qui parle escompte que sa parole va avoir des effets tangibles, pense qu'elle peut transformer fondamentalement ceux à qui elle s'adresse en les rendant crédules, fait tout pour que cette crédulité persiste le temps nécessaire. Nombreux sont ceux qui savent qu'il en est ainsi dans divers domaines. Melville donne effectivement à l'escroquerie une ampleur nouvelle, quasi métaphysique.

ME : Pour quelles raisons l'humanité serait-elle banqueroutière, comme dit Quinet, que vous aimez citer ? Parce qu'il y a un accroissement de ce qui est rendu au regard de ce qui a été prêté ?

JMR : Sauf qu'on a l'impression que chez Edgar Quinet, Melville et quelques économistes d'aujourd'hui, la destruction l'emporte évidemment sur la reconstruction, sur la restitution, l'accroissement ou la gratuité. Il y a aussi une volonté d'appropriation extrêmement forte, selon Stiglitz dans son livre *Freefall* – traduit en français sous le titre *Le Triomphe de la cupidité*. La lecture des journaux le confirme chaque jour. La dérégulation est, si l'on peut dire, devenue la règle en la matière. Les politiques se sont assez souvent inclinés devant ce qui est une nouvelle Croyance. C'est, dirait-on, une vision à court terme, qui mise avant tout sur la rapidité des opérations financières.

ME : Le mouvement du capitalisme, c'est détruire, défaire pour augmenter.

JMR : Détruire pour augmenter, en accentuant les mécanismes de dérégulation notamment. L'absence de règles permet des pratiques à la limite de la légalité, comme on le voit tous les jours. Sur fond de dérégulation, une volonté d'accaparement contribue à détruire ou à saper la confiance. *On peut se demander si on ne détruit pas par ce biais cette part d'imaginaire fragile, mais effectivement nécessaire à une société pour fonctionner tant bien que mal.* Ce serait sans doute la critique la plus pertinente du libéralisme économique. Question qui fait partie des préoccupations majeures de Valéry à partir des années 1930. Il dit du capitalisme qu'il est une « concentration d'énergie fiduciaire ». Étonnante formule qui laisse entrevoir bien des choses.

ME : Dans une bonne part de votre travail, le crédit fonctionne comme une matrice d'intelligence. Cette matrice a quelque chose de la « vieille taupe » marxiste : creuser, forer pour trouver ce qui peut rendre raison d'un certain présent ?

JMR : J'ai le sentiment que le crédit est une matrice d'intelligence ; cela me semble tout à fait certain, c'est un processus d'ensemble qui représente incontestablement un certain progrès…

ME : Réfléchir sur le crédit, est-ce « aider » à l'intelligence du social et du politique ?

JMR : Cela nous permet de comprendre bien des choses, et on voit bien la réflexion qui s'esquisse, notamment depuis la banqueroute de John Law, à ce propos-là, en Europe. Cela incite d'abord Montesquieu et d'autres à réfléchir – on y pensait avant, mais pas de manière aussi centrale – à ce que représente le crédit, à ce qu'il constitue, aux effets qu'il engendre ; à revenir aussi, et là peut-être de manière plus aiguë, sur les risques, les dangers, sur ce que cela comporte d'arbitraire, sur ce qu'il peut y avoir de destructeur, sur ses effets touchant la dérégulation. On est donc entré depuis le début du XVIIIe siècle en Europe dans un moment de turbulence qui se trouve amplifié avec l'épisode des assignats quelques décennies après. Ce qui appelle un mouvement de réflexion puissant, interminable, parce qu'effectivement il n'y a pas de solution définitive au défi que peut représenter le crédit – pratique tout à la fois précaire et fondamentale, fragile et puissante On oscille ainsi entre ces deux pôles extrêmes, celui d'un crédit qui serait sans défaut et celui d'un crédit qui serait au contraire totalement à bannir. Ce sont l'économie et la politique qui font les frais de cette sorte de mouvement pendulaire, de cette instabilité structurelle. Façon de dire également qu'elles sont strictement inséparables, et que *l'escroquerie est elle aussi, pour une bonne part, politique.*

ME : *Les Buddenbrook* révèle l'étendue du versant économique et domestique de l'escroquerie. Chez Melville, l'escroquerie va presque jusqu'à mettre en jeu le sort de l'humanité.

JMR : C'est ce que j'appellerais la *dimension américaine* du problème : l'empirisme devenu radical, porté à son point d'incandescence en quelque sorte, inventant des passerelles entre les formes de la fraude et celles de la faillite – pour le domaine qui nous occupe. Comme chez Quinet, la banqueroute serait le statut de l'humanité capable de se détruire en voulant s'assurer un avenir par des pratiques qui ne disent pas leur nom ou qui se taisent sur leur provenance. La pensée américaine a travaillé avec cette idée, et c'est en ce sens qu'elle est intéressante, parfois difficile à comprendre pour « l'Europe aux vieux parapets ». Une partie de cette pensée en tout cas, celle qui donne suite à Melville : Emerson, que Nietzsche cite, William James, Stanley Cavell aujourd'hui : une réflexion qui a été menée à l'écart de la pensée de l'histoire de Hegel et de Marx. Il y a chez ces auteurs, plus encore chez Melville, une perception assez précise de cette grande proximité entre la construction et la destruction. Comme si on atteignait là une chose déterminante que nos philosophies de l'histoire n'ont pas su ou pas pu reconnaître. On a là une réflexion sur le tissu social et le fondement de toute politique, sur les formes de la confiance et du crédit, et surtout sur *des façons de construire qui, d'un rien, peuvent devenir des germes de destruction.* Proximité, dira-t-on aussi, du progrès et de la catastrophe, du développement et la dévastation.

Les éditions Verdier viennent de publier le livre d'un historien italien, Giacomo Todeschini, qui a pour titre français *Au pays des sans-nom*, et pour sous-titre *Gens de mauvaise vie, personnes suspectes et ordinaires du Moyen Âge à l'époque moderne*. Livre d'une grande érudition qui montre comment certaines populations – hérétiques, usuriers, infidèles, pauvres, Juifs – sont considérées comme infâmes, privées donc de toute « renommée ». Todeschini souligne le fait qu'ils sont tous réputés « non crédibles ». Cette remarque est d'un grand intérêt à mes yeux. On ne peut en aucun cas leur accorder le moindre crédit : c'est l'a priori qui est mis en œuvre dans nombre de situations, avec les conséquences qui s'ensuivent. On est en droit de supposer qu'un tel processus a toujours cours aujourd'hui, même si ceux qui sont concernés par cette négation ne sont pas strictement les mêmes.

ME : Dans les romans que vous avez choisi, crédit et escroquerie sont le fait de personnages qui sont des stratèges de la phrase. La mise en relation des mots et le maniement des mots concourent au crédit le plus grand, celui qu'on peut faire à la parole, à la littérature et à la fiction. Le crédit essentiel et le plus redoutable reste celui fait au langage.

JMR : Je crois qu'il y a là un entrecroisement décisif entre plusieurs choses. C'est avant tout une attention très particulière au travail des phrases, à leur puissance, aux conséquences qu'elles sont à même d'engager, aux stratégies dont elles sont le lieu. On voit l'ampleur du propos. Certains énoncés de William James sont une préfiguration de ce qu'on a appelé les « actes de langage ». Il en va plus encore de même, je crois, pour nombre de remarques de Valéry. Ce qui peut apparaître comme du bricolage, dans ce moment-là, a une puissance et une force étonnantes, si l'on y regarde de près. On ne peut plus séparer la « construction de la réalité sociale » – c'est le titre d'un livre important de

John R. Searle – de ce foisonnement d'énoncés sur le langage. C'est bien plus qu'une analogie. On comprend mieux par ce biais l'importance du pragmatisme et la pertinence de ce qu'il annonce, les diverses formes du performatif notamment. Bergson a été un lecteur de William James et a contribué à le faire connaître en France.

Dans le troisième volume de ma trilogie, j'insiste sur le *crédit de la parole*, une dimension qu'on retrouve dans toutes les situations déterminantes de l'existence humaine : l'enseignement, la psychanalyse, l'économie, la politique. Dans la même perspective, il y a la religion, l'amour et bien d'autres choses. Ce sont là autant d'activités dans lesquelles la *fiducia* est centrale et où, à des titres divers, *dire c'est faire croire, c'est même devoir faire croire*. On est dans une perspective réglée par des *verbes*, ce qui ne saurait être insignifiant. Autant de pratiques tout à la fois fragiles et nécessaires. Il faut prendre la mesure de ce double aspect, comprendre aussi que dans la phrase il y a un pouvoir, une puissance, une capacité de façonnement qu'on peine à reconnaître comme tels tant ils sont courants. Nous sommes peut-être aujourd'hui dans un moment où le crédit fait au langage devient un peu plus évident qu'auparavant. Leçons américaines pour partie. Des phrases correctement adressées, bien constituées, dans un contexte organisé, peuvent avoir des *effets absolument disproportionnés* : la littérature reconquiert ainsi ce qui serait ses droits, la fiction n'est pas considérée comme l'antithèse du réel ; un mot isolé n'est jamais suffisant. Les conséquences de cet infléchissement sont capitales. On est contraint de se confronter aux diverses formes de l'imaginaire et de la fiction comme modes d'abord du réel ; tout est à inventer dans cette perspective. La littérature nous fournit comme des exemples d'un tel processus, nous le fait en quelque sorte toucher du doigt.

Ce souci, on le retrouve dans certaines théories politiques qui semblent minoritaires. Je pense avant tout à La Boétie véritablement redécouvert au XIXe siècle et y jouant un rôle déterminant. Il est frappant de voir que, vers 1850, une chose est en train de poindre discrètement : on reconnaît ici et là, sous des formes variées, la puissance et la capacité des phrases à fabriquer du réel, le pouvoir qu'elles ont dans cette perspective. Comme si les catégories de la réalité et de l'imaginaire, voire de la fiction, perdaient leur pertinence traditionnelle. À la manière de la « vieille taupe », cela creuse sans bruit. On n'est pas très loin de Nietzsche non plus. Quelques Américains se préparent pour rentrer en scène.

ME : Comment se fait-il qu'au-delà de ces stratagèmes de langage et de phrases, ce faire-croire est cru ?

JMR : Immense question que celle de la « crédulité ». On dirait que nous aimons croire, que nous avons besoin de croire : de fait, nous instituons des garanties imaginaires en croyant ; dans nombre de situations nous n'avons sans doute pas d'autre choix. Nous avons été formés lointainement, pourrait-on dire en parodiant Nietzsche ou Michelet ou Quinet, par des modes de croyance qui n'ont pas disparu. La rationalité moderne n'est pas séparable des formes du croire ou de la foi : c'est la grande affaire des survivances. Valéry et Musil abondent dans ce sens en des termes différents mais proches. On commence à comprendre, par divers biais, qu'il n'y a *pas de monde sans croyances, pas de réel sans crédit, pas de société sans imaginaire*. Cela ne peut se faire jour que dans un type de démarche spécifique. Il y a, ici et là, des mécanismes qui fabriquent *du croyable et du crédible* tout en en indiquant parfois les limites. Michel de Certeau a insisté avec beaucoup de force sur cet aspect, de même que Desanti. Propos que reprend différemment Pierre Legendre ces dernières années.

ME : D'où viennent la capacité et l'intelligence du romancier à comprendre, à pénétrer selon des modalités plus ou moins narratives, l'événement, la situation, qu'il soit ou qu'elle soit d'ordre psychologique, économique, social, historique ?

JMR : Il y a là quelque chose d'énigmatique. Le travail du romancier consiste, tout à la fois, à fabriquer des histoires, à être en pleine fiction et à savoir que c'est artificiel, que cela n'a de consistance que grâce à un travail spécifique sur le langage. Heureux enchevêtrement entre une capacité à constituer des récits, à susciter des fictions, et à leur conférer une certaine puissance par un travail sur les mots, par un réarrangement dans lequel les moindres particules deviennent efficaces. Par ces biais, le romancier accorde de fait un crédit à ce qu'il met en place, lui donne une vraisemblance en même temps qu'une consistance – sans en être dupe. L'autorité ne peut venir que de l'arrangement interne. À la différence d'un essai ou d'un texte philosophique, un roman est d'emblée adressé à celui qui est capable de ressaisir dans la lecture cet enchevêtrement, *cette* fabrication d'une fiction et *ce* travail d'une langue. Ainsi peuvent tenir ensemble deux choses différentes : du fictionnel et du langage rythmé, un semblant d'histoire et des phrases retravaillées, un arrangement formel et de la signification.

ME : Le romancier fabrique du crédit pour son lecteur.

JMR : En bonne partie, il y a une fabrication de cette espèce. Valéry était très critique à l'égard du roman en trouvant que c'était un crédit à bien peu de frais. En d'autres termes, le crédit accordé au langage peut avoir des formes tout à fait différentes et le roman en est une, mais il n'est pas la seule – et le poème en est une autre, sans doute bien différente. Questions de sensibilité ou d'esthétique. Grande habileté de certains romanciers qui, tout à la fois, savent susciter ce crédit et le mettre en question dans le même geste – avec un rien d'ironie. Je pense notamment à Jean Paul qui a eu comme principal lecteur Kierkegaard. On sait à quel point le philosophe danois convoque ses lecteurs dans son texte et comment cela engendre des questions nouvelles pour la pensée. Jean Paul est un auteur un peu oublié en France – malheureusement. Une partie du XIXe siècle français a beaucoup puisé dans ses textes. Dans ses lettres à Jacques Rivière, Antonin Artaud écrit : « Faites-moi crédit » et engage une réflexion de première importance à ce propos. On peut rappeler aussi *Tristram Shandy* de Sterne qui requiert sans cesse l'attention des lecteurs et qui fourmille de références discursives ; ou encore Diderot. Le crédit fait évidemment partie de toute démarche d'écriture. Qu'il soit nommé ou qu'il reste tu, explicité ou en retrait, il ne cesse d'agir.

ME : Le crédit deviendrait-il « la mesure de toutes choses » ? N'est-il pas un effaceur d'événements dès lors qu'on lui accorde un rôle aussi important ? Autrement dit, est-ce que les antagonismes au sein d'une société peuvent trouver leur raison dans une réflexion centrée sur le crédit ?

JMR : Si le crédit pose tant de questions, c'est peut-être parce qu'on a mis du temps à en reconnaître les différentes dimensions ; il y a dans son cas une sorte de retard à combler. Il a fallu la banqueroute de 1720 pour qu'on commence à s'interroger à son propos. De plus, mettre l'accent sur les différentes formes de crédit, ce n'est pas du tout annuler les éléments de politique, c'est les disposer autrement, les envisager dans une perspective légèrement décalée dans laquelle, là encore – je repense toujours à la « servitude volontaire » –, la part des sujets est déterminante. On doit prendre aussi en compte ce que Lyotard appelait, à propos du différend, « la guerre des phrases ». Il faut analyser le discours de la politique dans ses aspects retors : je pense en particulier à tout ce qui se joue, aujourd'hui encore, autour du négationnisme – la chose est loin d'être terminée à mon sens. Le crédit est une forme d'investissement prenant appui sur des énoncés, sur des phrases et des arguments. Il est inconcevable qu'on ne l'envisage pas sur le terrain de la politique.

Il faut rappeler ce qui se passe du côté allemand au XXe siècle : Franz Rosenzweig – qui commence par travailler sur la théorie de l'État chez Hegel pour aller tout à fait ailleurs avec *L'Étoile de la rédemption* – et Walter Benjamin sont des penseurs qui ont été particulièrement attentifs à *ce que les grandes philosophies de l'histoire nous empêchaient de voir.*

ME : Est-ce qu'il n'y a pas, dans ce mouvement du crédit, de l'escroquerie, de la confiance, une dialectique qui ne dit pas son nom ?

JMR : C'est sans doute un point qu'il faudrait éclairer ; le propos est extrêmement difficile, car il mobilise un ensemble de références philosophiques d'origines diverses. Il ne peut être abordé que par des biais.

ME : Et qui aiderait à constituer cet ensemble – crédit, confiance, escroquerie – avec un minimum de cohésion.

JMR : Peut-être, mais la difficulté, vous la nommez vous-même, c'est de constituer une cohésion visible. Il y a une diversité de références dans cette approche qui a quelque chose de paradoxal, mais en même temps j'hésite à parler d'une dialectique inavouée, de peur de recouvrir trop rapidement le champ et d'évacuer les problèmes.

ME : Ce serait un contresens qu'emprunter cette voie ?

JMR : On voudrait savoir le fin mot de l'histoire. J'ai le sentiment d'abord qu'il n'y a pas de fin mot de l'histoire et que la dialectique inavouée ou inavouable serait une manière de faire trop rapide pouvant conduire à abandonner un certain nombre de références qui me semblent utiles dans cette perspective. Je crois qu'il convient de laisser en quelque sorte flotter le terme de « crédit », de ne pas l'enfermer dans une conception rigide qui risque d'en limiter les usages et d'en restreindre la portée et la signification.

ME : Sinon ?

JMR : Ce serait annuler la part de l'empirisme et renoncer à une démarche forte et inventive. Un des intérêts de l'empirisme historique, de Hume notamment, c'est aussi l'invention des formes d'écriture : des traités, des petits essais, de courts articles, une sorte de diversité qui n'est pas si courante à l'époque et qui a un effet stimulant et formateur. J'ai le sentiment qu'il faut maintenir cette tension entre des auteurs qui peuvent paraître incompatibles ou totalement différents, entre des références hétéroclites ou des propos disparates – entre des pays, entre des langues différentes. Je ne vois pas d'autres manières de faire. C'est le pari que je fais depuis longtemps, que j'ai renouvelé en m'occupant des divers aspects du « crédit ». L'intérêt de la *fiducia*, c'est précisément sa plasticité, ses usages multiples, ce qu'elle permet de voir. C'est aussi, à mon sens, qu'elle peut échapper à toute mise en forme théorique, et ne pas se plier à une définition univoque. Aucun traité ne saurait en faire le tour.

5

RELIGION, POLITIQUE, OUBLI

ME : Votre insistance à désigner la permanente présence du religieux, du théologique dans la sphère de l'économie et de la politique invite à entrer dans le vif de la croyance et donc à se tourner vers les doctrines religieuses. Vous menez une réflexion sur le christianisme, tant du côté catholique que du côté de la Réforme protestante, en relation avec votre ordonnancement du XIXe siècle, le dialogue franco-allemand. Aborder le « continent » religion avec saint Paul n'a rien d'anodin. Pourquoi choisissez-vous de dire *Paul* et non *saint Paul*, de dire *Paul ou les ambiguïtés*, puisque tel est le titre de votre livre ? Est-ce attirer l'attention sur une sorte d'éloignement de Paul par rapport à la Bible, ou une commodité ?

JMR : Ce n'est pas une commodité, mais une sorte de plagiat, une référence au livre de Melville *Pierre ou les ambiguïtés*, un simple clin d'œil. Il y a aussi le fait qu'un certain usage de la théologie paulinienne supprime le « saint » ; et on dit volontiers « Paul », sans autre précision. Quant au rapport à la Bible, il est constant dans la perspective paulinienne. Paul est un fondateur ; la relation qu'il entretient avec ce qu'on appelle l'Ancien Testament est cruciale.

ME : Vous discutez d'abord les écrivains qui marquent leur distance à l'égard de saint Paul : Hugo, Michelet, Renan. L'autre moment de votre réflexion se fait sous la condition d'un retour au texte paulinien. Comme s'il y avait un Paul autre que celui que retient le XIXe siècle.

JMR : Il y a dans ce XIXe siècle français une présence particulièrement forte de Paul, qu'on n'avait pas signalée en tant que telle. C'est d'abord sur ce premier aspect que j'ai voulu mettre l'accent, en indiquant la diversité des reprises et des emprunts. Dès qu'il y a un processus de refondation sociale – ce qui est courant après la Révolution –, dès qu'il y a une institution en cours de formation, on fait appel à Paul. *Comme si cette référence était le seul modèle possible de la fondation.* On ne peut qu'être surpris par la présence massive de cette forme de théologie dans la politique. Des citations de Paul souvent imprécises – quand elles ne sont pas inventées – circulent en abondance à ce moment-là. Paul est instrumentalisé par un certain nombre d'auteurs, il devient une référence obligée dès qu'il y a cet enjeu politique. Ce sont comme des mots d'ordre que l'on croit trouver chez lui, des phrases qui semblent légitimer une refondation. Il y a, par contre, des auteurs qui font explicitement référence au texte en mettant l'accent sur le fait – c'est le cas de Nietzsche et, d'une autre façon, de Renan – qu'il n'y a pas eu de lecture véritable de Paul. Nietzsche dit que si l'on avait véritablement lu Paul, dans le texte, le christianisme n'aurait pas été possible ; il le nomme le « Pascal juif ». Il est intéressant de voir ce double usage de Paul au XIXe siècle : l'un permet d'élaborer, croit-on, un projet de reconstruction de la société après la Révolution, l'autre fait naître une réflexion aussi bien philologique que philosophique. Pour qu'il y ait fondation, il faut des phrases simplifiées, un propos partageable, des énoncés faciles à mémoriser. Questions nombreuses dans cette optique : que peut-il rester de ce texte grec qui passe en latin, est sans cesse retraduit ou du latin ou du grec selon les cas, pour donner un français élégant ? Que se passe-t-il dans cette opération d'appropriation ? Comment certains termes grecs courants peuvent-ils avoir cet infléchissement proprement chrétien, recevoir cette teinte religieuse ? Que faire de la surinterprétation de Paul dans une perspective tout entière axée sur la fondation ? Et bien d'autres.

ME : D'où quelques questions : de quelle fondation s'agit-il ? Pour qu'il y ait fondation, ne faut-il pas qu'il y ait constitution – et comment se fait-elle ? – d'un *nous* ? Est-ce que ce n'est pas dans les variations de traduction ou de langue que l'on trouve un appui pour ce qui s'appellera « judéo-christianisme » ? Dans la perspective de Paul, la fondation serait-elle un aller-retour permanent entre le judaïsme, la Torah, les textes de la Bible et le Nouveau Testament ?

JMR : Tous ces problèmes sont impliqués ici. Au-delà de l'instrumentalisation déjà évoquée, il y a le fait que la figure de Paul est souvent mise en avant au détriment de celle du Christ. Grand dilemme évoqué par les théologiens jusqu'à aujourd'hui : Paul est-il le véritable fondateur du christianisme ou est-ce le Christ lui-même ? L'avantage de Paul ici, si l'on peut ainsi parler, c'est qu'il y a un texte écrit, traduisible, et donc pouvant faire école, transmissible à perte de vue. Alors que l'enseignement du Christ est beaucoup plus incertain, plus dispersé, voire contradictoire. On aperçoit les enjeux. Il y a ensuite le fait que ce qui est transmis de Paul, ce sont des phrases, des énoncés mémorables en quelque sorte, qui se gravent bien dans la mémoire collective et peuvent faire consensus, qui ont une capacité de réunir : « Il n'y a plus ni Juif ni Grec.... » ; « Vous êtes tous un dans le Christ », etc. Dans cette perspective, un *nous* peut se constituer, une Église se faire jour. C'est la grande matrice de l'universalité, de l'idée même d'universalité, la plus conséquente aussi.

ME : L'universalité serait le legs de saint Paul ?

JMR : C'est, à mon sens, le grand legs de saint Paul. En tout cas, c'est celui qui est souvent revendiqué. L'ambiguïté vient de ce que le texte de Paul est une chose, son interprétation ou sa reprise en est une autre ; bien souvent il y a un écart entre les deux. Il y a chez Paul tous les éléments pour constituer une universalité de cette espèce. Il y a aussi chez lui bien des éléments qui ont alimenté, on le sait, un certain antijudaïsme. Sans parler des propos qui ont, dit-on parfois, influencé fortement Marcion et qui vont dans le sens d'une séparation stricte entre l'Ancien et le Nouveau – avec toutes les dérives que cela a pu avoir notamment au XXe siècle. Il est beaucoup question de Marcion en Allemagne et en France, au début du XXe siècle ; ce n'est évidemment pas un hasard. Il faudrait un jour faire l'histoire du marcionisme dans ces deux pays pendant toute cette période. Il me semble que c'est un élément crucial pour nombre de penseurs de ce moment, un vecteur de réflexions allant manifestement dans plusieurs directions. Les interprétations qu'on donne ici et là du geste de Marcion disent sans doute plus de ceux qui les mettent en œuvre que de la démarche de Marcion elle-même. Exemple rare, peut-être unique, d'une pensée qui n'est connue que par la critique virulente qui en est faite peu après son apparition ; c'est Tertullien qui écrit un énorme ouvrage intitulé *Contre Marcion*, les seuls textes de Marcion que nous connaissons viennent de ce livre polémique, ne subsistent donc qu'à titre de fragments décousus, sans lien les uns aux autres. Il y a là de quoi alimenter, pendant des siècles, bien des opérations de rupture, de quoi susciter ici ou là des mouvements d'hérésie, de dissidence ou de sécession ; d'autant plus que la démarche de Marcion concerne la dimension de l'héritage symbolique le plus ample en Occident, touche la dialectique de l'Ancien et du Nouveau en opposant avec une extrême virulence un Dieu bon et un Dieu mauvais. La figure de ce théologien quasi inconnu fascine toujours.

Certains auteurs en viennent à dire que ce qui compte dans le texte de saint Paul, ce n'est pas tellement la lettre, c'est l'esprit. Le débat est inauguré par Bossuet : saint Paul écrit très mal – c'est souvent le cas –, mais cela n'a aucune importance ; ce qui compte, c'est le message, ce qui se transmet à travers le texte. D'autres – Nietzsche et Renan – disent qu'il faut considérer l'écriture de Paul et revenir au texte et aux modalités d'énonciation de Paul. Un différend en somme avec d'importantes conséquences, en dehors même du terrain théologique. Pour le dire autrement, on a eu besoin de Paul en Occident, besoin d'un texte faisant loi en quelque sorte. Une grande partie du XIXe siècle témoigne de cette nécessité. C'est Paul qui dit que les Juifs s'en tiennent à la lettre et n'ont aucun rapport à l'esprit.

ME : Le fondateur sait-il ce qu'il fonde ?

JMR : Oui et non, pourrait-on dire. Paul sait ce qu'il veut fonder, il a cette préoccupation.

ME : Que souhaite-t-il fonder ?

JMR : Une Église universelle ; et une religion qui doit venir supplanter totalement le judaïsme. Il est bien placé pour une entreprise de cette envergure. Il y a chez Paul l'idée d'une nécessité – qui est affirmée comme telle d'ailleurs – de supplanter le judaïsme, de montrer ses faiblesses, son incomplétude. Le biais le plus important pour cela est la *typologie*. Il s'agit de montrer que les Écritures juives n'étaient que la préfiguration, la première esquisse ou l'ombre, l'ébauche, de la pleine lumière, de ce qui va venir et va définir la véritable religion, la seule authentique, la seule possible. En procédant ainsi, on amoindrit ou on disqualifie même ce qu'on déclare être l'Ancien Testament, ce qu'on constitue comme tel.

ME : Chez Paul, il y a à la fois le souci de rejeter et d'inclure le judaïsme. C'est une ambiguïté insurmontable si trancher n'est pas possible.

JMR : Trancher n'est en effet pas possible. L'affirmation a parfois, dans certains contextes, une puissance tout à fait déconcertante. On a à faire, pour le dire vite, à une force affirmative qui liquide, de manière assez violente, ce dont elle s'extrait. Paul répète que les Juifs ne savent pas lire, qu'ils ont une taie sur l'œil, qu'ils ne peuvent pas comprendre les Écritures en restant fixés à la lettre. Les Juifs se définissent par leur incompétence, par leur incapacité à concevoir une véritable religion, celle qui doit être universelle. Simone Weil en 1942 dit à peu près la même chose. C'est un dépassement dialectique qu'il cherche à opérer, en englobant le judaïsme dans un mouvement plus large qui en fournirait de surcroît la vérité. Hegel s'est souvenu du moment paulinien pour fonder même sa propre démarche ; il a d'ailleurs reconnu sa dette en toute netteté. Il y a chez Paul l'idée d'une *communauté à constituer* : certaines formes de militance l'ont évoquée et se sont situées sous ce patronage. Et l'action même de Paul, les lettres, ses déplacements dans les différentes communautés du moment, tout cela témoigne de l'idée qu'il peut avoir de la communauté à venir, celle qui, en trouvant son fondement, ferait disparaître les différences antérieures, les engloberait dans un nouveau Tout qui serait le seul ensemble conséquent. Une unité dans l'universalité qu'il s'agit de produire ; une

Institution à part entière, la seule possible dorénavant, la seule à même d'englober une totalité. Ce qui ne peut avoir lieu que grâce à l'oubli, à la mise à l'écart de l'antérieur, à son absorption violente dans un ensemble plus vaste. Le théologien protestant Pierre Geoltrain a parlé à ce propos de « vol des Ancêtres » et de « captation d'héritage » ; des termes particulièrement forts qui ne laissent aucun doute sur le sens de cette opération. D'autres vont dans le même sens.

ME : La dépréciation du judaïsme, à tout le moins l'ambivalence à son encontre, se dit dans la violence.

JMR : Une violence qui se porte sur le langage, veut convaincre à tout prix, affirme le caractère incomplet du judaïsme, ne cesse de redire les défauts majeurs de l'Ancien Testament, use des ruses du performatif ou de la prédiction créatrice. De là le paradoxe qui est au cœur de ce mouvement : *on est contraint de mentionner ce dont on se déprend avec force, ce qu'on rejette* ; pour dépasser ce lieu d'origine, on se doit de le dévaluer, on le rabaisse ou on le disqualifie. Un travail paradoxal qu'on retrouve dans toutes les formes de fondation : il faut une mise à l'écart violente de l'ancien pour que l'affirmation du nouveau ait quelque chance de réussir. On va même souvent bien au-delà de ce qui semblerait nécessaire en l'occurrence ; la politique ne cesse d'en faire la preuve. L'intérêt du texte paulinien est qu'il fait part de cette nécessité, comme à ciel ouvert : il nomme explicitement le lieu dont il procède et il est conduit à dire en partie ce qu'il fait pour s'en séparer. On comprend ce que le XIXe siècle a pu trouver dans cette démarche, dans son mouvement le plus élémentaire. Aubaine évidente pour certains, quelques années après la Révolution.

ME : Comment concilier la volonté d'universalité et l'éviction de ce qui est antérieur au christianisme ?

JMR : Je crois que c'est le grand défi et la difficulté majeure du paulinisme, de devoir concilier ces deux processus à ce point divergents.

ME : Le paulinisme y parvient-il ?

JMR : La question est évidemment difficile. Disons qu'il y parvient en occultant en bonne partie non seulement le judaïsme, mais aussi le mouvement même de la naissance du christianisme. Il faudra l'apparition du protestantisme, quinze siècles plus tard, sous des formes elles aussi contradictoires – les protestants ont pris appui sur tel ou tel aspect de Paul –, il faudra ce déplacement pour réfléchir à la place de l'Ancien Testament, pour montrer son importance et mettre en évidence ce qui est en jeu dans l'interprétation.

Car un des succès de Paul, c'est d'avoir donné, à certains au moins, les conditions pour que s'instaure un message qui n'a plus besoin de l'interprétation et qui est pris en charge entièrement par l'institution d'une Église. La force de Paul – de ce qu'il fait *et* de ce qu'il rend possible –, c'est d'avoir conçu le pouvoir de l'organisation, compris la puissance d'une institution porteuse d'un message qui peut se passer du travail d'exégèse. C'est ce que Bossuet avait fort bien compris. Étonnant processus d'un texte devenant *doxa*, transformé en formules, en quelque sorte maniable dans toutes les grandes langues.

ME : Qu'est-ce qui compte alors ?

JMR : Ce qu'on arrive à transmettre, à transporter dans un certain vocabulaire, ce qu'on parvient à faire naître par ces gestes. Il faudrait un jour faire un travail précis sur la pratique du grec de Paul et ses ambiguïtés, sur les différentes traductions de ses textes, sur la manière dont cette œuvre est parvenue au XIXe siècle, les biais qu'elle a inventés. Des opérations mineures en apparence qui ont eu dans l'histoire une extrême importance, qui ont constitué même une part de notre monde symbolique.

ME : Les différences entre les traductions de Paul sous-tendent l'enjeu de la réception et de l'assomption du paulinisme. Quelle importance cet enjeu mérite-t-il qu'on lui accorde ?

JMR : L'enjeu, ce n'est pas de montrer qu'il y a une pureté du texte par rapport à laquelle les autres auraient dévié. C'est plutôt de voir d'abord que pour nous, de langue française, il y a le filtre du latin : Paul a été d'abord traduit en latin, et ensuite traduit en français. Les traducteurs français s'inspirent souvent des deux textes : et du latin, et du grec. Quand ils s'inspirent de la seule traduction latine, il y a quelque chose de supplémentaire qui s'introduit : un aspect lisse des énoncés que le texte original ne connaît pas. De plus, les difficultés de la langue grecque sont comme désamorcées par Paul *et* par la tradition des traducteurs. Les conséquences de ce mouvement sont importantes. Ainsi, certains termes de Paul peuvent être repris ultérieurement, dans un but précis. Je pense en particulier à l'usage que Carl Schmitt – juriste allemand fortement compromis avec le nazisme – fait d'un seul terme de Paul, *katekhon*, qui signifie « ce qui retarde », terme banal en grec, et dont il y a quelques occurrences chez Paul. Carl Schmitt développe la théorie selon laquelle, avec ce terme, on a une des choses les plus déterminantes de Paul : à savoir que le christianisme est ce qui peut seul retarder l'arrivée de l'Antéchrist. La doctrine chrétienne arrive à contenir son contraire, à différer l'apparition de son destructeur ; c'est ce qui parvient à maintenir un certain état de civilisation et donc de le justifier. On voit facilement l'usage qu'il peut être fait de ce propos dans une pensée conservatrice ou réactionnaire. En plein XXe siècle, Carl Schmitt souligne ainsi un terme de Paul, lui donne une importance considérable, et en fait un élément crucial pour la défense du christianisme *et* de la civilisation qui en résulte à ses yeux. Il y a des formes d'intégrisme – le terme est trop lâche – qui valorisent le Texte premier sur un tel mode, en isolant un mot ou en traduisant une phrase par une formule remarquable, par un énoncé emphatique. Mais les problèmes demeurent, surtout dans le cas où c'est un seul mot qui est ainsi retenu. Autant de symptômes pour un philologue, d'indices de fragilité du corpus. Un tel phénomène se retrouve dans d'autres contextes.

ME : Comment s'articule, dans le protestantisme, l'emprunt à Paul et l'attention accordée à l'Ancien Testament et, par suite, au judaïsme ?

JMR : C'est très contradictoire, là aussi. Dans certains cas, le protestantisme représente une grande ouverture par rapport à la formation de la doctrine chrétienne et à son histoire, au judaïsme donc. Et il peut y avoir, dans le même protestantisme, des exemples de refondation d'un christianisme épuré, débarrassé de certaines séquelles qui se sont historiquement agrégées à lui ; ce qui tend à un certain fondamentalisme ou à quelque chose d'équivalent. Le protestantisme est traversé par ces deux courants extrêmes, et selon les circonstances, selon les moments, les choses penchent d'un côté ou de l'autre. Un exemple significatif de cela, c'est le théologien allemand Harnack, qui écrit dans les années 1920 le grand livre sur Marcion qui fait toujours autorité. C'est un protestant qui a écrit cette somme sur un auteur dont les écrits ont disparu. Quelle opération fait-il en écrivant ce livre ? Est-ce qu'il conforte le marcionisme, c'est-à-dire la séparation violente entre les deux Testaments ? Est-il dans une position tout autre ? Le débat continue d'avoir lieu à propos de cette interprétation. Le protestantisme, surtout en Allemagne, a été un lieu contradictoire, heureusement contradictoire pourrait-on dire, avec la possibilité soit de régénération et de purification du christianisme, soit d'ouverture, avec les perspectives d'interprétation données dans cette relecture. Comment se soustraire à des formes d'autorité, se mettre à distance de ce qui est donné comme évident ? Je crois que c'est une chose qu'on doit au protestantisme, et une partie de la pensée française du XIXe siècle a été sinon protestante, du moins très influencée par le protestantisme – Quinet, Michelet et d'autres. La réflexion qui se fait jour ici pouvant mener assez loin. *Chacun est son propre prêtre* est une formule qu'on attribue, à ce moment-là, soit à Luther, soit à Calvin. Elle trouve évidemment dans ce moment un écho très favorable.

ME : Le coût de la fondation de l'Église comme institution est élevé. De quelle nature est-il ? Politique, théologique, institutionnel ?

JMR : Le coût est très élevé, le geste est d'une extrême violence. Ici encore, le XIXe siècle nous permet de déchiffrer les effets lointains d'une théologie qui est de l'ordre d'une politique et d'une institution au sens le plus fort du mot. Toutes les données du débat sont présentes dans ce moment. Autant dire qu'il y a là quelque chose de fondamental, tant en France qu'en Allemagne. Autre aspect du dialogue franco-allemand.

ME : Est-ce le judaïsme qui en fait principalement les frais ?

JMR : Évidemment, il est même en première ligne. Le XIXe siècle, français et allemand, fait un usage considérable de Paul et vient mettre l'accent sur ce qu'on est susceptible d'en faire, ce qu'il permet, ce qu'il autorise. Et ici ou là, l'idée germe qu'il y a un prix à payer pour cette sorte de coup de force, entre autres choses une politique programmée sur de l'universel. C'est Nietzsche qui indique que Paul est à l'origine de cette disqualification et de ce discrédit porté sur le judaïsme. Ils sont bien peu dans ce moment à montrer les conséquences de la typologie paulinienne, de cette manière de constituer une histoire qui commence avec le Christ et de déclarer que ce qui précède est une préhistoire qu'il faut écarter, un moment inaccompli, un événement fondamentalement inachevé. Le judaïsme est traité sur un mode particulièrement péjoratif. On sait que jusqu'à il y a quelques années, la prière catholique du Vendredi Saint visait avant tout la conversion des Juifs qui étaient considérés comme étant dans l'obscurité totale. On a fabriqué une histoire dans laquelle les précédents n'avaient qu'un rôle de préfiguration, d'ébauche, d'esquisse. Il en résulte que la forme d'*accomplissement* par excellence est le christianisme, ne peut être que lui. Idée extrêmement puissante selon laquelle un événement majeur a été comme préparé de longue date ; une fois qu'il a eu lieu, sa forme antérieure perd tout intérêt, devient simplement une « relique » selon l'expression forte de Lévinas. On est dans une perspective où la préfiguration et la prophétie chrétienne s'appuient l'une l'autre, où l'avenir doit aller dans le sens de la plus grande unité.

ME : Le mouvement vers l'accomplissement s'entend-il aussi en philosophie ?

JMR : Hegel a été profondément marqué par cette idée qu'il a accommodée pour parvenir au Savoir absolu, à une sorte de fin des temps. Ce que Kojève énonce comme « fin de l'Histoire », avec les suites que l'on connaît. On est là au plus près de l'universalisme paulinien. C'est le même Hegel qui a, dans *L'Esprit du christianisme et son destin*, des phrases d'une extrême violence à l'égard du judaïsme. Tant en France qu'en Allemagne, le XIXe siècle est une reprise du paulinisme dans une perspective où il est question, tout à la fois, de politique, de refondation, d'*institution sur fond d'accomplissement.* Il me semble que ce paulinisme dominant laisse aussi de côté un certain nombre de phénomènes : la théologie négative et une bonne part de la mystique – celle des XVIe et XVIIe siècles dont Michel de Certeau a montré toute l'importance. On trouve à l'intérieur du christianisme – c'est aussi son intérêt, si l'on peut dire – des contestations internes, des mouvements qui, même s'ils font allusion à Paul, ne peuvent pas entrer dans le grand schéma du paulinisme. Ces mouvements deviennent des sortes d'empêchement pour une institution qui n'a pas hésité à les condamner violemment : la théologie négative a été taxée d'athéisme, le « pur amour » a été particulièrement malmené dès la fin du XVIIe siècle, Fénelon condamné, Madame Guyon emprisonnée.

ME : L'Église comme institution, et sa parole, sont alors à défendre.

JMR : Tout à fait. Bossuet, à cette époque, est le grand ordonnateur de ces cérémonies de condamnation et d'exclusion, à l'égard des protestants et des tenants de la doctrine du pur amour.

ME : Avec le soutien du pouvoir politique ?

JMR : C'est aussi pour cette raison que ce moment est crucial. On a le sentiment que le pouvoir politique et le pouvoir religieux se tiennent l'un l'autre de manière intime et qu'il faut à tout prix nommer les déviances pour mieux les combattre, les cerner pour les éliminer. Bossuet écrit une énorme *Histoire des variations des Églises protestantes* : une façon d'instaurer ou de réaménager une unité qui devient de plus en plus imaginaire, qui est comme minée de tous côtés. La thèse est simple : les protestants varient tellement que leur doctrine n'a plus de sens, qu'il n'y a plus d'unité dans ce qu'ils énoncent. Joseph de Maistre aura des phrases plus lapidaires pour dire que le protestantisme n'est pas une religion, qu'il n'est rien, qu'il « n'est qu'une négation », qu'il « ne croit rien » et qu'il « détruit tout » ; ou encore que « cette secte est tout en moins », qu'elle a distribué la souveraineté à la « multitude », et qu'un « livre séparé de l'autorité qui l'explique n'est rien ». On voit que la question de l'unité prend dans ce contexte une importance considérable, qu'elle est au cœur de polémiques d'une extrême violence. Elle semble parfois être un énorme symptôme. C'est même une perspective quasiment de guerre civile. On sait ce qu'ont été les « guerres de religions » en France.

ME : Les forces qui menacent le christianisme, tels le protestantisme, les mystiques, sont en son intérieur.

JMR : Il n'y a rien de pire pour une religion que ces menaces qui viennent de l'intérieur. Cette contestation interne est présente tout particulièrement depuis la Renaissance. Des gens comme Érasme participent d'ailleurs à ce mouvement. Cela entraîne, pour le dire vite, un raidissement du christianisme, un repli sur soi, la réaffirmation d'une unité qui devient de plus en plus factice, la réaffirmation d'une universalité qui est contestée de toutes parts dans une perspective défensive.

ME : La mise en question de cette universalité fait-elle d'une pierre deux coups : elle instruit le soupçon d'échec et continue d'affirmer l'universalité ?

JMR : On touche là quelque chose d'important, un ensemble qui est tout à la fois théologique et politique, sans oublier son aspect déclaratif.

ME : Ces trois aspects – théologique, rhétorique et politique – sont, à votre avis, indissociables. Peut-on néanmoins les aborder séparément ?

JMR : On ne peut pas les dissocier. Cette réaffirmation laisse paraître la menace qu'elle contient ; son côté défensif est une sorte de grand symptôme. Et je crois que l'intérêt de ce qui se passe en France et en Allemagne au XIXe siècle est à comprendre dans cette perspective. Le christianisme se défend avec virulence, cherche à se défaire de la part maudite de son histoire, dans un mouvement qui consiste avant tout dans une sorte de réassurance, de réaffirmation d'une unité. Une forme de raidissement qu'on peut voir, par exemple, chez Novalis dans un texte intitulé *L'Europe et la Chrétienté.* Car, aux yeux de Novalis, c'est le destin même de l'Europe qui se joue, son unité et son avenir qui semblent gravement compromis par la seule existence du protestantisme.

ME : Les tentatives de restauration de l'unité se payent. Le coût en la circonstance n'est pas seulement théologique. Est-il également politique et intellectuel ?

JMR : Cela se solde par des conflits violents, par des guerres dans les siècles précédents. Le XIXe siècle vient réactiver en partie cela sur d'autres modes. Chez Novalis il y a l'idée d'un *echt Katholizismus*, d'un catholicisme authentique, pur, qui serait le seul véritable. Affirmation chez Novalis et d'autres, Barbey d'Aurevilly par exemple, selon laquelle *le « véritable » christianisme représente le tout de la civilisation.* Le savoir courant ne saurait avoir aucune prise sur cette religion. Il y a antagonisme strict entre les deux registres. Au moment même où se développent la philologie et l'histoire, le christianisme, aux yeux de certains se sent comme menacé par l'avancée de certaines disciplines, notamment l'herméneutique avec Dilthey, Schleiermacher et d'autres – des pratiques relevant du protestantisme pour l'essentiel. D'un côté, donc, on a un développement des savoirs philologiques et d'une histoire des religions, qui commence véritablement à ce moment-là, avec toutes sortes d'aléas, et, de l'autre côté, cette sorte de raidissement de la doctrine qui refuse énergiquement tous ces développements, et, chose significative, *est obligé de le dire.* Cette confrontation ressemble en partie à celle qui a lieu au XIXe siècle, mais avec d'autres éléments, d'autres armes, dans la perspective d'un protestantisme s'affirmant plus explicitement. Ce qui m'intéresse ici, c'est la nécessité pour le christianisme, à ce moment-là, d'énoncer ce dont il doit se défendre, de mentionner ce qu'il faut exclure de son champ, ce qui l'entame au plus profond de lui-même, d'indiquer ce qu'est le mal absolu pour lui, de parler par exemple du « soi-disant protestantisme ». Le christianisme est ainsi contraint de faire part de ce qui l'a constitué, de ce qu'il a traversé pour s'imposer. Malgré lui, il est comme sommé de raconter une part de son histoire et d'évoquer les textes fondateurs, de désigner ce qui risque de l'altérer.

ME : Quelle position occuper pour décréter cette mise à l'écart ? Ne faut-il pas occuper la position de vérité ?

JMR : Évidemment, c'est la position de la vérité ou, parfois, c'est l'argument principal des grands défenseurs du christianisme et de la pensée réactionnaire du XIXe siècle, Joseph de Maistre en tête : le christianisme est la religion la plus ancienne, et partant la seule véritable. Elle seule est à même de dire ce qu'est la civilisation. « Ce qu'il y a de réel est catholique », dit-il aussi. On assiste, à ce moment-là, à la promotion de cette affirmation jusqu'à la caricature : *catholicisme égale civilisation.* On répète cette équation de toutes les manières possibles. Et on ajoute ceci : si on commence à toucher à la moindre partie du catholicisme, on risque de mettre à bas la civilisation elle-même ; on rappelle enfin la Révolution française et tout ce qui s'est passé – qu'on caricature évidemment – pendant ce moment. On redit de toutes les manières possibles que la Réforme – certains disent alors la « Réformation » – a été le premier moment de ce mouvement, son impulsion même. On fait peser ainsi la menace de la dissolution de tout le tissu social, la Sanction par excellence.

ME : Lors du procès du roi, Saint-Just proclame : « Nous avons une République à fonder. » On objectera qu'il est scandaleux, sinon inconséquent, de rapprocher la fondation de la République et la fondation de l'universel, de l'Église.

JMR : C'est une question qui demanderait de longs développements. Il est difficile de séparer les deux formes de fondation. D'autant plus que la Révolution, on le sait, a parfois réactivé des formes chrétiennes pour leur donner un nouveau contenu. Ensuite, il y a le « Nouveau Christianisme » des saint-simoniens qui veut être l'accomplissement par excellence du christianisme, ou certains énoncés de Pierre Leroux qui cite en abondance saint Paul, souvent de manière très favorable. Comme si un certain renouveau du christianisme s'avérait alors nécessaire. Ce qui s'énonce sous des formes assez différentes en France, en raison du fait que la sécularisation y est, je crois, plus lente qu'en Allemagne et plus bigarrée, plus disparate, plus bavarde également.

ME : De Maistre, identifiant civilisation et catholicisme, définit d'un même élan une politique d'État.

JMR : Cela définit une politique d'État, de raison d'État même. Je crois qu'on fait revenir sur le devant de la scène toutes les grandes réflexions des XVIe et XVIIe siècles sur la raison d'État à ce moment-là. On a affaire à un entrelacement entre une thèse politique et des fragments de théologie, qu'on déclare indissociables. Sur fond d'un même leitmotiv : il y a des institutions auxquelles il ne faut toucher à aucun prix. Cette idée est extrêmement importante. On la trouve déjà chez Pascal, à propos de la religion d'ailleurs. Il y a des grandes structures qu'il ne faut pas critiquer ni analyser, des monuments auxquels on ne doit pas toucher. Si on commence à montrer quels sont les mécanismes qui règlent ces grands corps, ceux-ci risquent de s'effondrer. Ces réflexions, on le sait, sont là notamment pour justifier une politique conservatrice – mais pas uniquement. Car, en même temps, de tels propos viennent mettre l'accent sur une *espèce de fragilité* – et c'est leur intérêt pour nous aujourd'hui –, sur la précarité de fondements de cette nature. L'instance qui refuse l'analyse et met à l'écart le savoir dit ainsi sa vulnérabilité, mentionne à quoi elle est exposée, fait part d'une sorte de faiblesse. Les discours de cet ordre sont plus qu'ailleurs comme des symptômes. Le *nous* qui apparaît dans de nombreux discours de ce moment joue un rôle crucial. Dire, c'est, dans certaines circonstances, une volonté de faire ensemble, un désir de rassemblement, une manière de promouvoir le *nous* en l'étayant le plus possible.

ME : Reste qu'on ne défend pas avec tant d'énergie et de violence ce qui est assuré.

JMR : Ce XIXe siècle-là est passionnant de ce point de vue, dans le mode de défense d'un certain état de civilisation ou d'une politique conservatrice. J'ai tendance à penser que ceux qui vont dans ce sens préparent, pour le dire vite, des disciplines comme la sociologie et la psychanalyse. *Ils ouvrent la voie à ce qu'ils désignent comme malgré eux*. Je repense à un propos crucial de Joseph de Maistre, emblématique de ce que j'essaie d'indiquer. Alors même que la Révolution n'est pas terminée, il écrit : « Lorsqu'on donne à un enfant un de ces jouets qui exécutent des mouvements inexplicables pour lui au moyen d'un mécanisme intérieur, après s'être amusé un moment il le brise pour voir dedans. C'est ainsi que les Français ont traité le gouvernement. Ils ont voulu voir dedans ; ils ont mis à découvert les principes politiques, ils ont ouvert l'œil de la foule sur des objets qu'elle ne s'était jamais avisée d'examiner, sans réfléchir qu'il y a des choses qu'on détruit en les montrant. » La dernière phrase va bien au-delà d'une simple défense de l'Ancien Régime ; elle laisse transparaître une certaine fragilité de l'univers politique et cherche, en même temps, à prévenir ou à détourner les effets dévastateurs d'une lumière trop crue. Elle a, à mon sens, un rôle déterminant dans la perspective de la politique moderne. Je compte y revenir dans un prochain livre.

ME : En sus de l'universel, le legs de Paul serait la culpabilité. De quelle nature est la culpabilité que vous associez, à la fin de votre livre, au nom de Paul ? Est-elle psychique, éthique, voire collective ?

JMR : Elle est tout cela à la fois sans doute. Dans un moment où triomphe le paulinisme, quelque chose de l'ordre d'une culpabilité peut apparaître – à la fois individuelle, collective, symbolique, imaginaire, un processus à double face. Culpabilité généralisée en quelque sorte. En témoigne, comme contrepoint, l'idée majeure de l'accomplissement.

ME : Accomplissement ne vaut pas achèvement.

JMR : Ne vaut pas achèvement, mais va en ce sens. On pourrait dire qu'on est à l'opposé de toute forme de messianisme, de celui qui prend forme dans le judaïsme sous les aspects les plus variés : je veux dire l'apparition éventuelle d'une entité dont on ne sait pas si elle sera individuelle ou collective, ni à quel moment elle viendra, ni sous quel aspect, ni même si elle viendra. L'accomplissement est le fait du Christ, il y a un terme fixé ; la forme est donnée, inscrite, affichée, affirmée.

ME : Qu'est-ce qui est accompli ? Une promesse ?

JMR : Une promesse de résurrection, de sauvetage si l'on peut dire, de salut. C'est pour cette raison qu'il faut convertir rapidement tous ceux qui n'ont pas compris cette Histoire. Idée qu'on retrouve chez Simone Weil en 1942 : les Juifs doivent abandonner leur religion et comprendre la beauté du christianisme. Il faut encourager les mariages mixtes. Ce qui est évidemment *surprenant* dans ce moment.

ME : Et plutôt déplaisant.

JMR : C'est le moins qu'on puisse dire. En somme, les Juifs n'ont pas compris ce qu'était leur véritable finalité, ils ont trahi leur destin. Il faut donc qu'ils comprennent leur erreur. On reste stupéfait devant de tels propos qu'on trouve aussi chez Albert Béguin au même moment, dans un livre intitulé *Léon Bloy l'Impatient,* terminé en 1943 et publié en 1944.

ME : Péguy a écrit : « Le Juif est un homme qui lit depuis toujours, le protestant est un homme qui lit depuis Calvin et le catholique est un homme qui lit depuis Ferry. » Le catholique lit grâce à l'instruction publique !

JMR : Cette phrase, je l'avais amplement soulignée dans mon livre *Colère de Péguy*. Elle indique, à mon sens, son opposition à Paul, même s'il a été tenté par une certaine forme de christianisme. Elle est aussi une formidable réhabilitation du judaïsme dans un moment profondément marqué, comme on le sait, par l'affaire Dreyfus. On sait à quel point Péguy s'y est impliqué. Il faut relire dans cette perspective l'admirable portrait qu'il fait de Bernard Lazare à la mort de ce dernier.

ME : Qu'advient-il aujourd'hui du paulinisme ou de Paul, dans le champ de la théologie, de la philosophie ou, plus largement, dans le domaine de la pensée ?

JMR : Pour la théologie, il me semble qu'il y a peu d'innovation au XXe siècle. Le XIXe siècle a été rempli de tentatives diverses, depuis l'orthodoxie stricte jusqu'aux divers mouvements d'excentration, de contestation interne qui ont contribué à un questionnement de grande ampleur à l'intérieur même du christianisme. Il y a aussi cette idée que l'universel conçu sur ce mode n'est plus tenable ; c'est ce qui se déploie au XXe siècle sous diverses formes.

ME : La difficulté, je suppose, n'est pas seulement celle de l'institution. C'est celle de la théologie chrétienne.

JMR : Certains disent cette difficulté. Stanislas Breton a écrit un article dans lequel il met en rapport le paulinisme et la destruction des Juifs pendant la dernière guerre. Ici et là, discrètement, il y a des interrogations de cette espèce. J'ai rappelé le propos d'un théologien, Claude Geffré, sur un « accomplissement non totalitaire ».

ME : Est-ce un renoncement à l'universel ?

JMR : Tout le problème est de savoir ce qu'on peut entendre par ces termes. C'est là une hypothèse extrême du point de vue de la doctrine chrétienne. Il est difficile de penser qu'il puisse y avoir des formes d'accomplissement qui n'entrent pas sous le régime d'une totalité, qu'il puisse y avoir des formes de plénitude qui ne consistent pas dans l'accomplissement de ce qui aurait été posé antérieurement. On touche là à un problème interne à la théologie catholique, évidemment, mais aussi à un véritable problème philosophique. Il faut, d'un même mouvement, englober ici Paul et Hegel, regarder de près cette grande machine pour tenter d'en saisir les mécanismes et les différents dérèglements : faire en somme ce que Joseph de Maistre déconseillait fortement de faire. Une partie de la pensée du XXe siècle consiste à inventer des dispositifs pour aborder ce genre de démontage. Comme si on était contraint de mettre en place des sortes d'artefact pour commencer à se déprendre de cette grande pensée théorique dans laquelle l'accomplissement est moteur et où la prophétie joue un certain rôle, même si elle est laïcisée, dans laquelle ce qui est écrit semble pouvoir s'accomplir dans le réel – avec toutes les conséquences qui peuvent en résulter.

ME : Pourquoi le philosophe que vous êtes s'intéresse-t-il tant à la théologie et à saint Paul ?

JMR : En raison d'abord de ce que j'ai retenu de Nietzsche, pour le dire en bref. Nos modes de pensée proviennent, en bonne part, d'énoncés pauliniens ou de leurs suites, de leurs reprises ou de leurs traductions. En raison aussi de ce que le XIXe siècle parvient à mettre au jour dans des directions différentes. Et la question de l'universel en dépend pour partie. Nombre de nos catégories viennent de là, à peine transformées, l'hégélianisme notamment. Sans parler du fait que c'est, pour l'essentiel, après la Révolution que saint Paul est constamment cité, sans cesse sollicité de tous côtés. Du fait aussi qu'un antijudaïsme a trouvé en Paul un de ses aliments majeurs. Cela fait un ensemble de motifs différents mais convergents. Enfant, au sortir de la guerre, je m'amusais à opposer l'Ancien Testament au Nouveau, à essayer de montrer, avec les moyens dont je pouvais disposer, qu'il y avait des propos dans l'Ancien qui n'étaient pas du tout conformes à ce qu'on nous enseignait. J'ai eu assez tôt à ma disposition une Bible qui permettait ce genre d'opérations.

ME : Vous devez à Nietzsche, cet Allemand pas vraiment sûr de sa germanité, qui s'intéresse de près à la philologie et à ce que font les Juifs, une part de votre intérêt pour Paul. N'oublions pas Freud, ce Juif athée qui invente la psychanalyse, s'intéresse au travail des langues, à la traduction, et à tant d'autres questions.

JMR : Ce sont les deux grandes figures qui indiquent qu'on ne peut pas réfléchir à ce qui nous a constitué sans se référer à ce qui s'est noué dans la théologie. Tous les deux parlent de Paul, ne peuvent pas ne pas s'attarder sur cette figure. Il convient de regarder de près certains moments – le XVIe siècle (j'ai travaillé sur Érasme, qui est une figure intéressante) et le XIXe – dans lesquels vacille justement la grande théologie chrétienne, où elle se défait en partie de l'intérieur. *Ce ne sont pas tant les attaques externes qui la font vaciller que les assauts internes ou certaines apories.* Pour quelles raisons cela chancelle-t-il ? Qu'est-ce qui introduit du jeu dans cet édifice ? Ce sont ces questions qui importent. Le texte de Paul est, de ce point de vue, d'une extrême richesse, tout autant que ce qu'en fait le XIXe siècle français. Et du côté de l'allemand spéculatif, il y a la réaffirmation des formes de totalisation, depuis Hegel notamment, dans lesquelles la théologie n'est jamais complètement absente ; sans doute aussi chez Heidegger, sous d'autres formes. De là, bien évidemment, l'intérêt que je porte à ceux qui font un grand pas à l'écart de cet univers, avec la volonté bien explicite de s'en démarquer et d'en dire les raisons, d'en préciser les effets ou les conséquences. Je pense à Rosenzweig, à Benjamin, à Hannah Arendt, à Anders, à Adorno, à Leo Strauss, et à quelques autres. Autant de pensées qui sont habitées par la nécessité de se déprendre de tout ce qui ressemblerait à de l'accomplissement ou à de la totalité, à ce qui est, d'une manière ou d'une autre, de provenance hégélienne, marqué en tout cas par cette forme de pensée. Il y a là une nécessité cruciale que chacun énonce à sa façon, dont chacun prend la mesure à un moment de sa démarche. Je pense aussi à Lévinas qui est, à mon sens, le seul disciple français de Rosenzweig. Il faudrait s'interroger sur cette forte présence allemande dans cette perspective. Scholem peut sans doute nous éclairer sur cette histoire complexe.

ME : Rompre avec la pensée de l'accomplissement, est-ce du même coup s'éloigner de la théologie ?

JMR : C'est une manière de s'écarter en tout cas de la forme la plus dominante, la plus englobante, de la théologie chrétienne, en ce qu'elle a fait histoire, en ce qu'elle a imprégné fortement une grande partie de la pensée occidentale.

ME : Peut-on parler d'une déprise, d'une défection qui s'effectue en sous-main ?

JMR : C'est en sous-main, en effet. Le moment dans lequel cela se passe – les années 1920-1940 – est favorable à un tel travail. Chacun perçoit cette nécessité de se défaire de ces mouvements de totalisation qui irriguent la pensée, qui l'arriment à la théologie. L'immense érudition que déploie Leo Strauss pour aborder la pensée politique relève de cette exigence. Chacun constitue son dispositif pour se confronter à une chose aussi difficile. Les changements de position d'Hannah Arendt relèvent aussi de cela. De même les styles d'écritures différents d'Anders, qui ont pour effet de se dégager d'un monolithisme de cet ordre. L'intérêt de Benjamin pour un XIXe siècle inconnu ou les questions qu'Adorno adresse à la pensée dialectique s'inscrivent dans cette même perspective.

ME : Se détacher de l'aimant de la totalisation requiert d'autres manières d'écrire, oblige à d'autres références.

JMR : J'appelle *dispositif personnel* cette manière de faire qu'est le changement de style, la possibilité de puiser à des sources différentes – comme on voit chez Leo Strauss ou même Hannah Arendt ou encore chez Anders ; des formes de stratégie obligée qui tracent des chemins de pensée tout à fait inhabituels dans la pensée allemande de ce moment.

La plupart se sont formés, on le sait, chez Heidegger. Ce qui frappe avant tout, c'est le retour dans la pensée de ce qui a été mis à l'écart, le judaïsme pour le dire en bref. Un des signes les plus forts de ce mouvement : tous ces penseurs se réfèrent à Kafka, le réinterprètent ou le relisent, y trouvent même souvent des arguments pour formuler ce qu'ils cherchent. *Comme si pour eux Kafka mettait en fiction la pratique talmudique, la restituait dans nombre de ses nouvelles, les obligeait donc à s'y intéresser.* Comme s'il les poussait *amicalement* à aller y regarder de plus près et à s'aventurer sur des terrains peu familiers. Le texte de Kafka devient une des amorces majeures du pas à l'écart de chacun. Kafka sollicite tout particulièrement l'interprétation, conduit chacun de ces penseurs à se resituer à l'intérieur du judaïsme et à essayer de se redéfinir. La correspondance de Scholem et de Benjamin avant-guerre est exemplaire de ce point de vue. De même, après-guerre, le texte de Leo Strauss de 1962 : *Pourquoi nous restons juifs.* Le principal obstacle au développement de la pensée, pour tous ces penseurs, c'est véritablement l'Idée de « totalité », et celle d'un « accomplissement », des idées qu'on dirait empreintes de « piété », pour parler comme Nietzsche. La chose est particulièrement sensible dans les deux grands livres de Lévinas, *Totalité et Infini* et *Autrement qu'être, ou au-delà de l'essence.*

ME : Donneriez-vous un nom à ce qui n'est pas paulinien ?

JMR : Il ne faut pas lui donner de nom, il faut reconnaître sa pluralité, laisser agir sa diversité ; voir que cela prend, chez tous ces auteurs, des formes paradoxales, difficiles à résumer ou parfois même à comprendre. C'est un problème que l'on ne sait pas traiter directement, ce silence que le christianisme maintient sur ce qui l'a rendu possible, ce rejet de son lieu de naissance – avec tous les effets que cela entraîne. Un des plus significatifs est l'équation sur laquelle insiste le XIXe siècle, tant français qu'allemand, *christianisme égale civilisation.* Il faut l'écriture rocailleuse de Lévinas, la micrologie d'Adorno, l'ampleur de vue de Bloch, l'érudition de Leo Strauss, la passion du détail d'Anders, les réajustements d'Arendt, le style de Benjamin, il faut tout cela – et bien d'autres choses encore – pour que s'introduisent un certain trouble dans l'idée de totalité, une inquiétude dans celle d'accomplissement, un désordre dans ce qu'on appelle trop rapidement l'universel. Il faut un travail de pensée minutieux pour qu'on ne tienne plus pour des synonymes stricts christianisme et civilisation. Une partie du XIXe siècle a préfiguré ce travail ; une partie du XXe siècle l'a poursuivi en inventant ses propres voies. Quant aux suites de la dernière guerre, c'est ce qui nous occupe encore aujourd'hui. Nous n'en avons pas fini avec ce qui s'est fait jour dans ces années, avec ce qui s'est dit – ou, plus encore, ce qui ne s'est pas dit – dans ces moments.

De quoi sommes-nous précisément contemporains ? C'est une des questions qui ne cesse de se poser de manière très aiguë depuis la fin de la guerre.

ME : Il y a saint Paul, ses adversaires, ses détracteurs. Dans « La religion comme instance critique », titre malicieux qui moque « la religion, opium du peuple », la place revient aux figures de la Réforme et du protestantisme comme à ses adversaires. Mais l'enjeu concerne le christianisme et, par extension ou contamination, le domaine politique.

JMR : Oui, il y a peut-être une petite dose de malice ou d'ironie dans ce titre. C'est un titre pour un livre italien qui réunissait deux articles déjà publiés en français assortis d'une longue introduction. L'un porte avant tout sur le *Traité des reliques* de Calvin : une attaque virulente sur l'importance donnée aux reliques dans le monde chrétien et les croyances dont elles sont l'objet ; et l'autre concerne la façon dont Joseph de Maistre et Novalis, sur un mode particulièrement violent, mettent en pièces le protestantisme, cherchent même à l'annuler. On a là deux manières opposées de revendiquer le christianisme en mettant l'accent sur ce qu'il n'est pas. De part et d'autre, on cherche à défendre le christianisme en mettant l'accent sur ce qu'il ne doit être à aucun prix.

ME : À trois siècles de distance, Calvin et de nouveaux adversaires de la Réforme s'affrontent. Quelle sont l'ampleur et la nature de cette hostilité ?

JMR : On a affaire à un différend important entre catholicisme et protestantisme s'énonçant à deux moments déterminants : Calvin ironise sur l'usage que les catholiques font des reliques ; Novalis parle de *grosse Spaltung*, ayant lieu en France et en Allemagne et condamne violemment les protestants ; Joseph de Maistre fait strictement de même au même moment. Depuis le XVIe siècle, cette réalité univoque qu'est la religion chrétienne apparaît sous le signe d'une grande division. Cette notion n'a plus l'unité qu'on pouvait lui supposer ; elle laisse paraître une scission fondamentale. Les effets de cette situation concernent bien des choses, parmi lesquelles la philosophie, et posent donc des problèmes.

ME : Quels problèmes neufs sont introduits ?

JMR : La démarche protestante, notamment celle de Calvin a cet intérêt de montrer toute l'importance qu'on peut accorder à l'interprétation. Quand bien même il s'agit d'un texte sacré, c'est une référence qui appelle désormais un geste interprétatif : ce qui change foncièrement la donne. On ne peut plus recevoir une tradition telle qu'elle s'est formée ; il faut ouvrir d'autres modes d'accès à ce texte fondateur, l'envisager par des biais différents. C'est ce qui conduit Calvin, peut-être plus que Luther, à une réflexion sur les figures de rhétorique, sur la métaphore, sur les aspects de la grammaire – et sur le sens à donner à une « institution ». Son livre majeur a pour titre *Institution de la religion chrétienne.*

ME : Il n'est plus, me semble-t-il, si habituel de reconnaître et d'entendre cette dissidence et ses formes.

JMR : J'ai cherché à désigner une position qui prendrait en compte ce grand différend entre catholicisme et protestantisme, à laisser place à certaines questions que cela a pu faire surgir. Je crois que toute une part de la réflexion théorique, du rationalisme même, trouve à s'alimenter dans cette grande scission et permet de faire varier le sens de la critique. Comme si chaque forme permettait de saisir les difficultés de l'autre, indiquait en partie ce qui y reste silencieux, ce qui ne s'énonce pas. Le *Traité des reliques* de Calvin met en évidence certaines pratiques obsolètes du christianisme et, en même temps, cherche à éclairer les modalités de la croyance tout autant que le rapport au Texte. Les propos de Joseph de Maistre, dans leur virulence critique, fournissent un éclairage sur le mode de constitution du christianisme en tant que religion par excellence. Il y a là, à partir du XVIe siècle, un grand jeu de miroir qui concerne l'ensemble du champ symbolique et donc la réflexion en son entier.

ME : « Instance », « critique ». En retenant ces mots vous vous amusez un peu avec un lexique philosophique marqué.

JMR : Je joue effectivement à reprendre des termes qui sont surdéterminés et qui ont été dans nos générations peut-être un peu trop surchargés de sens. Mais le terme d'instance est plus large. Il m'a semblé, au-delà de ce clin d'œil, qu'il y avait un ensemble de problèmes qui pouvait apparaître dans cette confrontation entre le catholicisme et le protestantisme – confrontation qui prend des noms bien précis, tant au XVIe qu'au XIXe siècle : grand legs de notre histoire. Cette confrontation a eu aussi, comme on sait, des aspects absolument dramatiques, pendant les guerres de religion en France. On ne peut pas faire l'économie de ces éléments d'histoire qui sont extrêmement importants et qui ont joué un rôle tout à fait crucial dans la conception de l'autorité, du gouvernement, du pouvoir, du sujet – et ainsi de suite. C'est, pourrait-on dire, comme *notre roman de formation.*

ME : À quel propos le protestantisme engage-t-il la « critique » ? Par rapport au dogme ?

JMR : C'est d'abord une question frontale que pose le protestantisme par son existence même. Par rapport au dogme, mais aussi par rapport au fait que c'est le roi qui incarne le pouvoir spirituel et d'autres propos de ce genre qui ont eu en France une importance considérable. Mais, parallèlement à cela, je crois qu'il y a aussi, dans la constitution et dans le développement du protestantisme, au XIXe siècle notamment, un apport philologique considérable : la nécessité de s'interroger sur les façons de nommer et de dire, sur les métaphores, sur notre rapport au texte, sur l'importance à donner à des énoncés, sur le pouvoir des phrases. C'est la langue du sacré qui ne va plus de soi, qui appelle d'autres approches quand l'objet semble dépasser les limites du connaissable.

ME : Le protestantisme, par des énoncés nouveaux, touche différents domaines : politique, intellectuel, philosophique.

JMR : Je crois que c'est quelque chose de nouveau en Europe, et en France cela affecte, différemment de l'Allemagne, la pensée philosophique et la pratique historienne. On le voit bien chez Michelet, chez Quinet, des penseurs qui, sans être protestants, ont une sorte d'affinité forte avec le protestantisme et avec ce qu'on peut appeler la philologie. Il faudrait un jour chercher à définir un théologico-politique « à la française », si je puis dire, voir comment nombre de propos importants du XVIe siècle sont repris et développés au XIXe, et comment cela permet de reprendre des questions quelque peu oubliées. Il y a chez certains, dans ce moment, une liberté de ton et une profondeur de pensée qui ont de quoi étonner. Un indice ne trompe pas, dans cette perspective : le XIXe siècle développe un anti-protestantisme d'une extrême violence. On avait parfaitement compris qu'il y a avait de ce côté-là un danger majeur et que le protestantisme ouvrait la porte à bien des choses dont on ne voulait pas ; la Révolution était encore dans tous les esprits et, pour bon nombre, la responsabilité de ce changement crucial incombait avant tout au protestantisme. Un exemple parmi bien d'autres : Jouffroy écrit en 1823 un texte qui a pour titre : « Comment les dogmes finissent » – un propos de grande ampleur qui mériterait d'être relu aujourd'hui ; il est commenté par Michelet et par quelques autres dans les années 1850. On n'oubliera pas non plus qu'une partie du protestantisme a favorisé un renouveau de l'intérêt pour le judaïsme à cette époque.

ME : La traduction des textes bibliques encourage l'interprétation et un certain rationalisme.

JMR : Le rôle des traductions est déterminant, tout autant que la manière dont le texte biblique est reçu. De ce point de vue, la manière dont on marque la différence entre l'Ancien et le Nouveau Testament compte beaucoup. C'est l'occasion d'un engendrement de modes de pensée bien particuliers. D'un côté, on cherche à renforcer un certain rationalisme et, de l'autre, on prend en compte, tant bien que mal, ce qui peut relever des processus de croyance. Il y a la nécessité d'accentuer la part du rationalisme, en même temps qu'on prend la mesure de ceci : le corps social ne peut pas subsister, après la Révolution française notamment, sans croyances. C'est à celles-ci qu'il faut à nouveau prêter la plus grande attention : entendons des croyances qui ont un statut flottant, qui ne relèvent strictement ni de la religion ni de la politique, mais qui toucheraient peut-être à un domaine intermédiaire qu'on pourrait appeler, pour faire vite, symbolique. La refondation est même à ce prix.

ME : Pourquoi le catholicisme n'a-t-il pas été capable d'entreprendre ce travail ? Qu'est-ce qui l'en a empêché, qu'est-ce qui l'en empêche toujours peut-être ?

JMR : Votre question est évidemment très vaste. Pourquoi le catholicisme n'a-t-il pas fait un tel travail ? Il y a bien des raisons à cela : la dogmatique et le partage des pouvoirs qu'elle a engendré, bien sûr ; mais aussi le fait que la dimension du texte n'a pas prédominé et que la philologie a été bannie, que l'attention à l'écriture n'a pas eu un rôle déterminant. Mais il ne faut pas schématiser : les travaux de Michel de Certeau ont montré l'importance de la mystique qui, d'ailleurs, est souvent en rupture avec l'Institution. L'écriture et le texte y sont évidemment très présents, y jouent un rôle crucial. Mais cela reste minoritaire. Chaque fois qu'il y a des tentatives de cet ordre-là à l'intérieur du catholicisme, on a brandi l'accusation d'hérésie ou de protestantisme. Voyez la querelle du « pur amour » à la fin de l'époque classique. Façon de dire que l'édifice est déjà travaillé par des conflits, des contradictions et que c'est ce qui donne parfois une sorte d'instance critique. Ce qui fait que la religion chrétienne, malgré l'institution, malgré l'Église, devient parfois le lieu d'une sorte de contestation forte touchant le pouvoir politique, le pouvoir symbolique, touchant la tradition, les formes de transmission, les formes du dogmatisme, etc. Voyez le livre de Ernst Bloch, *L'Athéisme dans le christianisme.* Ces fissures ont pour effet de montrer que le paysage n'est pas aussi unifié qu'on voudrait bien le présenter ou qu'on le croit. Ce sont comme des modes de contestation d'une unité et d'une tradition, d'une forme d'accomplissement se présentant comme étant sans défaut ; et cela n'est pas sans peser sur la pensée elle-même.

ME : Il arrive que l'écrivain se fasse l'écho de la contestation. Laurence Sterne imagine dans *Tristram Shandy* le chahut que l'introduction des idées de Luther provoque dans une école de Strasbourg.

JMR : Je crois que là aussi la fin du XVIIIe siècle est très intéressante de ce point de vue. Un intérêt qui s'accentue si on s'essaye à faire une comparaison entre certains textes anglais, allemands et français, de ce point de vue là justement, pour voir comment, en obéissant à des traditions différentes, certaines similitudes apparaissent. Est-ce déjà l'Europe ? Oui, d'une certaine manière.

Le XIXe siècle français me semble marqué par une exploration qui ne disait pas forcément son nom, mais qui prenait appui sur certaines tendances du protestantisme pour plusieurs opérations. Pour porter atteinte à ce qui avait alors une sorte d'hégémonie, l'Église catholique romaine française. Mais c'est aussi une façon de montrer que ce qu'on appelle la religion – en l'occurrence, le christianisme – n'avait pas l'homogénéité qu'on lui accordait et pouvait se prêter à des interprétations différentes. On sait que toute une partie des mouvements révolutionnaires des années 1830-1848 abondait dans ce sens-là : c'est le christianisme social qui naît à ce moment-là, mais ce n'est qu'un aspect d'un processus beaucoup plus ample, plus diversifié aussi.

Il y a de ce point de vue une grande richesse. On a en France, au XIXe siècle, peut-être plus qu'en Allemagne, touché à l'unité symbolique produite par une certaine forme de christianisme. Cette manière de faire ne peut rester sans effets sur la pensée et sur l'écriture. C'est aussi une des raisons de ce que connaît bien la France, des explosions politiques violentes et momentanées. Ici ou là, sous des formes variées, on donne à certains éléments du christianisme une puissance nouvelle en les rejouant, et en les intégrant à une expérience d'un autre ordre – poétique, politique, prophétique aussi ; il y a du prophétisme au XIXe siècle qui n'est pas sans rapport avec ce lent ébranlement d'une tradition, qui a des effets dans les domaines les plus variés et les plus surprenants. En accentuant ces aspects, quelques écrivains parviennent à occuper une posture paradoxale, une « place imprenable » dit Claude Lefort, en tablant sur des éléments du christianisme qu'ils redéfinissent ou réélaborent comme à perte de vue.

Ce sont ces motifs qui m'intéressaient : la religion se retournant contre elle-même, contre son mode de présentation, contre sa forme dogmatique, sa présentation traditionnelle, et décomposant un ensemble pour en reprendre tel élément et le porter dans une autre direction. C'est cela qui me semble une expérience forte au XIXe siècle. Quelqu'un comme Léon Bloy, à la fin du siècle, est pris dans un mouvement de cet ordre-là, en privilégiant certains éléments du christianisme – la pauvreté, la critique de l'argent, etc. – avec une virulence spectaculaire et en en faisant un élément de critique sociale d'une radicalité assez peu commune dans le même moment. C'est aussi ce qu'on peut trouver parfois dans certains textes de Bernanos. Travail dans lequel la réflexion n'est évidemment pas absente.

ME : Étant donné l'importance de la position « critique » que vous accordez à la religion, pourquoi Feuerbach est-il absent ? Pourquoi n'entre-t-il pas dans votre socle de penseurs sur le XIXe siècle allemand et français ?

JMR : Il m'a semblé que Feuerbach, que j'ai pratiqué dans ma jeunesse, n'entrait pas fondamentalement dans ce schéma. L'opération était en quelque sorte trop claire. Elle est légitime, sans aucun doute productrice d'effets intéressants, mais, d'un point de vue réflexif, l'opération était un peu trop classique, un peu courte.

ME : C'était gagné d'avance ?

JMR : En bonne partie, oui. La question de la sécularisation trouvait une solution que je dirais un peu rapide ou facile. L'issue heureuse de l'opération feuerbachienne passe à côté de certains des aspects les plus énigmatiques du christianisme. On peut penser à ce que l'immense travail de Ernst Bloch met au jour sur ce terrain, aux détours qu'il prend pour traiter ce genre de propos.

Il y a une différence, dans ce que j'appelle le dialogue franco-allemand, entre la grande pensée allemande et le bricolage français. La première va vite, sécularise à outrance – ce qui n'est peut-être pas d'ailleurs sans conséquences sur la suite, mais c'est une autre question. Les Français piétinent, s'enfoncent dans des problèmes difficiles, prennent des voies tortueuses pour essayer d'en traiter. Il y a aussi la démarche considérable de Heinrich Heine à ce propos : un auteur qui a su faire continuellement le lien entre l'Allemagne et la France, en se souciant précisément des formes religieuses dans une perspective critique. De plus, il oscille entre protestantisme et judaïsme.

On voit des interrogations fortes sur le devenir du christianisme. S'il est mourant, qu'est-ce qui va rester de ce mourant ? Va-t-il connaître une mutation ? Que faire des restes ? Et ainsi de suite. La France a connu une révolution que l'Allemagne n'a pas connue. Il a été nécessaire de s'interroger sur les rapports que le christianisme entretient de longue date avec les formes de la politique. Il a fallu revenir sur divers aspects de la croyance dans cette perspective double, sur les modes d'imprégnation d'une « foi » multiforme. Plus qu'ailleurs, on devait tenir compte de survivances, se demander par quels moyens on pouvait en sortir. Il n'y a pas eu en France au XIXe siècle de pensées prenant appui sur la puissance de la dialectique. C'est entre autres choses ce qui demande à être interrogé. Le travail de réflexion est passé par d'autres voies ; ce qui n'est pas à concevoir comme un défaut. Les emprunts à l'Allemagne ont été de peu de poids dans cette période. La France a connu des épisodes de guerre civile particulièrement forts depuis la Renaissance ; l'enjeu apparent étant le plus souvent la religion, ou des formes de politique fortement imprégnées de religion.

ME : Le protestantisme n'est-il pas en France une espèce de « formation de compromis » qui permet de conjuguer l'idéal républicain et l'idéal religieux ? Feuerbach a une belle manière d'opposer l'enthousiasme de l'entendement à l'enthousiasme religieux.

JMR : Je crois que le protestantisme a aussi joué ce rôle de « formation de compromis » : ce serait une part de la sécularisation à la française, un processus qui semble interminable. Ce qui est extrêmement puissant dans un certain protestantisme – et on le voit bien chez Calvin notamment, plus que chez Luther –, c'est une sorte de réflexion continuelle sur son lieu de provenance, sur les conditions de sa formation, sur la forme de sa naissance ; c'est cela qui a donné à un certain protestantisme une véritable force de pensée, une puissance de proposition dans le domaine politique et dans le champ qu'on appelle par commodité symbolique. Il y a eu pendant tout le XIXe siècle, en France, une violence inouïe exercée à l'endroit du protestantisme, une violence qui allait vraisemblablement bien au-delà de la seule référence protestante, qui concernait le statut même de la pensée. Il en reste sans doute quelque chose aujourd'hui, ici ou là. J'en fais l'hypothèse, à ce propos comme à d'autres : des processus d'une telle intensité ne disparaissent peut-être jamais entièrement, restent sans doute en activité sous d'autres formes qu'à leur commencement.

Le XVIIe siècle parlait déjà de la « religion *prétendue* réformée ». *Que de choses on arrive à faire parfois avec un simple adjectif de cette espèce*, dans le domaine politique plus encore que sur le terrain religieux. Il y a une violence des qualificatifs dans nombre de domaines, sur laquelle il faudrait s'interroger plus avant. Ce propos est comme un leitmotiv qui se répète pendant tout le XIXe siècle, délimitant l'espace de ceux qui sont dans cette détestation et qui se refusent à tout questionnement sur l'histoire du christianisme, sur son texte. Il faut attendre des gens comme Renan pour engager un propos dans la direction d'une grande réflexion historique et philologique ; une démarche qui est parallèle à une renaissance du protestantisme, et accompagne un immense travail réflexif allant, je crois, bien au-delà de la religion.

ME : Pour un Joseph de Maistre, le protestantisme est la mort du catholicisme. De Maistre déteste, mais dit-il juste ?

JMR : Il ne se trompe pas, au sens où il perçoit en effet un risque majeur ; il est l'un de ceux qui perçoivent le mieux la menace, dans la filiation de Bossuet. Il va même parfois plus loin que ce dernier. Il est le défenseur intransigeant du catholicisme. Ce qui l'oblige à multiplier les formules sur ce « rien » que serait le protestantisme : ce qui peut alerter n'importe quel lecteur. On retrouve là d'ailleurs une forme d'excès qui doit attirer l'attention.

ME : Si une menace est un rien, il n'y a pas de menace.

JMR : C'est le paradoxe qu'il retourne en tous sens avec des formules frappantes. La menace est constante à ses yeux. Cela l'amène aussi à dire que la Révolution française est à imputer aux protestants *et à Descartes* ; c'est le leitmotiv de toute la pensée conservatrice ou réactionnaire qui se forme après la Révolution. Le crime de la modernité est d'avoir privilégié la réflexion individuelle au détriment de toute la tradition. Les modernes commettent un « péché d'orgueil » en mettant au premier plan l'individu. La raison est une faculté qui ne doit pas relever du sujet. Jusqu'à Maurras – peut-être au-delà – on reprend exactement le même type d'argument, en défendant le primat de la raison collective qui a pour elle l'ancienneté ; l'argument revient sans cesse en boucle dans ce moment. La sociologie frappe déjà à la porte avec Auguste Comte notamment. On a là un ensemble de problèmes dont le XIXe siècle fait montre, chez de Maistre et d'autres. Le mouvement de la civilisation trouve sa valeur dans ce rapport à l'Antérieur et récuse toute forme individuée de réflexion.

ME : Le paradoxe est aussi que celui qui écrit cela pense par lui-même.

JMR : Jusqu'à un certain point, il y a en effet un paradoxe. Car celui qui énonce de tels propos est un grand écrivain, un formidable prosateur doté d'un humour féroce et d'une grande intelligence. Il en va de même pour Bossuet, grand écrivain comme on le sait, qui reproche à Calvin d'être un grammairien, et de bien écrire – ce qui est également un paradoxe de sa part. On touche là quelque chose d'important dans ce XIXe siècle – je veux dire : ce qu'il en coûte pour qu'affleure une pensée individuelle. La grande préoccupation de Joseph de Maistre, c'est la dimension de l'autorité et, plus encore, de la « souveraineté ». Celle-ci ne peut venir que de Dieu, et de l'alliance que certains princes peuvent à l'occasion contracter avec Dieu : chose à préserver à tout prix. Barbey d'Aurevilly, un autre représentant de ce mouvement qui n'est pas des moins virulents, dit qu'aucune constitution ne peut être acheiropoïète, « faite de main d'homme ». Comme les images du fameux voile avec le visage du Christ. Autrement dit, on est dans l'espace d'une tradition qui transmet un ensemble constitué bien antérieurement et auquel on ne peut, à aucun titre, toucher.

ME : Joseph de Maistre, Barbey d'Aurevilly, et déjà Bossuet, vous l'avez fait remarquer, développent des pensées qui confortent des politiques et des théologies qui placent l'invulnérabilité au centre de la question de l'autorité. L'enthousiasme de l'entendement dont parlait Feuerbach est loin.

JMR : Je crois qu'on voit bien dans ce moment du XIXe siècle, français notamment, comment se forge à nouveau une idée de l'autorité qui est d'un même mouvement spirituelle et politique. Le XVIIIe siècle avait déjà introduit un certain jeu dans cette perspective. La société et la souveraineté naissent ensemble dans l'orbe du christianisme ; il ne saurait donc y avoir une fabrication humaine comme le « contrat social ». C'est un aspect de la grande virulence de Joseph de Maistre contre Rousseau, sa bête noire. Il faut continuellement faire appel, dit-il, aux « préjugés conservateurs » ; l'expression est significative. Les dogmes religieux et politiques sont « confondus » et forment une « raison universelle ou nationale ». Hors de cette perspective, point de salut. Toute démarche individuelle est présomptueuse et par nature vouée à l'échec complet, parce qu'elle ne prend pas en considération le fonds dont elle procède et qu'elle croit pouvoir se développer de manière autonome, par ses propres moyens. On entrevoit par là tous les raisonnements et les sophismes qui peuvent occuper la scène, avec ou sans la caution d'une politique conservatrice d'ailleurs.

ME : Qu'est-ce que la philosophie permet d'entendre, vous permet d'entendre ? Ce n'est peut-être pas du tout la philosophie, mais une affinité personnelle, une sensibilité à des questions.

JMR : C'est, je l'espère, tout cela à la fois. C'est une façon de pratiquer la philosophie, bien sûr, avec une attention redoublée aux effets de texte et à ce qui en résulte. J'ai parfois l'impression d'être une sorte de talmudiste. C'est aussi une affinité personnelle, sans doute, avec certaines formes d'écriture ; quelques noms pour situer le propos : Michelet, Kafka, Benjamin, Musil, Valéry. Et, bien évidemment, Nietzsche chez qui je trouve une sorte de réflexion continuelle, avec des accentuations différentes, sur la place du christianisme dans notre culture, les marques qu'il laisse dans notre civilisation, toute la réflexion sur saint Paul, l'idée aussi d'un hyper-christianisme si énigmatique – et d'autres choses, présentées dans le désordre que l'on sait. Je crois que le statut du christianisme est souvent au cœur des préoccupations de Nietzsche : c'est à ses yeux le milieu même dans lequel nous nous sommes formés. On sait d'ailleurs que chez lui la dimension du « nous » est retournée en tous sens, qu'elle devient un lieu de questionnement actif et un vecteur de propositions, qu'elle suscite des phrases. Souvenons-nous des nombreux passages sur le « nous autres… », dans *Le Gai Savoir* et ailleurs. C'est là une pensée au plus près de la grammaire, qui n'oublie pas le poids des pronoms personnels et des phrases qu'ils sont susceptibles d'organiser, qui énonce non pas tant pour faire – selon le modèle performatif –, mais *pour voir ce que faire veut dire*, pour comprendre ce qu'un « nous » est à même de projeter dans des schémas de cette nature, pour saisir ce qu'une fiction est susceptible de faire tenir. J'ai le sentiment qu'une bonne partie de la démarche de Nietzsche est une sorte de tressage de religieux et de politique qui n'est pas sans rappeler certaines des préoccupations de la Réforme. Luther est sans cesse à l'arrière-plan. Quelque chose qui serait comme un questionnement né avec le protestantisme, s'en détachant, reprenant avec d'autres visées les armes de la philologie, leur donnant une extension sans précédent. Car c'est chez lui aussi la civilisation qui est le problème par excellence. Et du même mouvement, l'Europe. La généalogie au sens que Nietzsche lui donne joue un rôle déterminant et introduit de l'ironie dans ce domaine.

ME : Ce que vous dites du protestantisme peut-il s'entendre comme son éloge ?

JMR : Oui, cela ressemble à un éloge.

ME : Un éloge qui n'est pas sans nuances.

JMR : Peut-il en être autrement ? Je pense à ce que le jeune Michelet peut dire vers 1830 de Luther dont il publie les *Mémoires*. Dans la préface, il dit que Luther a été « le restaurateur de la liberté pour les derniers siècles » et que nous lui devons « le droit d'examen, ce premier droit de l'intelligence humaine ». C'est à ses yeux une « dette » qu'il faut reconnaître. On mesure mieux aujourd'hui les enjeux et les conséquences de ce mouvement : la possibilité de s'intéresser à l'histoire du christianisme, l'importance du travail philologique dans ce domaine comme dans d'autres. Mais aussi, et c'est déterminant, le fait que le protestantisme a ouvert certaines voies à la connaissance du judaïsme, en Allemagne notamment. L'histoire de ce croisement est encore à écrire tout entière. *Ce qui m'intéresse ici, c'est le fait que certaines formes de religion, dissidentes en l'occurrence, peuvent avoir cette capacité, à un moment donné, de faire apparaître des dimensions de pensée qui autrement ne surgiraient pas ou qui resteraient sous-employées*. L'apport du protestantisme, de ce point de vue, est considérable au XIXe siècle : il a fait resurgir bien des choses qui risquaient de disparaître de l'horizon de pensée ou qu'on passait même sous silence.

ME : Qu'est-ce que le catholicisme a oublié ?

JMR : Il a oublié les textes, le plus souvent, au profit des dogmes – pour le dire trop vite.

ME : Comment l'oubli des textes peut-il aller de pair avec la théologie ?

JMR : Il y a là un problème énorme, proche du paradoxe parfois. Il y a, d'un côté, l'oubli de l'Ancien Testament – de ce que le christianisme a appelé ainsi, c'est-à-dire les Écritures juives. La « typologie » contribue fortement à un abaissement de cet ordre, qui est une mise à l'écart. Et d'un autre côté, il y a, *heureusement* peut-on dire, autre chose : la théologie a souvent pour effet de renvoyer aux textes, même si elle en fait un usage bien spécifique. D'ailleurs, cela va parfois à l'encontre de la volonté de fondation qui est au principe du christianisme. À quoi il faut ajouter ceci qui me semble relever avant tout de ce qui se passe au XIXe siècle : il y a souvent des termes ou des phrases qui ne sont compréhensibles que si on les resitue dans un contexte qui est le christianisme, que si on mentionne leur genèse. Premier exemple : Hegel et Marx parlent de l'« aliénation » ; deux termes en allemand, *Entfremdung* et *Entäusserung*. Le premier dit un devenir-étranger-à soi. Par contre, *Entäusserung* est le terme qu'utilise Luther, dans sa traduction de la Bible, pour rendre ce qui est chez saint Paul la *kénôsis*. La théologie parle couramment de « kénose ». Chez Hegel, un processus de désappropriation permet à la conscience d'accéder à son essence véritable. On sait l'extension que Marx essaie de donner à ce terme – et les difficultés à le définir. Chez Paul, Dieu s'est en quelque sorte vidé de lui-même pour…

ME : … donner aux hommes ?

JMR : Donner aux hommes son fils et retrouver par après ce qui le constituait véritablement. Je simplifie à l'extrême : les versions de ce processus sont nombreuses par la suite, notamment dans la théologie du XIXe siècle – le propos s'y prête tout particulièrement. Il y a un rapport étroit entre la *kénôsis* paulinienne et le terme hégéliano-marxiste : le lien est oublié d'ordinaire, ce qui n'empêche pas le problème de subsister. En bref : comment un terme aussi courant peut-il se doter d'une signification aussi puissante dans l'ordre théologique et devenir, en fin de parcours, un concept déterminant qui concerne soit la conscience au sens hégélien, soit le corps social selon Marx ?

ME : Quelle est votre hypothèse ? Une opération d'ordre linguistique, pragmatique ?

JMR : Tout cela à la fois. Il me semble qu'on touche là à quelque chose de très important : la transmission des textes pauliniens qui, avec le temps, se sont redéfinis, traduits et réutilisés dans des perspectives autres, philosophiques et politiques. Certains éléments – mots ou phrases – sont privilégiés et en viennent à jouer un rôle crucial.

ME : Quels termes par exemple ?

JMR : À côté de *kénôsis*, il y a *métanoïa*, qui veut dire « changement d'état d'esprit » et devient ce qu'on appelle en français, à la suite du latin, la « conversion ». Des mots d'une grande banalité peuvent ainsi être lestés d'un sens considérable et s'appliquer aux objets les plus divers. Un autre exemple provient lui aussi de saint Paul : le terme *katekhon* signifie simplement « ce qui retient ». J'ai rappelé que Carl Schmitt, dans les années 1930, réutilise ce terme de saint Paul. On entrevoit ce qu'une politique réactionnaire – Carl Schmitt a adhéré au nazisme dès le départ – peut emprunter à une représentation de cette nature. Théologie se faisant politique par ce biais.

ME : À quels champs puise une opération théologico-politique de cette envergure ?

JMR : C'est une opération qui concerne plusieurs champs : linguistique, symbolique, politique. Dans un cas, à la dépossession doit faire suite forcément la reprise de ce qui a été perdu, son amélioration. Dans l'autre, un mot est supposé pouvoir contrer un mouvement général. C'est, à mon sens, une occasion de s'attarder sur ceci : à des termes et à des phrases de provenance théologique on trouve, bien après leur apparition, un emploi dans un contexte politique ou dans un moment philosophique tout autre. La question reste de savoir ce qui confère au christianisme une plasticité de cet ordre, ce qui lui a permis de fournir des sortes d'argument à une instauration politique – voire, pour certains, à une civilisation. Problème à l'évidence énorme qui indique, entre autres choses, que cette religion a rencontré des contrariétés, a suscité des apories, produit des contradictions.

ME : L'instance critique est-elle interne à la pensée religieuse ?

JMR : C'est interne à la religion chrétienne elle-même, au fait notamment qu'elle a eu plusieurs sources, qu'elle a connu tout au long de son histoire des crises ou des hérésies – sans parler des interprétations qu'elle n'a pu manquer de faire naître. Paul lui-même, dans la *Première Épître aux Corinthiens*, écrit : « Il faut qu'il y ait des scissions entre vous, pour que les hommes éprouvés se manifestent parmi vous. » Le rôle qu'a joué le protestantisme dans ces deux moments est très important. Ce qu'il introduit vient montrer en somme que l'histoire n'est pas finie et qu'elle ne peut pas s'enfermer dans cette perspective dogmatique. On sait la grande question qui revient périodiquement sur le devant de la scène politique depuis quelques décennies : savoir dans quelle mesure on peut parler des « racines chrétiennes » de l'Europe. Enjeu de débats interminables. La question n'est sans doute pas tant de savoir si l'Europe a des racines de cette nature, mais plutôt de se demander ce qu'elle en fait, comment elle en parle, ce qu'elle revendique à ce propos, ce qu'on met sous cette expression, les captations idéologiques qu'elle croit devoir susciter – et ainsi de suite. Les questions de généalogie ne se traitent pas en quelques mots : Nietzsche nous l'a appris.

ME : Vous dites « racines chrétiennes » et non judéo-chrétiennes ?

JMR : L'expression « judéo-chrétien » n'a pas de consistance à mes yeux et donne lieu à bien des équivoques. Rappelez-vous ce qu'en disait Lyotard. Le trait d'union et tout ce qui s'est joué grâce à ce simple signe typographique. Nietzsche et Mallarmé nous rendent attentifs aux pouvoirs de la typographie – à la fin du XIXe siècle, au moment même où le christianisme connaît, en France notamment, une crise sans précédent et où, ici et là, sous des formes diverses, on commence à prendre en considération le judaïsme.

ME : En même temps que le protestantisme invite à considérer autrement le judaïsme, ne contribue-t-il pas, peut-être à son insu, à introduire en sous-main, un esprit de liberté dans le catholicisme ? L'unité rompue de la religion chrétienne préparerait une place à une possible liberté intellectuelle. Est-ce un trait du christianisme au XIXe siècle ?

JMR : Ce qui le caractérise, c'est, paradoxalement sans doute, une certaine liberté. Comme si, de plusieurs côtés à la fois, on avait acquis la certitude que le christianisme avait perdu son unité et qu'on pouvait en faire usage dans nombre de domaines. Par exemple, une partie du mouvement révolutionnaire fait appel à des formes de christianisme pour investir le champ social et formuler un programme qui vient, en retour, modifier la vision qu'on avait jusqu'alors de cette religion. Le Christ des barricades, par exemple. C'est aussi le moment où l'on s'interroge, aussi bien du côté catholique que du côté protestant d'ailleurs, sur un vieux problème aux conséquences différées – à savoir, qui est le véritable fondateur du christianisme ? Est-ce le Christ ou est-ce saint Paul ? Grande controverse qui traverse tout le christianisme de ce moment. Si c'est le Christ, on insiste sur un enseignement vivant, diversifié, voire contradictoire ; si c'est saint Paul, on insiste au contraire sur un aspect beaucoup plus dogmatique, on met l'accent sur la structure ecclésiale du christianisme et sur des énoncés majeurs.

ME : De quelle importance est l'alternative ?

JMR : Il y a un véritable enjeu, celui d'une doctrine à transmettre et à adapter au monde du moment – un temps fait de conflits nombreux dépassant souvent la stricte sphère religieuse. Et il y a cette autre chose plus encore déterminante qu'est le problème de la fondation qui concerne, pense-t-on alors, la civilisation en son entier après ce qu'on dit être le désordre de la Révolution. Fonder un édifice sur une parole rapportée – celle du Christ transcrite par les évangélistes – n'est pas du tout du même ordre que de vouloir instituer en tablant sur des textes établis, ceux de saint Paul, des textes qui ont un aspect doctrinal prononcé et qui, quand ils sont traduits, ont souvent un ton sentencieux ou emphatique, bien utile pour une telle opération.

ME : Mettriez-vous en rapport cette affaire de fondation avec la déclaration de Saint-Just lors du procès du roi ? « Nous avons une république à fonder », dit-il. Est-ce qu'il y a un commun possible, une intelligibilité possible entre ces deux fondations ?

JMR : Je crois que la question de la fondation revient sur le devant de la scène après la Révolution et avec le bonapartisme. Tout le siècle se divise sur la personnalité du nouveau fondateur, s'interroge sur les effets à moyen terme d'un pouvoir de cette espèce, sur ses dérives, et sur les aspects négatifs de cette fondation. Et on assiste à un débat intense à travers l'Europe du moment à ce propos. Une sorte de grande réflexion sur le pouvoir attribué à un homme, sur la construction du « Grand Homme », sa nécessité éventuelle, les risques d'idolâtrie – et bien d'autres propos touchant le mouvement de la fondation. Hegel, Michelet, Carlyle : pour donner trois noms parmi bien d'autres, et trois univers différents. On établit une généalogie du Grand Homme qu'on fait commencer à Moïse et qui s'attarde surtout sur la figure du Christ. Tous les auteurs importants de cette période se doivent de passer par ce type d'élaboration, de se prononcer à ce propos. On voit ce type d'emprunt chez des gens comme Pierre Leroux par exemple, ou d'autres.

ME : Dans son grand livre *De L'humanité*…

JMR : Mais aussi dans ce livre d'une grande richesse, donné comme un « poème philosophique », qui a pour titre *La Grève de Samarez*. Et on voit cela chez Hugo, chez les saint-simoniens qui prônent, on le sait, un *Nouveau Christianisme.* Nouages variés du théologique et du politique qui occupent le siècle et permettent de formuler des questions à longue portée. Il y a ainsi ceux qui s'interrogent sur la nécessité d'un tel emprunt, sur sa consistance, sur les raisons pour lesquelles on y a recours, sur les conséquences de l'opération ; je pense avant tout à Quinet et à Michelet qui mènent une réflexion de grande ampleur dans cette direction. Il s'agit notamment pour l'un et l'autre de se demander si le christianisme est à même de se transformer ou s'il est voué à disparaître. C'est, pour le dire vite, une interrogation qui porte avant tout sur le devenir de la civilisation elle-même, sur l'avenir de l'humanité. L'époque a suffisamment d'emphase pour pouvoir poser des questions de cette envergure en montrant ce qu'elles impliquent et ce qu'elles mettent en jeu.

ME : Est-ce que cette interrogation n'est pas liée à ce que, dans le vocabulaire d'aujourd'hui, on appellerait gestion politique de la question religieuse ? Depuis la Révolution française, la nationalisation des biens du clergé, le Concordat sous Bonaparte, la relation du politique et du religieux n'est tranchée en France que par la séparation de l'Église et de l'État.

JMR : Quinet est partie prenante dans l'affaire de la séparation de l'Église et de l'État ; on utilise ses textes pour légiférer dans ce sens. Toutes ces questions-là sont effectivement liées. Mais je crois que ce qu'il y a d'important dans tous ces événements, c'est ce que cela donne à penser – cette réflexion qu'on dirait interminable sur un *mouvement de civilisation ayant lieu en deux temps*, la nécessité de prendre en compte la grande séparation qu'a représenté le protestantisme, les formes de pensée que cela a pu produire, tant au moment de la Réforme qu'après la Révolution. À quoi s'ajoute le constat touchant des moments de rupture fondamentaux dans un temps qu'on supposait devoir être linéaire, des discontinuités qui sollicitent la réflexion : des temps désaccordés dont on commence à percevoir les effets et qui affectent en profondeur la pensée. C'est aussi à ce caractère énigmatique du Temps qu'on doit se confronter dans ce moment, au *fait que la Réforme devienne tangible après la Révolution*, qu'on en comprenne toute la portée bien longtemps après son avènement. Idée nouvelle en Europe sans doute : le Temps n'a plus la continuité que l'histoire lui attribuait ; le récit historique ne suffit pas pour en rendre compte. Il faut inventer d'autres biais pour affronter cette dimension nouvelle.

ME : Ce qui se passe au XVIe siècle en France est indissociable de la Réforme.

JMR : C'est pour la France un moment crucial, à l'évidence, avec tous les aspects dramatiques que l'on sait. Plus significatif que le moment révolutionnaire de 1789, chargé d'événements d'une grande portée symbolique.

ME : La Réforme brise l'unité du christianisme.

JMR : Il y a ce partage qui se fait de manière explicite et sur un mode extrêmement violent. Et, de façon plus souterraine, l'idée d'une philologie appliquée aux textes de l'Écriture fait son chemin, pour revenir sur le devant de la scène au XIXe siècle sous un autre aspect. Elle s'accompagne d'un projet portant sur une histoire *des* religions : on passe ainsi au pluriel en contestant de fait l'unité catholique. Cela signifie évidemment une mise à distance du noyau le plus dur du christianisme – en l'occurrence le catholicisme –, oblige aussi à réfléchir aux conséquences d'une telle critique ; cela devient un ferment de pensée considérable et un lieu de questionnement.

ME : Qu'apporte le protestantisme ? Est-ce une place pour le jugement ?

JMR : Il y a effectivement cette libération progressive du jugement, en tout cas cette possibilité de plusieurs foyers pour le jugement. L'instance de garantie se trouve ébranlée, comme mise en crise. Ce mouvement semble ouvrir la porte à un questionnement sur l'état de la religion, sur son histoire, sur la consistance même du christianisme – pour ne pas dire son « essence ». Mais le considérer par de tels biais, c'est avoir évidemment compris qu'il est décentré, en rapport avec autre chose.

ME : Le problème qui fait suite aux guerres de Religion, à la fracture au sein du christianisme, à la Révolution, n'est-ce pas l'articulation du politique et du religieux ?

JMR : C'est de cet ordre. Il y a effectivement une réflexion qui se met en place sous des formes variées d'ailleurs, touchant l'articulation du politique et du religieux ; entendons par ce dernier terme le christianisme débarrassé de ses scories, permettant des opérations jamais vues de l'ordre du symbolique. C'est la nécessité pour un peuple – voire pour l'humanité… – de prendre en main sa propre destinée en mettant l'accent sur le processus instituant, en reprenant – c'est en tout cas le vœu de certains : Quinet, Leroux et d'autres – ce qui ne s'est pas entièrement accompli dans le christianisme, ou ce dont le christianisme n'a été que la préfiguration. C'est là un processus qui ne fait qu'exacerber une opposition violente qui court à travers tout le siècle. D'un côté, on dit et on répète que la Révolution a commencé avec la Réforme et avec Descartes, avec l'instauration du jugement individuel qui vient heurter frontalement la tradition et l'ancienneté des dogmes ; Joseph de Maistre est le représentant par excellence de cette conception et il fait école dans la suite du siècle. De l'autre, on fait tout pour favoriser ce mouvement, pour l'exercer ou l'encourager, en cherchant à montrer ce qu'il est possible de reprendre du christianisme, ce qu'on peut en garder et ce qu'on peut en faire ; autant dire qu'on ne cesse de le fragmenter, de le présenter par bribes. Ce serait la *sécularisation à la française* qui prend le temps de ces détours et qui est souvent soucieuse des textes.

ME : La voie qui sépare le religieux et le politique sera juridique et législative.

JMR : C'est la législation qui viendra effectivement…

ME : … entériner quelque chose ?

JMR : Entériner quelque chose *et* chercher à clore le débat, en prendre acte *et* trancher dans le vif du propos. Resterait à savoir si les termes du débat n'ont pas été trop vite enterrés, et si la simple législation est suffisante pour un problème de cette ampleur. Un problème qui retrouve périodiquement une certaine actualité.

On peut rappeler à ce propos une réflexion importante d'Edgar Quinet, provenant d'un débat avec Eugène Sue en 1856. Elle porte sur les trois manières de « toucher à une religion surannée et de la vaincre ». On peut d'abord la « faire disparaître par l'autorité, par la force ». C'est le seul moyen capable, dit-il, d'anéantir une croyance ancienne. On peut ensuite, au moyen de la discussion, essayer de remplacer une religion surannée par une « forme nouvelle de la religion ». Enfin, on peut opposer à une religion la pure lumière de la raison, de la philosophie. Le premier moyen est le plus efficace, mais il est inapplicable de nos jours. Le troisième expédient a tout pour séduire, mais c'est le moins sûr. Quant au second système, c'est au conditionnel que Quinet en parle : « Le progrès serait immense si l'on pouvait un jour arracher les peuples au catholicisme [...] et les attirer vers une des formes les plus modernes du christianisme. » Ce serait, ajoute-t-il, « les transporter vivants dans le monde moderne ». Le conditionnel est de mise dans cette perspective : on tend à l'oublier. L'intérêt de ces propos et d'autres du même auteur est de faire varier la notion même de « religion », de laisser entendre que tout est à repenser dans cette perspective, de faire comprendre que le christianisme n'est pas le dernier mot. L'usage qu'Edgar Quinet fait du terme de « religion » concerne avant tout la dimension du symbolique, semble parfois même se confondre avec elle. Il est en France celui qui va le plus loin en ce sens. Je ne saurais dire si c'est la raison pour laquelle on l'a oublié rapidement.

ME : La forme moderne du christianisme passerait par une forme moderne du politique, c'est-à-dire par son émancipation du religieux ?

JMR : Par un mélange en tout cas. Et c'est là où il y a quelque chose de spécifique en France, qui n'a pas lieu sous la même forme en Allemagne, où la sécularisation semble apparemment plus facile du seul fait d'emprunter un chemin essentiellement conceptuel. Grande idée de Quinet au milieu du siècle : *il n'y a pas de révolution politique sans révolution religieuse.* C'est à ses yeux une des raisons pour laquelle la Révolution a échoué. « Les préjugés de nos croyances survivent à la foi », dit-il notamment, et c'est pour partie ce qui a empêché les Français de comprendre l'importance des révolutions religieuses du moment de la Réforme. La loi ne peut à elle seule mettre fin aux conséquences des croyances pour une nation. Le risque est grand de rétablir sous d'autres noms la « tyrannie spirituelle » quand on n'a pas pris la peine de l'analyser ; de faire revivre l'« ancien despotisme » quand on n'a pas su en prendre la mesure. Dans son livre *La Révolution*, Quinet propose des analyses d'une grande pertinence sur tous ces motifs. Il est un des seuls à le faire en France dans ce milieu de siècle. L'oubli de ces positions est, je crois, un symptôme. On a voulu croire que légiférer était suffisant pour résoudre le problème. Autant dire qu'on n'a pas compris ce qui est en jeu dans cette perspective, qu'on n'en a pas pris la mesure.

ME : Que manque l'action législative ? Qu'est-ce qui lui échappe ? Les institutions de l'Église, le clergé ? La question religieuse est à la fois délimitable et indéfinie.

JMR : La question religieuse prend des formes multiples, d'autant plus quand on indique qu'elle est une manière de désigner le champ symbolique. Il suffit de rappeler que nombre de nos institutions se sont formées en empruntant bien des éléments au christianisme ; ce qui s'est joué pendant la Révolution en témoigne abondamment. Ces emprunts multiples ont contribué à infléchir le christianisme dans des directions différentes. En France, ce sont avant tout les historiens – Quinet et Michelet tout particulièrement – qui se préoccupent du devenir de cette institution par excellence, de cette religion profondément marquée par une division. Cela devient un espace où se côtoient des utopies, des rêveries, des fantasmes, des projections de tous ordres. L'époque se prête à ce type d'investissements, elle les appelle même dans un grand mouvement de refondation après la Révolution, dans cette période avide de nouveauté. Certains croient à une régénération de l'intérieur ou à une mutation. D'autres s'interrogent sur un nouage différent entre ce christianisme régénéré et une politique qui trancherait avec l'Ancien Régime. C'est comme si le moment était favorable pour explorer les différentes possibilités dans cette perspective, les énoncer et en faire des objets de rumination. Ce ne sont pas tant des solutions qui sont proposées que des hypothèses qui sont lancées, comme des rêves qui s'énonceraient à haute voix. Temps d'expérimentation pour un problème qui est de première importance et redoutable, car c'est un problème qui affecte la civilisation en son entier.

ME : L'athéisme peut-il trouver sa voie ?

JMR : La question apparaît ici ou là, de manière parcellaire en quelque sorte, très dispersée. Car la question de l'athéisme…

ME : … se pose aussi sous le couvert de l'émancipation et se joint à un projet politique.

JMR : J'ai le sentiment, sans pouvoir évidemment trancher, que dans la formation culturelle française, la question de l'athéisme prend plusieurs formes : soit dépassement du christianisme, soit une sorte d'autodissolution du christianisme, soit encore des formes de négation frontale. Une des difficultés tient au fait que, depuis la Réforme, le statut de la religion s'est modifié, qu'elle est toujours, à un titre ou à un autre, partie prenante d'une politique, qu'il y a une sorte de va-et-vient entre ces deux domaines qui les rend souvent indistincts. J'ai le souvenir d'un texte du jeune Jaurès qui prend appui sur le christianisme, très explicitement. Autrement dit, certaines formes de socialisme, à la fin du XIXe siècle et peut-être au-delà, se constituent par emprunt au christianisme.

ME : Ce qui soulèvera des difficultés de part et d'autre.

JMR : Façon de dire que, pour le moins, cette histoire laisse des marques. Hypothèse que je fais à ce propos : en France, on connaît périodiquement des mouvements violents incontrôlables, des embryons de guerre civile, depuis la Réforme. *Cela est peut-être analogue à ce qui a lieu à l'intérieur même du christianisme* : des tentatives de contestation, des mouvements tout aussi incontrôlés qui prennent des formes variées, des excès doctrinaires. Une politique imprégnée par divers modes de théologie, ne parvenant pas à s'en séparer ; une religion qui ne peut méconnaître qu'elle contribue à mettre en commun et à rassembler. Chaque domaine empiète sur l'autre, tend parfois à se confondre pour partie avec lui – ou à lui ressembler. Les changements politiques sont des modifications symboliques de grande ampleur. À chaque fois, on a une sorte d'impureté, si je puis parler ainsi. Le christianisme n'est jamais dans un rapport pur, transparent, à ce qu'il côtoie ou à ce qu'il suscite, à ce qui l'accompagne, en tout cas depuis le début du XIXe siècle. En France, il est happé soit par des mouvements d'orthodoxie, soit par des mouvements de décentrement non dénués de virulence.

ME : Le décentrement vers la question sociale serait au XIXe siècle la voie la plus empruntée sans être unique et unitaire.

JMR : Le XIXe siècle parfois n'a fait qu'accentuer cette dispersion, que multiplier, en quelque sorte expérimentalement, ce qu'on pourrait appeler les différentes possibilités du christianisme ; grand attentat à l'unité bien sûr, parfois revendiqué comme tel, parfois à l'insu de ceux qui y participent. La plupart des penseurs de l'époque s'inscrivent dans cette mouvance. Saint-Simon, Lamennais, Pierre Leroux, Victor Hugo, pour prendre quelques noms. Mais il y en a bien d'autres à l'évidence. À la fin du siècle, Léon Bloy qui se préoccupe de la question de l'argent et de la pauvreté, avec une violence surprenante dans ce milieu en général assez feutré. Théologie et politique à nouveau quasi inséparables, se montrant en tout cas à chaque fois dans une réelle proximité, selon des modalités souvent déconcertantes. Cela passe parfois, dans ce même moment, par des postures que je crois paradoxales.

ME : Quelles sont-elles ?

JMR : La plus fréquente, à mon sens, traverse tout le siècle et déborde d'ailleurs sur le suivant. C'est celle qui a le plus d'envergure et qui fait donc amplement question. Elle consiste à affirmer, et à prouver par divers biais qu'on invente pour la circonstance, qu'il y a *une véritable continuité entre la Grèce ancienne*, celle des tragiques notamment, mais aussi celle des philosophes, *et le christianisme*.

ME : Un « gréco-christianisme » assez étrange se trouve promu.

JMR : Étrange, mais se retrouvant chez bon nombre de penseurs ou d'écrivains. L'opération consiste à rapprocher les deux moments, sur un mode qui se veut thématique, parfois même textuel ou simplement analogique. D'un côté, le monde grec considéré comme le berceau de la civilisation et, de l'autre, le christianisme pris en bloc. Il s'agit à chaque fois de montrer qu'on reste dans la même dimension, qu'on est dans la permanence. Les valeurs qui étaient celles de la Grèce ancienne sont passées comme telles, veut-on croire, dans le christianisme : ce serait le postulat d'une continuité quasi parfaite entre les deux mondes. Mais il y a autre chose sur quoi on insiste davantage : certains textes grecs sont à lire comme étant la *préfiguration* du christianisme. Cette religion est annoncée, comme prophétisée diront même certains, par quelques auteurs de l'Antiquité grecque.

ME : Ce qui revient à la traduction fait retour. Le rôle joué par certains interprètes et traducteurs de Sophocle est à vos yeux tout sauf négligeable.

JMR : C'est le terme de l'opération, le moins visible. La traduction participe évidemment de plein droit à cette opération d'appropriation : on s'empare de morceaux de textes grecs, on les adapte en les traduisant, on les restitue de telle manière qu'ils paraissent fortement imprégnés de christianisme, comme s'ils provenaient de ce monde tout naturellement. Il me semble que cela prend une importance considérable en France, depuis le XIXe siècle, sans doute plus qu'en Allemagne.

ME : Le rapprochement entre la Grèce antique et le christianisme serait une particularité du catholicisme français ?

JMR : Je ne sais pas si c'est une particularité du catholicisme français, tant ce processus est répandu à cette époque. Les protestants ne sont pas en reste dans cette opération. On a le sentiment que cela devient une sorte de lieu commun de la pensée du moment. D'autant plus qu'on donne une sorte de légitimité à ces rapprochements en disant haut et fort qu'il s'agit d'un problème de civilisation. La traduction est évidemment requise dans cette perspective et elle contribue fréquemment à arrondir les angles, à rendre ainsi crédibles de telles proximités. La même démarche se retrouve dans la suite. L'opération se poursuit chez des gens très différents : j'ai été surpris de voir des énoncés presque semblables chez Simone Weil, en pleine guerre et chez Brasillach, dans la préface de son *Anthologie de la poésie grecque*, un livre qui paraît lui aussi en pleine guerre. Il faudrait s'interroger, au-delà de ces deux références, sur l'usage qui est fait, pendant la dernière guerre, des études grecques ainsi que des études latines. Le régime de Vichy a favorisé un mouvement en ce sens. Est-il besoin de préciser que l'interprétation qui est alors dominante du monde grec comme du monde latin n'est pas neutre d'un point de vue idéologique, n'est pas dénuée d'arrière-pensées ?

ME : Dans la relation de la Grèce ancienne au christianisme, l'enjeu ou la conséquence, ici encore, est la mise à l'écart du judaïsme.

JMR : C'est le judaïsme qui se trouve exclus de cette histoire par un tel biais. On a donc un christianisme triomphant, et ce d'autant plus qu'il a une histoire bien antérieure, qu'il est en continuité avec ce qu'il y a de meilleur – ce qu'on pense être tel – dans le monde grec. Il n'y a donc aucune rupture, mais des affinités profondes entre l'univers grec et le monde chrétien, l'un ne cessant de relever l'autre, de l'améliorer. C'est une relation en miroir qui a des effets sur le plan symbolique autant que sur le plan politique. On sait que dans certains moments troublés de notre histoire, le monde grec a pu servir d'alibi pour des opérations politiquement extrêmement douteuses ; à coup d'interprétations forcées évidemment, d'enjolivements et d'autres actions du même genre. C'est une sorte de grand symptôme pour une société. De ce qu'elle pense être, des fantasmes qu'elle construit, des projections où elle s'admire, et ainsi de suite. Ces êtres lointains que sont les Grecs ont mis en place des valeurs quasi chrétiennes. Ce qui signifie que le christianisme est l'accomplissement par excellence, le grand mode de développement de la civilisation.

ME : Jean Grosjean traduit le dernier vers *d'Œdipe à Colone* par « Tout est accompli ». Je ne sais pas si vous y pensiez.

JMR : Bien sûr. Effectivement, il y a cette traduction de Grosjean et d'autres que j'avais repérée du dernier vers d'*Œdipe à Colone*, « Tout est accompli ».

ME : Jean Grosjean est un poète croyant et catholique.

JMR : On dirait qu'il ne dément pas ce qu'il est en traduisant. Mais on peut ajouter qu'une telle traduction va dans le sens de ce que j'indiquais : il n'y a pas de rupture entre la tragédie grecque et la Passion du Christ. Le dernier vers du cycle de l'histoire d'Œdipe est donné comme étant l'équivalent de la parole du Christ en croix mourant : « Maintenant, tout est accompli » ; tout ce qui était écrit se trouve maintenant réalisé : c'est le prototype de la grande idée du christianisme, l'accomplissement de ce qui était annoncé. Si je puis dire, le tour est joué par une simple traduction qui a, en outre, l'avantage de bien sonner. Le côté rocailleux du grec a disparu au profit de cette phrase euphonique. L'histoire terrible d'Œdipe se termine précisément comme celle du Christ. Et la conséquence la plus massive de cette traduction, c'est évidemment l'exclusion des Écritures juives : une opération qui est faite en douceur, et qui se répète d'un auteur à l'autre sans difficulté apparente. On peut se demander par ailleurs si cette appropriation des Grecs n'est pas, dans certains cas, une manière de conforter en fait l'hérésie de Marcion, d'en tirer certaines conséquences qui donnent une légitimité forte au christianisme lui-même. Il devient, en effet, la forme par excellence de la civilisation. Les hérésies ont souvent en Occident des destins surprenants, parfois très longtemps après leur apparition ; celle de Marcion est parfaitement exemplaire de ce point de vue.

ME : Le marcionisme sépare les Testaments.

JMR : On sépare les Testaments, violemment, pour faire comprendre une fois pour toutes qu'il y a un Dieu bon et un Dieu mauvais. Le manichéisme et tout ce qui s'y apparente trouvent facilement preneur, on le sait. Il est frappant de voir qu'il y a, entre 1850 et disons 1950, en France comme en Allemagne, un grand retour à Marcion, une nécessité de séparer un Dieu bon d'un Dieu mauvais, en laissant entendre que ce dernier est lointain et qu'il n'y a donc rien à en espérer, alors que l'autre, plus récent, est le commencement de notre histoire, et qu'il est le seul qu'il faut retenir. La référence au monde juif disparaît ainsi plus facilement. Un tel mouvement est, à mon sens, une manière de rejouer autre chose : ce qu'on appelle le « *verus Israël* ». Dans les premiers siècles du christianisme, certains théologiens cherchent à montrer que le « véritable Israël », ce ne sont pas les Juifs, comme ils prétendent l'être, mais c'est le christianisme lui-même, c'est l'Église elle-même. Pour parvenir à une telle position, on intervertit les temps et, par des jeux de langage et des opérations logiques de mauvais aloi, on montre par exemple que Moïse, dans telle action est juif, mais dans telle autre est *déjà chrétien*. Ce thème du « déjà chrétien » est absolument crucial dans la configuration française de ce moment. La démarche se répète à l'identique pour bon nombre d'épisodes des Écritures juives. On fait surgir en elles ce qu'on déclare être identique ou analogue au christianisme et on renforce cela en le désignant comme « déjà chrétien ». La rhétorique prête la main à de telles opérations, mais aussi un thématisme affiché, sans aucun principe. Une affirmation s'impose ici : seul le christianisme est l'authentique Israël.

ME : Cette reconfiguration ne se réfère pas à une révélation. Elle paraît consister en la découverte ou la réhabilitation d'un présent théologique déjà là. L'opération est-elle menée de façon délibérée ?

JMR : Je parlerais plutôt de *fabrication* pour des fins bien précises, et en grande partie avouées. Il est difficile de dire si ces opérations sont effectuées ou non en pleine connaissance de cause. On sait que la défense d'une Cause conduit souvent à des gestes de cette nature, ou d'autres analogues. Faire croire est, dans bien des circonstances, une façon de s'assurer qu'il faut croire. J'ai le sentiment, mais ce serait à vérifier, que cela prend un essor considérable au milieu du XIXe siècle. Le XVIe siècle avait essayé de bricoler des choses de même espèce. C'est aussi, on peut le noter, le grand moment de la traduction en quelque sorte systématique des principaux textes du monde grec.

ME : En Allemagne et en France.

JMR : Exactement, mais le cas de l'Allemagne est assez différent. Il faudrait notamment revenir sur Hölderlin. Cette appropriation a l'avantage de montrer que cet univers grec est entièrement à notre portée et qu'il y a donc un passage facile entre la langue grecque et la langue française classique, pour ne pas dire une continuité de fait. Je crois qu'on pourrait repérer assez facilement, dans les traductions des tragiques grecs de ce moment, un processus de cet ordre.

ME : Le XVIIIe siècle et la Révolution regardent vers la Rome ancienne, le XIXe siècle s'en détourne au profit de la Grèce ancienne. Le tropisme serait-il l'idée de civilisation, et pas encore celle de culture ?

JMR : On s'aperçoit au XIXe siècle que les Grecs ont une place irremplaçable, qu'ils constituent un détour obligé pour formuler ce que doit être la civilisation. Cette appropriation du monde grec est aussi une manière de renouveler, quelle qu'en soit la variante, le christianisme, de lui trouver une autre légitimité. Parler des Grecs dans ce moment, c'est une manière de prendre parti par rapport au christianisme. On pourrait comparer, toutes proportions gardées, Quinet et Hölderlin de ce point de vue, mettre en regard les deux postures. Quinet dit que Prométhée est un Christ avant le Christ ; il a même une formule extraordinaire : on pourrait chercher chez les Grecs, dit-il, « les vestiges du christianisme avant le Christ ». Autre formulation du même genre : « On serait étonné de voir combien de prophéties chrétiennes émanaient de tout le monde païen longtemps avant l'Évangile. »

ME : Quelle atteinte subit la conception du temps, du temps de l'histoire ?

JMR : C'est un grand déni de toute la conception du temps grâce à quelques phrases et à des réflexions de ce genre. Simone Weil, un siècle après, amplifie encore la chose, comme si elle reprenait la démarche de Quinet en la durcissant : avant le Christ, il y a déjà chez les Grecs une abondance de propos qu'on peut considérer comme chrétiens et cela permet d'affirmer une continuité entre le monde des Grecs et celui de la civilisation chrétienne.

ME : Pour ce courant du christianisme, il y a un avant Jésus-Christ qui est déjà un peu chrétien ?

JMR : Il y a des *Intuitions pré-chrétiennes* : on a intitulé ainsi après-guerre un recueil de fragments de Simone Weil. Chez elle, des propos de cette nature se doublent d'un antijudaïsme affiché, explicitement revendiqué, d'une grande violence. Lévinas est, je crois, celui qui a le mieux parlé de cet aspect de sa pensée – sans mâcher ses mots. J'ai le sentiment que des gens comme Edgar Quinet et Simone Weil utilisent toutes les ressources de ce qu'on appelle en théologie la *typologie*.

ME : C'est-à-dire ?

JMR : La typologie, c'est une vieille discipline qui est liée comme structurellement au christianisme. C'est, en bref, l'idée selon laquelle on peut trouver dans l'Ancien Testament des *tupoï*, des esquisses, des figures premières, des premiers coups. *Tupos*, c'est la marque d'un coup, l'empreinte, l'ombre, l'ébauche, l'image – et ainsi de suite. Il s'agit pour la typologie de retrouver dans l'Ancien Testament des choses qui ont à moindre titre tous les caractères d'un être à venir, des préfigurations de ce qui est apparu dans le Nouveau Testament sous une forme pleinement accomplie. Exemple parmi les plus connus : Adam est le *tupos* du Christ, c'est la figure première, l'esquisse ou l'ombre du Dieu qui allait venir pour instaurer la véritable religion. À partir du moment où le Christ est apparu, le *tupos* est nommé en tant que tel, mis à sa place, considéré comme simple préalable de la personne pleinement accomplie qu'est le Christ. Ou encore : un morceau de bois est le *tupos* de la croix de la Passion. C'est évidemment le christianisme qui décrète quels sont les types et ce qu'ils sont : en les nommant pour ce qu'ils sont, on les range forcément sous le signe de l'inaccompli, de l'imperfection, du moindre être – une quasi inexistence en somme. En d'autres termes, la « figure » première est toujours inaccomplie : il a fallu l'accomplissement du christianisme pour que le *tupos* premier trouve son plein emploi, son sens et sa vérité. Le *tupos*, c'est l'ombre de la pleine lumière, l'esquisse d'un achèvement. Cette démarche est pleinement ambiguë : d'un côté, on reconnaît une filiation et, de l'autre, on disqualifie les formes antérieures de l'Ancien Testament, on le met dans une position seconde. On a tout au long du christianisme des variations typologiques de cet ordre ; on n'arrête pas de constituer – ou de nommer – des préalables imparfaits de ce à quoi le christianisme a donné sa perfection. Ce n'est pas une pratique obsolète. Le cardinal Daniélou a consacré une grande partie de son œuvre à la typologie. La traduction latine de *tupos* est *figura*. Le livre d'Auerbach intitulé précisément *Figura* rend compte de ces différents aspects. D'autres aspects de ce même problème sont explorés dans son autre livre, le plus connu, intitulé *Mimésis*. On sait que le terme de « figure » joue un rôle déterminant dans les *Pensées* de Pascal et qu'il pose, à mon sens, des problèmes redoutables d'interprétation : on oscille entre ce sens théologique et une acception d'ordre rhétorique, et c'est ce qui donne une puissance considérable chez Pascal au terme de « figure », comme au croisement de deux disciplines qui ont à peu près le même âge.

ME : Cela a-t-il à voir avec une herméneutique ?

JMR : C'est tout à fait distinct d'une herméneutique. Car il n'y a même pas à interpréter. C'est en quelque sorte toujours déjà donné. D'autant plus que bon nombre de théologiens des premiers siècles ont abondé dans ce sens. Cela semble avoir fait loi en quelque manière pour la suite. Il est difficile d'innover dans cette perspective. Les protestants ont parfois quelque peu brouillé le jeu pendant le XIXe siècle, en étant souvent plus respectueux du texte lui-même, plus soucieux de son interprétation et des principes qui peuvent y présider.

ME : Ces préfigurations du christianisme avant le Christ affectent-elles la conviction religieuse des uns et des autres ?

JMR : Cela se joue d'abord entre les théologiens bien évidemment. Mais, étant donné l'ampleur de cette démarche typologique, cela déborde ce domaine et devient dans certains cas comme un lieu commun. Cela commande, qu'on le veuille ou non, une idée d'ensemble de la culture.

ME : Plus précisément ?

JMR : Je crois que cela commande des manières de dire, des représentations, que cette façon de voir s'immisce dans nos façons d'appréhender le passé – notamment en ce qui concerne les Grecs. J'ai le sentiment que dans bon nombre de traductions de nos classiques grecs, un mouvement de cet ordre est à l'œuvre. Comme si l'Occident s'était en quelque sorte progressivement habitué à ce qu'il n'y ait pas de différence fondamentale entre les Grecs et nous – entendons : nous les chrétiens –, et qu'il y ait par contre un hiatus important entre les Écritures juives et le Nouveau Testament. L'essentiel se mesurerait ainsi toujours à l'aune du christianisme, du catholicisme plus précisément. Le christianisme ainsi défini serait devenu l'interprétant général de cette civilisation.

ME : Comment la théologie peut-elle s'articuler à l'idéologie politique d'une époque ?

JMR : Claude Lefort fait une remarque intéressante à ce propos : Michelet parle de Dieu, dit-il, « pour faire entendre que les hommes sont à jamais affrontés à l'énigme de leur propre histoire ». On pourrait multiplier les remarques en ce sens et étendre le propos en évoquant les noms de Péguy et, pour les Allemands, d'Ernst Bloch, de Benjamin, de Leo Strauss. Sans aucun œcuménisme évidemment, sans nier les différences entre ces penseurs, mais pour seulement suggérer qu'il est difficile de faire l'économie de la théologie au sens large. Ce qui nous a été en quelque sorte légué dans l'après-guerre, ce sont ces différents nouages de théologie et de politique marqués d'une extrême singularité.

ME : Quelle est votre méthode pour discerner, associer, mettre en relation, articuler protestantisme, christianisme, judaïsme et Grèce ancienne ? Pour saisir ce mouvement et ces croisements chez les historiens, dans les ouvrages de théologie ? Quelle est votre méthode ?

JMR : Il n'y a pas de méthode à proprement parler, il faut tout improviser. Cela ne relève pas de la philosophie *stricto sensu* ni encore moins de l'histoire des religions évidemment, ni de quoi que ce soit de déjà constitué. Je crois que là est la difficulté majeure. Je procède par recoupements, en rapprochant par exemple Simone Weil et Quinet, en confrontant les différentes traductions d'un vers d'*Œdipe à Colone* ; ou bien encore, dans un travail à venir, en mettant en regard certains propos de Valéry et ceux de Musil touchant le problème de la croyance. En constatant aussi que, chez des auteurs tout à fait différents, on retrouve des énoncés d'une grande proximité touchant les Grecs, le destin du christianisme ou d'autres objets de même envergure. En mettant l'accent sur ce que je n'ai vu nulle part ailleurs, le « déjà chrétien » envahissant la réflexion et devenant même souvent une opération qui passe inaperçue tellement c'est passé dans les mœurs ; mais les conséquences en sont considérables. Évidemment, il n'y a aucun sens ici à viser une quelconque exhaustivité : je recoupe des textes, je retrouve des énoncés étrangement similaires dans les contextes les plus différents. Une sorte de mémoire inconsciente travaille en quelque sorte à ma place dans certains moments. C'est peut-être le privilège de l'âge.

ME : Ces recoupements dégagent une ample façon de comprendre le XIXe siècle.

JMR : J'essaie d'avancer dans cette direction-là, de voir comment cela imprègne un tissu social, comment quelque chose se retrouve dans les textes, sans qu'on en connaisse la provenance. Une partie de la pensée politique du XXe siècle a trouvé à s'alimenter dans des bribes de théologie. Une certaine forme de marxisme aussi sans doute. Il faut analyser à chaque fois, montrer les mélanges, comprendre les conséquences de ces formes mixtes. Significatif de ce point de vue est l'exemple d'Edgar Quinet : d'un côté, l'opération que j'ai indiquée – Prométhée est « déjà chrétien », il y a des « vestiges du christianisme avant le Christ » – et, d'un autre côté, notamment dans son œuvre la plus importante, le livre qui s'appelle *La Révolution*, il est extrêmement attentif aux survivances de la monarchie dans la république et aux formes de servitude que cela engendre. C'est le même homme qui proclame la belle continuité entre les Grecs et le christianisme et qui, ailleurs, est à même de voir le fonctionnement d'étranges survivances dans la politique républicaine qui deviennent des formes de servitude, de comprendre qu'il y a là ce qu'il appelle des *membres fantômes*.

ME : Qu'il s'agisse de religion ou du crédit, d'économie ou de politique, vos développements croisent la question de l'oubli et lui reconnaissent une réalité qui n'est pas celle du membre fantôme.

JMR : Oui, à la condition de préciser que le terme d'« oubli » a plusieurs acceptions et qu'il ne prend pas le même sens selon les lieux où un tel processus opère, selon les sujets chez qui il advient – et ainsi de suite. Il suffit d'ouvrir le dictionnaire pour voir cette diversité. Je rappelle aussi le constat fait par Michelet : ce ne sont pas seulement les individus qui s'oublient eux-mêmes, ce sont parfois les peuples. L'oubli est un terme commode pour regrouper, de manière quelque peu arbitraire, des situations extrêmement différentes et des contextes sans grand rapport. Une fois indiqué qu'un processus de cette espèce est à l'œuvre, le travail d'analyse commence. C'est, en général, le moment où ce terme perd ce qu'on croyait être son unité – ou sa pertinence.

ME : L'oubli n'est jamais le même. Il résiste à une description comme à une analyse univoque..

JMR : Il faut reconnaître qu'il y a de l'oubli ici et là, pour ensuite engager des analyses qui conviennent à un domaine spécifique et préciser les enjeux. On s'aperçoit qu'il faut souvent remplacer ce mot par trop commode par des termes équivalents, des synonymes ou même des périphrases qu'on est amené à inventer pour les besoins de l'analyse. Je reprends à ce propos ce que dit Nietzsche du « châtiment » dans la deuxième dissertation de la *Généalogie de la morale.* Il distingue ce qu'il y a de relativement durable dans l'usage de ce processus *et* ce qui est fluide, le sens, le but, l'attente des procédures mises en œuvre. Parmi bien d'autres, l'exemple de l'économie est significatif. Galbraith a montré qu'on n'y tient pas compte de ce qui s'est passé et que l'oubli est comme la condition pour que le discours puisse continuer dans cette perspective, pour que des pratiques dangereuses puissent persister.

ME : En économie, l'oubli est-il imputable aux personnes ou à la discipline ? Parle-t-on de l'oubli « dans » la pensée économique ou « de » la pensée économique ?

JMR : Je dirais qu'il est imputable aux deux. Au sens où c'est une discipline mouvante qui emprunte bon nombre de ses instruments au politique, une discipline dont les limites sont donc très fluctuantes. L'oubli touche ce qui pourrait sembler de l'ordre d'un acquis, et porte avant tout sur les expériences les plus malheureuses, les plus négatives. Comme si ces petits accidents – qui sont parfois très conséquents – n'entamaient en rien une démarche plus générale et plus globale. Ce qui fait que l'économie connaît un temps haché, oublieux, qui vit de la mise à l'écart d'un certain nombre de choses. C'est tout sauf un temps linéaire, comme on voudrait le faire croire, tout sauf le temps d'un progrès uniforme ou linéaire. Mais ce sont aussi des sujets qui sont ici partie prenante et qui tiennent à oublier ou sont contraints de le faire pour que la machine puisse tourner, pour écarter ce qui est dérangeant ou ce qui n'entre pas dans les schémas préalables, pour qu'on puisse croire qu'il n'y a pas de temps mort.

ME : Le temps de l'économie, dites-vous, est un temps haché. Les économistes parlent aussi de cycles.

JMR : Effectivement, il y a des théories qui essayent de réguler le temps économique en y introduisant des cycles. À y regarder de près, ce sont de grandes spéculations en général démenties par les faits. Galbraith montre bien les différentes formes d'aveuglement qui sont fréquemment à l'œuvre dans les théories économiques. Il laisse entendre également que, dans ce domaine, c'est le fait théorique lui-même qui peut faire question. Au point qu'on est en droit de se demander à ce propos en quoi consiste le réel, de quelle définition il relève et s'il est à même de se plier à des vues d'ensemble. Question élémentaire dans cette perspective : ce qu'on nomme réalité, n'est-ce pas avant tout un effet de croyances, la conséquence d'un certain faire-croire ? Tout porte à penser qu'il y a, dans cette discipline tout particulièrement, des formes de confiance sans aucun fondement, des promesses sans garantie, des rêveries qui se font passer pour de la théorie ou pour de la science – et bien d'autres ingrédients de la même espèce. Le réel de l'économie ne va plus de soi aujourd'hui ; c'est à coup sûr l'effet d'une histoire faite de négligences et d'oublis multiples, la conséquence de choix politiques – de ce qu'on suppose être tels, ce qu'on veut croire de cet ordre.

ME : La croissance fulgurante connue depuis 40 ou 50 ans aveugle. Nous avons oublié que, mesuré à l'échelle de deux ou trois siècles, le rythme « normal » de la croissance économique est lent.

JMR : On ne veut plus aujourd'hui qu'il y ait de la lenteur dans les opérations financières. On préfère évidemment le rêve d'un temps qui serait tout entier dans l'accroissement, qui suivrait une courbe exponentielle. Grand rêve que le XIXe siècle a caressé, qu'il a constitué même et sur lequel il a beaucoup misé, dans tous les domaines et dans celui de l'économie notamment. Les formes de maîtrise qu'on pense pouvoir introduire dans ces matières sont totalement illusoires et relèvent d'une fantasmatique. On est dans un monde où l'appel à l'avenir est déterminant, sous toutes les formes possibles ; et la confiance, évidemment, est une des formes par excellence de ce processus, avec toutes ces phrases qu'on entend depuis des décennies à son propos : elle revient, il suffit d'attendre, elle sera là demain. Il y a usure de ces nombreux discours qui cherchent à faire autorité par des biais aussi rudimentaires. Ce qui n'empêche pas qu'on y ait recours de manière continue.

ME : Deux temporalités hétérogènes se conjuguent, le temps long de l'histoire, de la théologie, et le présent véloce de l'économiste.

JMR : Le paradoxe est qu'on introduit de la durée dans une perspective où l'intervention doit être extrêmement rapide, où on ne cesse de hacher le temps et de le découper. Comme si on comptait sur l'avenir pour venir colmater ces hiatus, pour combler les fossés qu'on produit par les opérations financières. L'oubli est légion. Dès qu'on évoque un processus d'oubli, on se doit de poursuivre l'analyse, on ne peut en rester au strict constat. On est comme poussé dans un questionnement généalogique. Nommer l'oubli est le premier pas d'une démarche qui exige, pour être poursuivie, une détermination certaine.

ME : Du point de vue de la théologie, qu'est-ce qui est oublié ?

JMR : Ce qui est passé sous silence, ce sont les commencements, le moment de la fondation. J'ai rappelé les termes d'un débat qui occupe les théologiens aujourd'hui encore : qui est le véritable créateur du christianisme, saint Paul ou le Christ ?

ME : Comment la fondation se rapporte-t-elle à l'oubli ?

JMR : Il y a effectivement une violence qui affleure chez Paul, et ce n'est pas un hasard si cela a été repris sur un terrain politique, tout particulièrement au XIXe siècle. Il y a une violence de fait puisqu'il s'agit de détrôner une institution en voie de formation, de venir occuper sa place et de donner une valeur absolue à ce qui est instauré sur ce mode. La violence fondatrice est comme destinée à occulter ce qu'elle fait ; elle produit forcément de l'oubli ou de l'amnésie. Mais on ne peut jamais totalement effacer le lieu où une opération de ce genre se produit, on ne peut jamais passer totalement sous silence l'opération de remplacement, le processus de substitution. Il y a ici ou là des restes ou des indices. C'est vraisemblablement dans cette perspective que se forge, en partie au moins, un modèle d'autorité qui trouve à s'employer tant sur le terrain religieux que dans le champ politique.

ME : Le mot « autorité » fait songer à quelques injonctions, par exemple à celle du président Pompidou. Vous analysez la modalité selon laquelle le président de la République enjoint, à propos du cas Touvier, d'oublier le passé vichyste de la France. Son successeur, Valéry Giscard d'Estaing, déclare qu'on ne doit plus commémorer le 8 mai 1945 car, selon lui, ce qui est en jeu c'est « l'avenir» : « Il est temps d'ouvrir la voie de l'avenir. » Une autorité, le Président de la République, prescrit. A-t-on affaire à une conception fonctionnaliste de l'oubli ?

JMR : C'est là un problème de première importance qui réapparaît à certaines époques, celles, dirait-on vite, dans lesquelles le trouble est à son comble. Disant cela, je pense au travail remarquable de Nicole Loraux sur les rapports entre l'amnistie et l'amnésie en Grèce. Les hypothèses qu'elle forge peuvent être reprises pour d'autres moments, pour des contextes bien différents.

ME : L'oubli regarde vers l'amnistie, le pardon, la réconciliation. Tout un spectre de valeurs et de problèmes récurrents.

JMR : Tout un *spectre*, en effet, dont on peut dire à première vue qu'il est récurrent sous des formes presque identiques, mais qu'il faut aussi analyser à chaque fois : les enjeux sont différents et les formes singulières. J'ai travaillé sur la phrase fameuse de Pompidou : « Le moment n'est-il pas venu d'oublier ces temps où les Français ne s'aimaient pas ? », à propos de l'affaire Touvier, au début des années 1970. C'est une sorte d'injonction qui vient prôner une réconciliation générale, sans aucune construction auxiliaire, sans aucune justification. On est dans la perspective d'un pouvoir qui tient à amnistier un ensemble de crimes très graves, c'est-à-dire faire comme si la chose même n'avait pas existé. C'est l'exercice d'une parole souveraine qui vient décider pour tous de ce qu'il convient d'oublier. La plus haute autorité de l'État décide en somme qu'il y a un temps qui n'a plus lieu d'être. Grand usage d'une *question rhétorique*, d'une interrogation feinte dans laquelle la réponse est déjà quasiment dans la question. Pompidou était, on le sait, un grammairien.

ME : L'intervention est politique au sens le plus commun.

JMR : L'autorité parle, s'adresse à tous, en voulant produire au plus vite une réconciliation générale, *c'est-à-dire une amnistie.* Décision solitaire dont les motivations sont évidemment politiciennes. Autant dire une opération qui veut oublier la politique elle-même et faire comme si le cours des choses, le temps donc, pouvait tout régler. C'est comme une thérapeutique sociale à bien peu de frais. Il y faut des formules vagues, comme « les Français ne s'aimaient pas ». Le propos reste indéterminé, comme l'ensemble du discours. On ne dit pas pour quelles raisons les Français « ne s'aimaient pas », ni les effets de cette absence d'amour. Rien n'est rappelé du contexte de cette histoire. On est en quelque sorte dans le feuilleton ; alors que c'est précisément à ce moment que sort le film d'Ophüls, *Le Chagrin et la Pitié*, et que sont traduits les premiers travaux de Paxton sur Vichy.

ME : Pourquoi tant d'imprécision ?

JMR : Valéry a montré le rôle crucial de ce qu'il appelle les « choses vagues », notamment dans le champ politique. Pompidou se déplace à l'évidence sur un tel terrain, en tire parti dans cette intervention. Il préconise l'oubli, dirait-on, en vue d'évacuer l'ensemble du problème. Le président de la République vient décider seul qu'il doit y avoir réconciliation, sans nommer en tant que tel le différend, comme s'il croyait ou voulait faire croire à l'efficacité magique de sa parole. Ce terme d'*amour* est pour le moins déplacé dans un tel contexte ; il semble renvoyer à une simple brouille de famille ou à quelque chose de cet ordre. On introduit par là un élément sentimental, assez fade en outre, là où il faudrait parler politique.

ME : Se glisse aussi une connotation religieuse.

JMR : Il y a également une connotation religieuse évidemment : « Aimez-vous… les uns les autres. » On fait ainsi appel au verbe *aimer*, sans aucunement considérer qu'il y a là un fragment d'histoire très spécifique à la France. Ce qui m'a intéressé, c'est toute cette configuration, c'est-à-dire un oubli qui devient quasiment un ordre, une sorte d'injonction du souverain sans autre argument que l'unité de la nation : mythe d'une unité se recomposant grâce aux seules paroles du souverain. Et les quelques phrases que Pompidou prononce à la suite sont d'une grande pauvreté. Son évocation de la guerre parle d'« occupation » sans dire de qui est le fait ; il en va de même pour la « Libération ». Grossier schéma de l'histoire qui a pour effet de permettre ou de renforcer une certaine forme d'oubli.

ME : Est-ce une facilité d'exposition ou est-ce que le président de la République est sûr que les Français savent ce qu'il évoque à demi-mots ?

JMR : Le paradoxe, c'est qu'on est précisément au moment où toute cette histoire est en train de s'écrire et de s'éclaircir, où il y a de divers côtés des travaux très consistants d'historiens, en particulier américains, qui viennent modifier peu à peu l'image qu'on pouvait avoir de la guerre et de l'après-guerre. C'est le moment où Pompidou donne une représentation de l'histoire ridicule, et proprement scandaleuse : il y a eu un avant et il y a un après.

ME : L'énumération est quasiment arithmétique.

JMR : Exactement. Il y a ceci, et puis cela. Une temporalité réduite à sa forme la plus caricaturale. Il y a eu d'abord l'occupation, et puis après la Libération, comme si ces deux événements n'avaient pas de rapport, n'étaient aucunement liés. Donc un schéma caricatural du temps qui permet à Pompidou d'enjoindre l'oubli. On nous sert une histoire à ce point contrefaite qu'elle paraît exiger qu'on tourne rapidement la page, qu'on n'y pense plus du tout. Ce qui m'a frappé en travaillant sur ces énoncés, c'est qu'au moment de l'affaire Dreyfus, on a exactement la même chose, le même type d'injonction à l'oubli. C'est une vieille histoire qui trouve ainsi à se prolonger après-guerre. Il y a une filiation de ce type d'énoncés dans le domaine français. C'est comme un pli de très longue date, une habitude de langage qui revient tout naturellement quand cela paraît nécessaire.

ME : Comment comprendre que le président Pompidou réitère, à son insu peut-être, un processus déjà mis en œuvre au moment de l'affaire Dreyfus ? À quelle nécessité ou à quel « inconscient » cela obéirait-il ?

JMR : Il est difficile de trancher. Ce que je peux remarquer, c'est qu'il y a là quelque chose qu'on retrouve à plusieurs moments de l'histoire de France, depuis le XVIe siècle, les guerres de religion précisément. L'édit de Nantes demande que « la mémoire des choses passées demeure éteinte et assoupie, comme de chose non advenue », et qu'il ne soit permis à personne d'en faire mention. On évoque ainsi la nécessité de retrancher un moment de l'histoire. La Révocation de l'édit de Nantes demande d'« effacer entièrement la mémoire des troubles » et, à propos des différents articles de l'édit de Nantes, dit : « Nous les déclarons nuls et comme non advenus. » Le mot d'ordre de Louis XVIII, au moment de son retour au pouvoir, est « Union et oubli ». On ne peut pas sur ce terrain être plus clair. Le général de Gallifet, ministre de la Guerre pendant l'affaire Dreyfus, dit en s'adressant à l'armée : « Je vous demande et, s'il était besoin, je vous ordonnerai d'oublier ce passé... » À plusieurs siècles de distance, dans des situations analogues, on trouve des phrases organisées de la même façon, produites par un souverain qui parle pour tous et qui enjoint de faire comme si tel moment n'avait pas existé. Étrange fantasme de vouloir retrancher ainsi un moment de la temporalité sociale et de devoir, si je puis dire, faire des raccords dans le temps lui-même, lui conférer une unité imaginaire grâce à quelques phrases. Ce sont là, dans chaque cas, des calculs politiques ou stratégiques – on hésite entre les deux perspectives. *L'unité à tout prix* en somme, proclamée selon un mode quasi idyllique, devenue un programme, comme pour faire oublier qu'on mise avant tout sur l'oubli pour l'obtenir. C'est faire comme si on pouvait une bonne fois...

ME : ... extirper ?

JMR : Oui, extirper tout ce qui a trait à une politique, supprimer magiquement les oppositions, rendre inexistant un certain réel et prôner par là même, sans autre précaution, la réconciliation pure et simple. Bizarre utopie dans ces moments particulièrement conflictuels, allant dans le sens d'un peuple entièrement uni, d'une sorte d'amour généralisé. Il y a là, je crois, une forte connotation totalitaire dans de tels propos : c'est le rêve de faire le bonheur de tous et d'abolir les différends grâce à quelques énoncés bien tournés, de créer un espace sans aucune conflictualité où l'amour régnerait sans partage. Ce serait la rhétorique prenant définitivement le pas sur la politique, celle-ci devenant obsolète par la grâce de quelques phrases.

ME : Comme s'il était au pouvoir de la phrase, au pouvoir de la rhétorique de trier dans l'histoire.

JMR : Le recours à la rhétorique et au pouvoir des phrases est constant. On a souvent l'impression que de vieilles histoires grecques ou latines sont racontées à nouveau, avec des termes un peu différents pour les adapter aux formes modernes : les mêmes recettes, les mêmes ficelles, des mécanismes analogues pour soustraire la partie du temps qui fait question. On y joint à l'occasion quelques éléments d'allure religieuse – c'est-à-dire avant tout chrétiens – qui ont toute chance de trouver preneur tant ils sont fades et sans contenu effectif. On promet l'unité sur un mode abstrait, sans jamais énoncer le prix ou les conditions de sa réalisation. On parie sans doute aussi sur le fait que l'usage de phrases analogues, prononcées dans des conditions semblables, a été lui aussi oublié dans le passé.

ME : Comment dissocier l'autorité de la phrase de la personne qui la prononce et de la fonction qui permet de la prononcer ?

JMR : C'est bien entendu là que réside la plus grande difficulté. Je dirais qu'il faut *dresser* l'oreille pour tous les propos et toutes les phrases qu'une autorité est à même de produire, notamment quand se profilent des gestes de l'ordre d'un replâtrage, après une guerre et, plus encore, après ce qu'on nomme une « guerre civile ». Il faut diriger son attention sur la structure des énoncés *et* apprendre à écouter ce qui n'est pas dit explicitement, ce qui est présupposé, se tourner résolument vers ce qui fait question *et* s'exercer à entendre d'éventuels silences. Cela exige, je crois, un pas conséquent à l'écart des idéologies du moment. Autant dire qu'une écoute de cette espèce est, en général, *le fait d'individus* bien plutôt que de corps constitués ou d'institutions. Il y a, pour le dire vite, une surdité des ensembles établis ou des grands corps qui semblent être plus à l'aise dans les diverses modalités d'oubli ou d'amnésie qu'on connaît dans l'histoire, qui en vivent même. Voyez donc ces individus : Charles Péguy après l'affaire Dreyfus, Jean Améry ou Gunther Anders peu après la « dernière guerre ». Aucune institution n'a tenu à prendre le relais de leurs propos, aucun parti politique n'a été à la hauteur de ce qu'ils ont tenu à dire fortement. Il faut s'interroger sur un tel décalage, sur cette absence de suite, sur la solitude de ceux qui sont dans une telle position. Autant de voix qui vont à contre-courant et ont donc bien peu de chances d'être amplifiées par le corps social, de trouver un quelconque écho parmi les contemporains ; autant de propos qui ne survivent que grâce aux textes, qu'à la condition d'être repris, commentés, glosés. De la vertu des livres.

ME : De quel coût politique et éthique s'accompagne l'oubli ?

JMR : Sans jeu de mot, ce qui est un coup de poker de la part du pouvoir a, bien évidemment, un coût politique et éthique. En déclarant l'oubli – l'amnistie ou l'amnésie –, le pouvoir s'engage dans des opérations à court terme en cherchant, par tous les moyens, à minimiser les dégâts ; on pare au plus pressé en voulant croire que le temps viendra rapidement au secours de cette politique. Cela peut ressembler parfois étrangement à ce qui se passe dans le domaine économique. Demain montrera qu'on avait raison et qu'il fallait donc miser comme on l'a fait : c'est en quelque sorte le « raisonnement » qui est à l'œuvre dans ce genre de circonstances. Ou bien : demain on aura oublié ce qui aujourd'hui est une entrave. Le recours au futur est fréquemment une forme d'oubli efficace, est un appel à l'oubli qui a, si l'on peut dire, ses lettres de noblesse, qui entre en tout cas dans les habitudes.

ME : L'oubli écarte ce que le politique peine à obtenir : le pardon, la réconciliation. L'oubli est-il une commodité ?

JMR : C'est une commodité, en plus d'une stratégie ; c'est en principe rapide, c'est voulu tel en tout cas. On passe à autre chose, on tourne la page. On cherche à agir comme sur le terrain de la finance où l'amnésie est une pratique devenue courante. C'est une économie formidable, à première vue au moins, et cela peut s'énoncer avec des phrases bien connues, toutes faites, compréhensibles par tous. Mais on a toute raison de penser qu'en procédant de cette façon, on contribue à aggraver le mal premier ou on le traite sur un mode purement imaginaire, on le redouble en quelque sorte. Il a fallu du temps pour qu'en France on commence à parler véritablement des camps de concentration et de la destruction des Juifs. Après-guerre, on disait seulement les « déportés » : c'était un nom générique qui avait *l'avantage*, si l'on peut ainsi dire, *de ne pas évoquer ce qui s'était passé* dans les camps allemands de la mort. Étrange pudeur. On restait dans l'imprécision tout en croyant rappeler les événements récents et leur rendre justice. Dire « les déportés » revenait à indiquer de loin l'événement et en même temps à l'amoindrir considérablement, à tout aligner sur le moins dérangeant, dans une perspective qui désamorçait et neutralisait ce qu'on croyait évoquer. Il y a des euphémismes qui ont la vie dure, qui ont manifestement une utilité sociale considérable – et pour longtemps même. C'est resté ainsi pendant plus de quinze ans.

ME : Jusqu'au début des années 1960.

JMR : Au début des années 1960 en effet. Il a fallu aussi la fin de la guerre d'Algérie pour qu'étrangement, quelque chose se remette aussi en mouvement de ce côté-là, pour qu'on se mette à y regarder de plus près et qu'on modifie quelque peu les façons de nommer et de raconter cet ensemble d'événements.

ME : Peut-on désobéir à l'oubli ?

JMR : Bien entendu. Vous voulez dire, positivement ?

ME : Oui.

JMR : Oui, on peut enfreindre l'oubli, chercher à s'en dégager, refuser l'évidence commune. Cela implique de *ne pas croire* le discours ambiant, celui qui a prévalu entre 1945 et le début de ces années, de *ne pas adhérer* aux discours de la reconstruction qui avaient cours dans cette période. Très souvent, ce sont des positions individuelles qui ont permis non pas de sortir de l'oubli, mais de mettre le doigt sur le fait qu'il y a eu oubli justement. Le premier pas, et le plus difficile, celui qui rencontre le plus d'obstacles et d'embûches de tous ordres, est précisément de cet ordre. Le faire-croire déployé par les grands corps constitués et les partis politiques est redoutablement efficace de ce point de vue. Il fait facilement consensus et sait se faire accepter, notamment dans les circonstances les plus graves. Les raisons pour qu'il en soit ainsi sont simples et à portée de main. *Il n'est pas bon pour le corps social que des questions par trop insistantes se maintiennent* ; il n'est pas souhaitable qu'il laisse se répandre des interrogations qui ne se soucient manifestement pas de l'unité.

ME : Est-ce que l'oubli tel que vous l'analysez s'accompagne d'un énoncé implicite tel que : « Il y a droit et devoir d'oublier » ?

JMR : Il faudrait creuser cette expression d'« énoncé implicite » dans ce contexte, montrer qu'il y a, dans ces perspectives, ce qu'on peut appeler des *injonctions implicites.* Il faudrait se demander sous quelles formes peut intervenir, dans le débat public, un « devoir d'oublier », s'il est un équivalent de ce qu'on appelle le « devoir de mémoire » et, plus encore, s'il est bâti sur les mêmes apories. Rien ne dit qu'il soit possible en tant que tel. Ce pourrait être d'ailleurs un travail qui porterait sur les formes de la souveraineté moderne et, plus précisément, sur celle qui revient à un président de la République, cet homme à même de décréter certaines choses dans cette direction.

ME : Le président de la République est aussi nommé « chef de l'État ».

JMR : Un chef de l'État qui a des prérogatives très fortes, qu'on peut considérer comme étant encore une sorte de privilège de droit divin. Il y a aussi le fait que, pour des raisons historiques difficiles à analyser, la parole d'État peut avoir une force insoupçonnée. Les individus qui ont déclenché la polémique sur les phrases de Pompidou – très violente et parfaitement légitime – étaient des sujets qui parlaient *non pas au nom d'un parti* ou d'une organisation partisane, mais en leur nom propre, en raison du lien qu'ils avaient eu avec les événements en question, et décidés à ce que l'oubli ne prenne pas le pas sur ce moment crucial de l'histoire française. Cela évoque pour moi la position de Péguy au moment où, de tous les côtés, chez nombre de ses amis socialistes notamment, on veut terminer l'affaire Dreyfus, c'est-à-dire en finir avec elle, la classer, l'inscrire une bonne fois dans l'histoire, en somme s'en défaire. Il s'en prend à une politique à court terme qui s'aveugle sur l'importance et le poids de l'événement, qui ne tient pas à se laisser troubler par une chose de cet ordre. C'est la raison principale de la virulence qu'on lui connaît, et de *l'insistance à ne pas finir* ; c'est le sens de ces phrases interminables, étonnamment construites, qui n'arrêtent pas de montrer qu'il ne convient pas de céder à l'oubli, de laisser le champ libre à une politique fondée ainsi sur l'amnésie, que rien ne peut venir légitimer un oubli.

ME : On peut aussi dire qu'on n'efface pas – l'œuvre romanesque de Patrick Modiano l'atteste parmi beaucoup d'autres – ce qui s'est passé pendant les années d'Occupation et du gouvernement de Vichy.

JMR : Je crois qu'effectivement cela passe par ce type de démarche, qui est le fait de gens qui obstinément reviennent sur la Chose problématique, qui inventent des formes pour que l'analyse se poursuive : il y a une sorte d'obstination chez Modiano, chez Jean Améry, chez Anders, chez Péguy et chez quelques autres. Cela peut prendre des aspects très différents, romanesques ou discursifs, peu importe. Le point commun, c'est la nécessité de venir rappeler avec ténacité et virulence que les phrases peuvent interminablement se reprendre, que le temps n'est pas nécessairement le milieu où disparaissent les événements déterminants, qu'un geste d'amnistie relève le plus souvent d'une politique inavouable, que l'aval donné par une société ou une institution – voire un parti – à une forme d'oubli n'est pas justifiable – et ainsi de suite. Tous ces écrivains inventent des formes de ressassement pour tenter d'être à la hauteur de ce à quoi ils sont confrontés – directement ou indirectement, peu importe. Car c'est la seule pratique possible face à ce qui est toujours de l'ordre du court terme. Ils apprennent, à même leur travail, que la phrase est un lieu d'invention continuelle, qu'en « se faisant » – pour reprendre une expression de Bergson glosée par Péguy – elle a chance d'échapper au « tout fait », à ce qu'on croit savoir, à ce qu'on suppose réglé, elle se donne les moyens d'échapper, autant qu'il est possible, à la puissance de l'oubli ; un « oubli » comme réclamé de toutes parts, consensuel même, souvent confortable, voire rassurant, promu même parfois comme une valeur.

ME : C'est le mérite de la phrase de l'écrivain.

JMR : La phrase de l'écrivain, cet individu qui a une « place imprenable » selon l'expression de Claude Lefort ou, parfois même, celle du philosophe. C'est Benjamin qui parlait de la « faible force messianique ». On pourrait essayer de forger une expression semblable pour évoquer, pour susciter, le pouvoir de certaines phrases et montrer qu'il relève d'une contradiction du même ordre. Les phrases ont une puissance d'exploration et une capacité généalogique qui permettent de revenir sur ce qui est établi, sur ce qui semble assuré, sur tous les processus qui sont comme la caution de l'ancienneté, sur les formes d'institution qui favorisent d'une manière ou d'une autre l'oubli, qui le prônent ou font croire qu'il relève d'une stricte nécessité. Exemple récent dans un autre contexte : l'oubli des conditions dans lesquelles s'est produite la crise de 2008 est quelque chose de faramineux ; on passe véritablement à autre chose et le tour est joué – pour un temps au moins. On fait comme si cela n'avait pas eu lieu, c'est par conséquent nul et non avenu. On expérimente ainsi un autre temps, veut-on faire croire, et par là même, ce n'est pas tellement qu'on efface, on fait comme si rien n'avait eu lieu.

ME : Le véritable oubli, c'est l'oubli qui s'est oublié comme oubli.

JMR : L'oubli s'oublie rapidement à certains moments. La rapidité devient une sorte de garantie, l'assurance qu'il ne reviendra pas. L'expression *nul et non avenu* est très intéressante. On décrète que la chose en question est inexistante et qu'elle n'a pas eu lieu. On redouble la mise à l'écart sur un mode magique, comme par un souci de parachèvement. L'intérêt de cette formule, c'est qu'elle trouve tout naturellement son emploi dans les situations les plus variées, celles dans lesquelles il s'agit de se débarrasser de ce dont on ne veut pas, de ce qu'on veut mettre de côté fortement. Il en va de même pour le *comme si.* Je me suis intéressé, grâce aux travaux de Yan Thomas, à la « fiction » dans l'ordre juridique, dans le droit romain tout particulièrement. On fait, par exemple, comme si quelqu'un qui est déjà mort ne l'était pas pour que l'héritage puisse se transmettre dans des conditions normales. On traficote le temps pour des raisons bien circonscrites, on établit des continuités entre des éléments incompatibles, on raccorde des choses qui dans le réel ne peuvent pas l'être. Et ainsi de suite. Je fais l'hypothèse suivante : dans le domaine politique et sur le terrain économique, on fait un usage quasi équivalent de ce que les juristes romains appellent la *fiction*. On fait croire l'incroyable, pour des raisons qui sont tout autres que juridiques. On utilise les grandes ressources de la « fiction légale » pour mettre en place des pratiques politiques qui ne disent pas leur nom, ou pour accomplir des opérations financières pour le moins douteuses. On ruse avec les formes courantes du temps en croyant – c'est-à-dire en faisant croire continuellement – que l'avenir, du seul fait d'être invoqué, est garanti, qu'il cautionne donc par avance les opérations du présent.

ME : Une pragmatique des phrases configure un réel dont le réel ne veut rien savoir.

JMR : Tout à fait. Et je crois que là, tant en économie qu'en politique, on tire le plus grand parti de quelques rudiments de droit romain : on en utilise les principales ressources, on invente des possibilités dans le but de faire croire ce qui ne peut l'être, de *convaincre de l'impossible* dans le minimum de temps. On constitue des semblants de réel par le biais de la persuasion. On fait intervenir de l'imaginaire là où on devrait s'attendre à trouver une consistance qui est d'ordinaire le fait de ce qu'on nomme la réalité. On se doit de faire silence sur ce type d'opérations. Mais, nous le savons aussi par plusieurs biais, il y a le « temps qui voit tout », et ce qui devrait rester caché – ou discret – finit par trouver les voies pour se montrer ou parfois même s'énoncer.

ME : Qu'est-ce qui porte ce « caché » à la parole, à la phrase ? Qui peut en être en charge, et de quelle façon ?

JMR : Sans qu'on sache pourquoi et alors que rien ne les destine à cela, il y a des individus qui, dans telle ou telle circonstance, ont l'oreille dressée, qui ont l'oreille alertée par des phrases bien construites parlant d'autre chose, constamment allégoriques, laissant apparaître en partie leur mode d'énonciation et mille autres choses du même ordre, des litotes, des allusions, des décrochages, du croire en abondance, de l'imaginaire. Toutes sortes d'éléments que la vieille rhétorique a bien décrits et qui s'insinuent notamment dans la phrase politique ou dans l'énoncé économique, je veux dire dans ces formes de discours qui ont pour visée majeure de rassembler et de faire communauté. C'est cela que Valéry a su reconnaître avec le terme de *Fiducia* : une consistance est donnée comme automatiquement à ce qui est énoncé, et une consistance destinée à durer bien au-delà des lieux d'énonciation, constituant une sorte d'habitude – au sens fort que Bergson a su donner à ce terme –, revêtant une évidence incontestable. La *Fiducia* règne sur des univers différents en aménageant continuellement des passerelles entre eux : l'enseignement, la politique, l'économie.

ME : Ludwig Wittgenstein est une de vos références philosophiques importantes. Votre sensibilité attentive à la phrase conduit à vous demander comment votre réflexion sur le langage se situe par rapport aux conceptions analytiques anglo-saxonnes.

JMR : Je m'y suis mis alors que rien ne me poussait dans cette direction. J'avais été alerté par Ricœur, vers 1966 ou 1967. Il a fait un cours sur Wittgenstein qu'il découvrait, je crois, presque en même temps que nous. Cela m'a donné le désir d'y regarder de plus près, même si mes intérêts n'étaient pas à ce moment de ce côté-là. Cela m'intéresse, si je puis dire, sous la forme de l'incompossible : faire travailler parfois ensemble Nietzsche, Wittgenstein et Valéry ; s'il fallait donner trois noms, ce serait ceux-là, et, à l'arrière-plan, William James et Péguy. Ici encore, l'allemand, le français et l'anglais s'imposent comme les trois langues d'une certaine modernité. Ce qui me retient, c'est le caractère quelque peu bricolé de leur démarche : ce n'est en rien péjoratif, bien au contraire. C'est ce qui leur permet, je crois, de se déplacer, de s'engager dans des sentiers peu fréquentés avec une liberté de ton peu commune. Sans parler de l'intelligence que chacun déploie avec des moyens qui sont souvent rudimentaires. Ce que j'essaie d'élaborer sous cette expression « crédit de la parole » – qui concerne les contextes les plus variés – leur emprunte beaucoup ; je m'autorise aussi à mêler des références hétérogènes en les citant ou en m'appuyant sur tel ou tel de leurs propos.

Ce qui m'intéresse ici, c'est d'avoir affaire à des *objets mouvants* qui sont comme suscités par le « crédit de la parole » ou qui l'accompagnent, des objets qui apparaissent comme étant l'effet de garanties imaginaires ou de semblants. De là, bien entendu, mon intérêt pour certaines formes d'escroquerie, ces pratiques relevant selon le Code Pénal d'un « crédit imaginaire » et dans lesquelles *des énoncés sont susceptibles d'avoir, rapidement, des effets dans le réel.* C'est un problème qui, sous des formes proches, a occupé William James, mais aussi Nietzsche, Valéry et Wittgenstein, celui de *ces objets mouvants que sont la confiance, la croyance, le crédit, la fiabilité, la créance, la* Fiducia. Ils ne sont pas nouveaux en tant que tels ; on a eu affaire à eux dans le passé. Ils me semblent s'imposer davantage à la réflexion aujourd'hui, dans la mesure où ils sont au croisement de plusieurs champs et pour une raison qui crève les yeux : l'économie s'appuie sur eux et en même temps les malmène foncièrement. Le marché mondial ne cesse d'en faire montre tous les jours, et partout. Pour chercher à m'en saisir, j'essaie de forger des instruments quelque peu biscornus en faisant des emprunts à des auteurs réputés peu compatibles les uns avec les autres, en ne me souciant pas d'une compatibilité éventuelle. D'autant plus qu'il y a aussi dans les parages Bentham, La Boétie, et quelques autres de même acabit.

6

ÉCRITURE, PEINTURE

ME : La peinture est un de vos sujets d'admiration. Vous abordez la question du rapport de l'écriture à la peinture dans *Le Tableau et la page* par le biais d'auteurs – Valéry, Fromentin, Huysmans – que Malraux aurait appelés « écrivains d'art », et les écrits de quelques peintres qui se sont faits écrivains. Pourquoi cette médiation ?

JMR : Je crois qu'il y a effectivement une difficulté spécifique à traiter de la peinture, une difficulté qui a été traitée, en France, par les écrivains que vous évoquez. Cela commence avec Diderot et cela continue de nos jours avec certains poètes. Bien évidemment Baudelaire, qui est l'un des plus importants dans cette perspective. Ce qui m'intéresse d'abord ici, c'est que ce travail s'est fait, à l'exception de Diderot, essentiellement au XIXe siècle et dans la première moitié du XXe siècle. Chacun aborde la peinture avec ses préoccupations propres et le propos est varié : description de tableaux, analyse de l'acte de peindre, réflexions diverses sur l'art du peintre, propositions d'ordre esthétique ou généralités sur ce champ – et ainsi de suite. Ce qui frappe aussi, c'est que chacun y revient, comme si l'objet était inépuisable et exigeait des approfondissements ou des précisions supplémentaires.

ME : Le point de vue des écrivains n'est pas celui du philosophe. De même, diffère-t-il de celui de l'historien d'art. Dans votre manière, comme déjà chez ces écrivains, s'inscrit une retenue, sinon un manque de confiance dans la relation de l'écriture au tableau, alors que l'historien d'art, semble-t-il, ne doute pas de son discours ni de la façon dont il se rapporte aux œuvres.

JMR : C'est une position délibérément intermédiaire : ce n'est ni de l'histoire de l'art ni de la philosophie de l'art, mais des formes de critique qui s'essaient, tâtonnent, explorent – avec le sentiment qu'il y a là un domaine spécifique qu'aucune discipline ne peut s'approprier et que tout est en quelque sorte à inventer dans cette perspective. Parmi les problèmes abordés à cette occasion, le plus déterminant est de savoir comment procéder pour simplement parler peinture. Chacun reconnaît qu'il y a là une position incommode et fait de cela une raison de continuer, comme un principe d'invention. Il y a une sorte d'empirisme évident dans ces démarches, pour essayer d'approcher telle ou telle œuvre, mais aussi pour réfléchir à la distance qu'il y a entre les deux pratiques, pour tenter de ménager des passerelles entre écriture et peinture. Il y a des objets qui, tout à la fois, résistent à l'écriture et la sollicitent, qui intimident l'écrivain et le poussent à sortir d'un malaise. Ce qui fait que, ici ou là, on trouve à ce propos des morceaux de récits ou des fragments de fables qui sont, je crois, autant de façons d'approcher cet objet insolite qu'est souvent un tableau. Chacun est amené à réfléchir à ce que sont les ressources de l'écriture quand il comprend qu'il est comme dans l'obligation de parler peinture, qu'il se doit de s'y attarder. Au-delà même du plaisir pris au regard porté sur les œuvres et du temps nécessaire à cette opération.

ME : La partie est jouée d'avance. Je pense à ce propos de Valéry que vous rapportez : « Les voyants savent bien que la parole est incommensurable à ce qu'ils voient. » Cette conviction accompagne, me semble-t-il, la philosophie, en France du moins, à partir des années 1950. La partie semble jouée, et cependant, on ne lâche pas : les écrivains, les philosophes tiennent un langage autre sur la peinture et s'exposent à saisir ce que ne retient pas l'historien d'art ou ce qui lui échappe.

JMR : Je crois qu'il y a effectivement dans ces façons de faire un enjeu considérable. Si l'on veut croire, d'un côté, que la partie est jouée, comme vous le dites, de l'autre il faut poursuivre, ne pas se cantonner à ce simple constat. La position est souvent de l'ordre d'une certaine ténacité ou du ressassement devant les difficultés à occuper une telle place. Il est vrai qu'à partir des années 1950, certains philosophes cherchent, avec une sorte de prudence, à s'immiscer dans cet espace, en se nourrissant fréquemment de ce que les écrivains ont déjà fait. Pensons à Merleau-Ponty, à Maldiney, à Lyotard, pour prendre quelques noms. Tous sont en dette à l'endroit de ce qui s'est fait depuis Diderot et Baudelaire ; quelques-uns le disent explicitement, on mentionne notamment sur ce terrain Claudel et Valéry. Il y en a d'autres, bien entendu, qui s'attellent à une même tâche. De ces différents poètes, les philosophes apprennent, dans ces années, qu'on ne peut pas se passer de cette médiation des écrivains et qu'il faut, avec d'autres mots et d'autres formes d'énoncé, s'inscrire dans leurs pas, s'ajuster à leur démarche, cerner les problèmes que la peinture peut faire naître ; non pas la peinture dans son ensemble mais, pour l'essentiel – et ce n'est pas un hasard –, celle qui s'invente à la fin du XIXe siècle et au début du XXe. On dirait, en simplifiant à l'extrême, *la peinture dans un temps de crise profonde*, celle qui défait peu à peu la représentation et ne s'en tient plus au motif, celle qui réinvente ses codes en questionnant l'espace même du tableau, qui s'affranchit des règles du dessin, qui s'aventure dans l'abstraction. Une des raisons des uns et des autres de s'attarder en ces lieux, c'est, je crois, qu'on y mesure mieux qu'ailleurs la force et la rapidité de certains bouleversements. C'est aussi qu'on a la possibilité de comprendre, à partir de cette expérience, que le discours historique a bien peu de prise sur ce terrain, et qu'il faut prendre la mesure d'une telle défection, abandonner toute perspective linéaire et savoir par conséquent se risquer dans des rapprochements hasardeux, inédits. Certains de ces auteurs ont comme le pressentiment que le propos à inventer en face de quelques œuvres peintes est déterminant et qu'il est destiné à avoir des effets importants sur l'ensemble de leur démarche. Ce n'est jamais strictement un propos de circonstance, mais, tout au contraire, un pas nécessaire dont on croit pouvoir – ou devoir – attendre beaucoup. Dans cette optique, on ne peut pas rester indifférent à ce que représente notamment l'invention des moyens dans la peinture, aux effets déconcertants de la technique et aux conséquences disproportionnées de quelques gestes élémentaires qu'elle met en œuvre. Chercher à parler de ces divers aspects est la tâche de quelques-uns, sous diverses formes.

ME : La fréquentation de la peinture a-t-elle une incidence sur l'écriture de ces écrivains ?

JMR : Chez Claudel, Baudelaire, Valéry, chez quasiment tous il y a, je crois, cet infléchissement du style et de la manière de procéder qui vient du temps passé en compagnie de la peinture, de la nécessité d'une telle fréquentation, des réflexions multiples que cela fait naître. Cela peut s'entendre dans la manière qu'ont ces écrivains de traiter les mots, de construire les phrases et d'être attentif à des choses minuscules, et dans la façon de donner du poids à la rhétorique.

ME : La peinture impose silence et réclame parole. « Les voix du silence » écrit Malraux. Vous ne rencontrez pas son œuvre. Pour quelles raisons ?

JMR : La place de Malraux est sans doute déterminante dans cet ensemble. Mais il me semble qu'il exigerait peut-être un traitement à lui seul, et que l'ambition de Malraux dans ce domaine-là est quelque chose de spécifique, qui n'obéit pas, me semble-t-il, à ce qui se passe entre Baudelaire, Valéry ou quelques autres. Mais il y a aussi, de ma part, une réticence sur les thèses de Malraux, même si je reconnais que certains de ses rapprochements sont incontestablement stimulants. Cela exigerait bien des développements pour être plus précis et moins allusif.

ME : Il n'y a pas d'hésitations chez Malraux.

JMR : Il n'y a pas d'hésitations, il y a un propos tenu, développé, argumenté. Alors que, chez les différents écrivains que j'évoque, il y a un tâtonnement continuel et un questionnement sur plusieurs plans ; il y a donc ce constat selon lequel le langage se trouve fortement démuni devant cet objet qu'est la peinture, et ce dénuement les amène à réfléchir à nouveau frais sur leur façon de procéder, sur les moyens dont ils disposent, sur ceux qui leur font défaut quand il s'agit de rendre compte de ces formes de visible que sont les tableaux. Chez tous, il y a, sous des modalités évidemment différentes, ce moment réflexif d'autant plus décisif qu'il emprunte des aspects divers, qu'il est inclassable. Ce n'est pas de l'esthétique, ni de la philosophie ni de la littérature au sens ordinaire du terme. Cela a un statut particulier et une force considérable à mes yeux. On a là une sorte d'appropriation tâtonnante qui oblige les lecteurs à revenir sur l'histoire de l'art ou sur ce qu'on appelle l'esthétique. Ce que je retrouve aussi chez des écrivains importants comme Focillon ou Baltrušaitis, des hommes très érudits qui avancent des propositions majeures sur l'art.

ME : Écrire sur la peinture questionne l'écriture pour autant que celle-ci se confronte à une altérité très sollicitante. Dans *Quasi una fantasia*, réfléchissant sur le rapport de la musique et du langage, Adorno note qu'il y a « une errance infinie du langage ». Le langage sur la peinture ne cesse-t-il pas d'errer pour saisir ce qui se dérobe ?

JMR : Il y a de fait une errance devant cette grande altérité qu'est la peinture. Cette errance est une sorte de travail de laboratoire : on est confronté à quelque chose que l'on ne saisit pas d'emblée, dont on perçoit l'importance, à propos de quoi on fait des hypothèses, en sachant qu'elles sont tout à fait insatisfaisantes, et en comprenant du même coup qu'il faudra y revenir continuellement. Tous ces écrivains sont habités par une nécessité de cet ordre, ne peuvent pas s'en défaire et se découvrent dans l'obligation de s'y attarder, de séjourner dans cet espace instable. On n'est pas dans un travail linéaire, comme le serait celui d'un historien de l'art par exemple, mais dans un travail beaucoup plus fragmentaire, constamment morcelé. Je crois qu'il faut être attentif à cet aspect partiel de la démarche, quelle qu'en soit la forme d'ailleurs, à son caractère décentré, à cette démarche minutieuse et souvent zigzagante qui rend en partie compte de son objet. Entre 1850 et 1950, pour prendre deux dates commodes, la peinture est l'énigme majeure à laquelle bon nombre d'écrivains se confrontent, l'objet fascinant par excellence et une préoccupation de premier plan pour nombre d'écrivains. Je parle de ce qui se passe en France pendant cette période qui est, comme on le sait, particulièrement riche sur le plan pictural. Et, je l'ai suffisamment noté, cette époque m'intéresse par bien des aspects ; la peinture n'est pas le moindre. Je dirais que mon intérêt pour tous ces auteurs vient aussi de la passion que j'ai pour la peinture depuis toujours. J'ai été élevé dans une famille où l'on parlait beaucoup peinture, pour différentes raisons ; j'ai fréquenté les musées et les expositions très jeune et je continue de le faire très régulièrement.

ME : Pourquoi n'écrivez-vous sur la peinture qu'en transitant par ces médiateurs que sont quelques écrivains ?

JMR : Parce que je n'y parviens pas ; parce que ce que j'ai pu faire dans cette perspective ne me satisfaisait pas. Il y a plusieurs raisons à cela qui se mêlent.

ME : Votre relation et votre sentiment se disent à travers eux ?

JMR : Je le dis à travers certains autres, et le choix que j'opère entre ces auteurs dit aussi quelque chose de ce que j'essaie de faire. Je le négocie à travers quelques-uns, comme si j'avais besoin, dans ce domaine-là – c'est peut-être un trait de formation –, comme si j'avais continuellement besoin de prendre appui, de trouver des étais dans ce qui a été dit, et, à nouveau, de mélanger certaines références ou de faire coexister certains propos fort différents de provenance. Il me semble, par exemple, que ce que dit Valéry n'est parfois pas très éloigné de ce qu'a pu formuler Artaud sur la peinture. Comme s'il me fallait passer par ces médiations que sont certains textes d'écrivains, à charge pour moi de m'en débrouiller et, le cas échéant, d'en faire autre chose. C'est peut-être aussi comme une dimension de la culture française dans la suite de Baudelaire, une forme d'exercice qui oblige celui qui s'y attelle à lire et à regarder en même temps, comme pour continuer ce qui est énoncé, ou parfois simplement suggéré, par certains de ces écrivains. J'ai le sentiment que, dans ce domaine plus qu'ailleurs, on n'a pas à innover mais, avant tout, à donner suite à des propos, à prolonger des phrases lues, à faire écho à des formes mixtes composées d'éléments visibles et de fragments lus. C'est ainsi que j'ai cru utile de reprendre, de souligner et d'accentuer à ma façon, un des propos majeurs de Valéry, *Léonard est philosophe quand il peint*. Ce qui engage d'ailleurs la réflexion sur les possibilités et les usages du discours philosophique.

ME : Si Léonard est philosophe, il ne l'est pas au sens où l'on dit que Kant l'est. Le peintre est philosophe et sa pensée n'est jamais détachée du corps. On connaît de Valéry une formule fameuse : « Le peintre apporte son corps. » Manière de toucher la relation complexe de la peinture à la pensée et du corps à la pensée.

JMR : Je crois que tout cela est impliqué dans une telle formule qu'il faudrait prendre le temps de déplier et d'expliciter. Cela a été l'occasion pour moi de saisir à quel point Merleau-Ponty est comme imprégné de Valéry, bien plus encore qu'on ne le croit ; de Valéry et de Claudel. Il en fait parfois mention. C'est sans doute ce qui fait que je reste attaché à une sorte de va-et-vient entre les textes de ces écrivains, de Valéry et de quelques autres ; et il me semble nécessaire, autant que possible, d'établir des passerelles entre une démarche comme celle de Valéry et la démarche, plus philosophique en apparence, qui est celle de Merleau-Ponty. Le pas supplémentaire que j'essaie de faire ici et là, c'est de me demander ce que signifie, dans l'un et l'autre cas, « philosophie », sans évidemment que j'aie à choisir entre ces deux modalités ; et de quelle manière ce qui se nomme explicitement philosophie se confronte à autre chose qu'elle-même, à cette énigme du visible dont la peinture témoigne dans la plus grande diversité – notamment, j'y insiste, dans la période qui va de 1850 à 1950 ; mais les choses ne s'arrêtent pas à cette dernière date, heureusement pour les regardeurs et pour les écrivains. L'abstraction américaine et certaines expériences picturales françaises des années 1960 ou 1970 m'intéressent au plus haut point ; le travail de Jean Degottex notamment.

ME : Auprès des philosophes et des écrivains, la peinture jouit d'un privilège certain au regard d'autres arts. D'où cela vient-il ?

JMR : C'est difficile de répondre. Effectivement, c'est une question très importante. Peut-être s'agit-il d'un effet de tradition sur cette brève période que j'indiquais, en raison de la place qu'occupent notamment Baudelaire et Diderot dans notre histoire culturelle. C'est en tout cas un phénomène assez français.

ME : En Allemagne, il semble qu'historiens et théoriciens de l'art dominent.

JMR : Il me semble que l'Allemagne obéit davantage, dans ce domaine, à une injonction d'histoire, si je puis parler ainsi, redoublée souvent d'un propos d'allure théorique. Il y a eu la pensée de Hegel qui a sans aucun doute, par différents biais, marqué de sa patte ce type d'approche. Je ne connais pas assez bien la littérature allemande de ce moment pour savoir s'il y a eu beaucoup d'écrivains qui se sont trouvés dans l'obligation de donner à la peinture une place de choix. Je ne crois pas que ce soit le cas. Si tant est qu'elle ait une unité, la démarche des écrivains français est bien plus empirique, plus aventureuse, d'une certaine façon plus brouillonne. Je ne peux faire ici que des hypothèses : simples propositions qu'il faudrait poursuivre et étayer. C'est peut-être aussi le rapport de certains de ces écrivains français à leur langue maternelle qui les a poussés hors des sentiers du savoir historique ou d'une saisie philosophique, qui les a orientés vers ces bouleversements que la peinture a connus durant toute cette période, qui leur a permis de s'attarder en ces lieux avec la tâche d'inventer des moyens pour le faire ; le sentiment qui prédomine chez eux est de l'ordre de l'insécurité ou même souvent du dénuement. Les écrivains allemands de ce moment du XIXe siècle, ou du début du XXe, avaient peut-être un sentiment et un usage de leur propre langue plus assurés, davantage marqués par la pratique de l'abstraction, une autre idée de ses ressources. Disant cela, je pense, entre autres textes, au fameux *Discours à la nation allemande* de Fichte, et à certains propos de Heidegger établissant une sorte de proximité entre l'allemand et le grec ancien. Deux grands exemples qui coïncident avec l'époque. Les Allemands, dit Fichte, constituent « un peuple qui parle une langue originelle » ; il y a chez eux « une force naturelle de la langue, une force vivante qui fait irruption dès l'origine » ; le peuple allemand s'est doté d'une « philosophie qui est devenue transparente à elle-même ». On pourrait multiplier les citations en ce sens. Si l'on croit que la langue est dotée d'une telle puissance et qu'elle a une telle pureté, on n'a pas grande raison d'aller se risquer dans cette discipline improbable qu'est la description ou l'analyse des tableaux qui, de surcroît, n'ont plus rien à voir avec une quelconque narration à ce moment-là. La tradition inaugurée par Winckelmann s'intéresse au même moment avant tout à l'Antiquité et davantage à la statuaire qu'à la peinture.

Un monde sépare des propos de cette nature de ce que fait Baudelaire quand il dit par exemple qu'un sonnet peut être la meilleure approche de la peinture, quand il s'engage dans la perspective des « correspondances », quand il décrit avec minutie le travail des couleurs chez Delacroix ou qu'il cherche à constituer les grands contours du « peintre de la vie moderne ». Pour le coup, nous ne sommes aucunement dans ce que j'ai appelé le « dialogue franco-allemand », mais dans deux univers qui, en ce qui concerne l'esthétique élémentaire, le rapport à l'art lui-même, sont assez différents. Il faudrait entrer dans le détail et être bien plus précis. C'est là un problème immense. Il y a évidemment dans les deux cas des exceptions – ou des particularités ; dans le domaine allemand, on peut penser à certains textes importants de Simmel sur l'art, sur le problème du « cadre » par exemple, mais aussi à ce qu'on trouve chez certains poètes, Rilke par exemple.

ME : Baudelaire et Mallarmé écoutent Wagner, les exécutions de quelques symphonies de Beethoven. Ils en rendent compte en n'ayant guère entendu ces musiques plus d'une fois.

JMR : La dimension de la musique pose de tout autres questions. Je n'ai pas les moyens de m'y engager ici. Le *mode de présence* d'un tableau est d'un ordre bien différent : c'est d'ailleurs une des choses sur lesquels ces écrivains s'arrêtent, méditent, sur quoi leur attention est constamment attirée ; de même que le fait de savoir si un tableau peut être considéré à juste titre comme faisant partie des objets ou s'il doit, au contraire, être envisagé selon d'autres catégories. Quant à comprendre ce que produit une mise en scène de toiles, une juxtaposition dans l'espace, une *exposition* comme on dit si bien – ce sont des propos fréquemment tenus par ces écrivains, avec des variantes à perte de vue, dès qu'il est question de peinture. Il est inévitable qu'on se soucie du dispositif de présentation et que cela donne lieu évidemment à des développements qui ont un intérêt véritable. On ne peut pas regarder la peinture sans qu'affleurent des préoccupations de cette espèce, sans qu'on envisage ce qu'il en est de la disposition des tableaux, de leur mise en rapport, sans qu'on s'occupe des conséquences de leur exhibition – et ainsi de suite. Que ce soit dans l'atelier ou dans l'espace du musée, il faut reconnaître l'importance de la mise en place des œuvres, de leur position dans une forme de lieu qui leur convienne. Les écrivains ont fréquemment un souci de cet ordre, essayent d'en parler.

ME : Est-ce que la manière française d'instituer ce rapport écrivains-peinture ne trouve pas un commencement dans les Académies ? Lebrun, Roger de Piles ont favorisé cette attention à la peinture par un biais plus ou moins institutionnel. Il prendra un tour plus social avec les Salons que Diderot, Baudelaire visitent. Des écrivains comme Valéry, Fromentin ou Claudel ont, à première vue, un rapport plus individuel avec les œuvres.

JMR : Il y a cet arrière-plan institutionnel qui est effectivement important en France, au XVIIe siècle notamment. Il me semble que les choses se transforment progressivement vers le milieu du XIXe, dans la perspective d'un rapport individuel à l'œuvre, d'une sorte d'entêtement à s'y confronter. Je crois qu'il y a autre chose qui caractérise ces démarches, à savoir que chacun ne parle pas uniquement de ce qu'il voit, de la manière dont il voit et dont il parvient à rendre compte de son regard ; à travers cette appréhension subjective de quelques aspects de la peinture, il y a une forme singulière de généralisation qui se fait jour, une pensée de l'art qui est en germe ; avec à l'arrière-plan un questionnement : en quoi telle œuvre s'adresse-t-elle à moi ? n'est-elle pas pour moi une injonction pressante à me prononcer sur le statut de ce que je vois et, du même coup, de la peinture ? La découverte de tel ou tel moment de la peinture est de l'ordre d'un remuement, d'un ébranlement ou d'un événement imprévu qui appelle des interventions de l'écrivain ou de celui qui regarde. J'ai évoqué Focillon et Baltrušaitis qui ont eu un rôle considérable : ils semblent aujourd'hui quelque peu oubliés.

Les éditions Adam Biro ont publié, en 1995, un livre qui rend compte avec précision du procès qui a eu lieu à New York en 1927. Les autorités douanières américaines avaient refusé de considérer comme œuvre d'art une sculpture de Brancusi nommée *L'Oiseau dans l'espace*. Cela entraînait des conséquences financières considérables si on ne regardait plus cet objet comme une œuvre d'art. On y voit s'affronter les personnages les plus divers autour de la question de la définition de l'œuvre d'art. Je crois qu'on peut cerner ici cet aspect institutionnel de l'art et l'on a le détail des débats autour d'une question cruciale, qui est, peut-on dire, toujours d'actualité sous d'autres formes. Il y a là de quoi réfléchir à l'ensemble des problèmes que j'évoque ici rapidement. Il faut parfois en passer par des expériences de cette espèce pour saisir, avec quelque précision, ce sur quoi on vient souvent buter en fait d'œuvre ou ce à quoi une démarche de pensée doit se confronter, ce à côté de quoi elle ne saurait passer.

ME : Qu'est-ce que la philosophie ne peut s'approprier ?

JMR : Je fais une réponse indirecte, en évoquant ces pages de Huysmans qui montrent qu'il faut apprendre à regarder un tableau et, pour cela, savoir en quelque sorte régler la distance qui permet d'en retenir quelque chose sans se laisser simplement fasciner par le propos, par la narration. Petite démonstration en quelques pages, à propos notamment de Turner et de Goya. *Il ne faut pas savoir ce qu'on cherche quand on se confronte à un tableau* ; il ne faut pas craindre d'inventer un discours mixte fait d'emprunts différents et d'éléments hétérogènes. La philosophie ne se met pas volontiers dans ce type de posture, craignant d'y perdre ce qui la constitue, d'être hésitante sur ce qu'elle croit être, un peu rapidement, ses acquis, sa façon. C'est peut-être une partie de la phénoménologie qui est le plus à même de s'y essayer, d'esquisser un discours dans cette direction en renonçant à ses prérogatives classiques, en se risquant dans des formes d'énoncé impures, en abandonnant toute attitude frileuse. En d'autres termes, on se doit ici de tempérer cette démarche réflexive par l'ajout d'autres discours, de la mélanger à des propos d'une autre provenance, d'y introduire des phrases qui n'ont pas de statut proprement discursif. C'est peut-être à ce prix que quelque chose peut commencer à bouger, comme on le voit parfois chez Merleau-Ponty et, plus proche de nous, chez Maldiney ou chez Lyotard. Ce serait, dans les cas les meilleurs – chacun décidera quels sont ceux qu'il retient –, le discours philosophique se laissant comme imprégner par de l'écriture, apparaissant donc débordé par des propos relevant davantage d'une poétique que du philosophique, abandonnant le concept au profit d'une démarche plus incertaine, plus expérimentale. Ce serait aussi le travail de certains essais qui se donnent la liberté par rapport aux références, dans lesquels l'écriture s'invente donc sans avoir à se soucier d'une généalogie ou d'une provenance reconnue. Je pense à ce propos au magnifique travail que fait, depuis des années, Jean-Louis Schefer sur la peinture.

ME : La peinture jouit d'une préséance particulière, on pourrait presque dire au détriment de la musique. Proust est peut-être parvenu mieux que quiconque à tenir ensemble peinture et musique.

JMR : Effectivement, il y a le travail immense de Proust à ce propos-là qui a quelque chose d'intimidant. Avec cette formidable capacité à faire coexister les arts, à les faire en quelque sorte s'entrelacer. C'est d'une force considérable. C'est à mon avis un des seuls. Au XXe siècle, *dans ce moment autour de la guerre de 1914*, Proust est sans doute l'auteur qui arrive à combiner ces modes de sensibilité, tout en inventant des formes de discursivité grâce à son travail de la phrase. Je nommerais aussi, dans une tout autre perspective, Péguy et sa phrase interminable, lui qui s'intéresse de très près à la grande peinture du moment, à savoir les *Nymphéas* de Monet. Autant de rencontres qui, je crois, laissent des traces pendant des décennies ; comme si de tels événements étaient trop grands et trop imprévisibles pour être digérés et oubliés rapidement. Proust et Péguy ont su également, après leur disparition, attirer en quelque manière l'attention de quelques philosophes. Ils ont su qu'il faut toujours compter sur le posthume.

ME : Les textes des « écrivains d'art » nous dirigent-ils vers les œuvres ?

JMR : Pour parodier un titre célèbre : *qu'est-ce que s'orienter dans les œuvres* ? Les textes que j'évoque nous dirigent vers certaines œuvres, nous permettent de les relire ou de les regarder avec un autre œil, qu'elles soient contemporaines ou bien plus anciennes. Ils ont aussi la capacité de fragmenter à nouveau la tradition dont ils procèdent et de nous la restituer sous un jour différent : ils nous chargent en somme de la revisiter, d'en reprendre ou d'en faire quelque chose – à notre gré. Ils ont aussi parfois pour effet de venir troubler profondément la perspective historienne, de nous inviter à ne pas craindre des propos faisant preuve d'anachronisme. Comme s'ils avaient, par leur propre démarche, préparé une telle diaspora en nous laissant un héritage de cette ampleur. Comme s'ils avaient voulu nous faire en partie comprendre à partir de quoi une œuvre s'engendre, sur quel fond de sensibilité elle table, et pour quelles raisons elle ne peut manquer de séjourner dans l'espace de quelques tableaux et dans l'atmosphère de certaines mélodies.

ME : Et de s'en nourrir…

JMR : Oui. Ceux qui viennent après eux n'ont eu de cesse de s'inscrire dans une recherche du même ordre : Claudel, Valéry, Artaud, Genet, Ponge et bien d'autres dans les années de l'après-guerre. Sans oublier le contemporain de

Proust qu'est Apollinaire. Mais il n'est pas question d'être exhaustif.

ME : Qu'ils soient poètes ou prosateurs, ces auteurs esquissent une esthétique. Est-ce, de notre part, une manière de systématiser abusivement leur pensée ?

JMR : Ce qui m'apparaît décisif ici, c'est qu'on a affaire effectivement, dans tous les cas, à des *esquisses d'esthétique*, et non pas à des esthétiques à part entière. J'ai le sentiment que tous les auteurs dont nous parlons sont bien conscients des risques de généralisation, qu'ils sont méfiants à l'égard de toutes les tentatives de rassemblement et de totalisation sur un tel terrain. Ils savent par expérience que « faire œuvre » désarme ou invalide des projets de cette nature. Autant dire qu'il ne saurait y avoir d'esthétique séparée – ou séparable – du travail que chacun effectue. Chacun sait qu'en se faisant, l'œuvre perd sa cohérence, détruit son unité supposée, s'achemine vers la ruine. Il y a un autre effet de ce type d'approche : la pratique classique de l'histoire perd sa légitimité ; des œuvres de moments différents peuvent se rapprocher, poser de nouvelles questions ; la chronologie n'a pas le dernier mot. Les filiations se recomposent également selon le regard qu'on porte sur les œuvres.

ME : Est-ce cela qui peut rendre raison d'un morcellement de l'esthétique ?

JMR : Je crois que l'aspect du morcellement vient essentiellement de cette conscience : ces écrivains sont habités par quelque chose qui les dépasse, qui les interroge au plus profond d'eux-mêmes, qui les menace ou les intimide. Ce qui signifie une quasi-obligation de faire retour sur ce qu'ils font et sur les moyens de le faire, sur les emprunts, les manques à partir desquels une démarche s'organise. Il ne saurait être question de projeter une esthétique générale ou quoi que ce soit de cet ordre.

ME : On ne peut plus faire un *Système des beaux-arts*, comme disait Alain.

JMR : On ne peut faire un système de tout cela, on ne peut pas vouloir même le maîtriser, ni désirer reprendre à un niveau d'élaboration plus élevé ce qui est au cœur des préoccupations, ce qui reste pour chacun une énigme. Chacun en parle avec les termes qu'il trouve ici ou là, essaie d'indiquer les voies singulières par lesquelles une force vient en quelque sorte se déposer dans une forme. Les écrivains dont nous parlons travaillent sous la contrainte d'une injonction à dire ce qui s'adresse à eux – que ce soit des phrases ou des surfaces peintes ne change sans doute rien sur le fond.

ME : Les poètes qui écrivent sur la peinture ou un peintre recourent à la prose. La précision de la prose devient nécessaire ?

JMR : Vous avez raison de souligner ce fait, cette nécessité de déborder le genre dans lequel ils se sont formés, d'outrepasser leur façon de faire courante. Il y a là, je crois, un geste de l'ordre d'un réapprentissage et d'un déplacement. C'est rarement un poème qui correspond à un tableau. Mais ce peut être le cas ; il n'y a pas de règle en la matière, pas de principe général qui réglerait une telle expérience. Elle contraint en tout cas à aller au-delà des genres, à se risquer sur un terrain inhabituel. D'autant plus que le constat le plus ordinaire consiste à reconnaître que ce n'est pas moi qui voit le tableau, mais que c'est le tableau qui me regarde. Il faut donc fabriquer des phrases pour rendre compte d'un tel changement de posture, pour le décrire ou à l'occasion l'analyser, pour inventer le roman de la peinture

– une fable qui permet de faire l'économie d'une certaine argumentation.

ME : Une sorte de dense raccourci ?

JMR : Des raccourcis et des argumentations réduites ou quasi inexistantes, prenant des formes différentes ; et la coexistence de propos qui proviennent d'horizons différents. Tout est à constituer à chaque fois en somme. Le défi est de tenir ensemble des choses hétérogènes : des formes de sentir, des impressions, des souvenirs, des hypothèses, des fragments d'histoire, des morceaux de lecture – et ainsi de suite.

ME : Quel rôle peut jouer le texte d'un « écrivain d'art » ? Peut-il faire écran entre celui qui découvre, regarde une peinture ?

JMR : Dans le meilleur des cas, le texte est comme l'auxiliaire du regard, une forme d'étayage discret, en arrière-plan, une sollicitation à ne pas conclure ; une manière de s'attarder dans l'attente éventuelle de phrases satisfaisantes. Expérience intime dans laquelle le regardeur se trouve confronté à ce qu'il est à même d'énoncer devant une réalité inconnue ou mal située ; comme un enfant découvrant un objet insolite dont il ne connaîtrait ni le nom ni même l'usage. Il lui faut donc prendre appui sur ce dont il croit déjà disposer en sachant que c'est évidemment insuffisant.

ME : Un vade-mecum.

JMR : Je dirais plutôt un appui précaire dans l'optique d'un apprentissage renouvelé, sur fond de patchwork. Autant dire que chacun doit trouver le mode d'approche qui conviendrait le mieux à l'œuvre. C'est de l'ordre d'une expérience où quelqu'un apprend à parler, balbutie, s'essaie à la phrase. Il me semble que l'exposition prolonge et amplifie cette expérience première. Elle contraint le regardeur à inventer l'histoire d'un cheminement, à saisir un ensemble en formation, à comprendre des formes en voie de construction. Chaque mise en espace d'une œuvre permet de voir autrement ce qui a préparé cette œuvre, ce qui peut nous apparaître comme étant de l'ordre d'une anticipation ou d'un processus équivalent. Une œuvre significative est aussi celle qui me pousse à reprendre autrement que je ne l'envisageais l'histoire de la peinture ; elle désigne de fait ses précurseurs et indique éventuellement ce qu'elle va permettre, elle m'invite à reconsidérer ce que je croyais savoir en la matière.

ME : La sémiologie, l'histoire de l'art n'effacent pas le propos des écrivains dont nous parlons. Leurs textes possèdent une force et une actualité qui tient tête aux travaux ultérieurs plus savants, plus théoriques.

JMR : Je crois que vous mettez le doigt sur quelque chose d'important : nous lisons encore avec beaucoup d'intérêt les textes de Baudelaire sur la peinture et sur l'art de son temps ; nous ne lisons évidemment pas avec le même œil ou le même intérêt les travaux des historiens qui sont ses contemporains. Il y a quelque chose dans l'approche historienne qui se date beaucoup plus vite, paradoxalement peut-être, que dans le cas du texte des écrivains. De plus, l'histoire de l'art ne peut jamais être le dernier mot d'une œuvre ; s'en tenir à ses résultats éventuels est souvent décevant, superficiel.

ME : N'est-ce pas le propre du savoir que d'être « daté » par les travaux qui suivent ?

JMR : Il y a un processus de cet ordre : le savoir peut se dégrader assez rapidement, dirait-on. Le travail de l'écrivain a cette capacité d'aller au-delà de son temps, quand bien même il n'est pas exhaustif. On a dit que Freud avait fait œuvre de son fantasme. La formule vaut ce qu'elle vaut, mais elle dit en tout cas quelque chose de la constitution de la psychanalyse, de sa fragilité d'origine. Il est possible de transposer cette formule pour ces écrivains parlant de la peinture : ils font œuvre en énonçant l'expérience intime de la perception de la peinture et, en même temps, ils disent quelque chose de la peinture tout court, ils parlent du « faire-œuvre » par ce biais. Je crois que c'est peut-être là où il y a quelque chose qui m'intéresse, dans cette perspective d'un faire-œuvre : les moments où j'ai le sentiment de saisir quelque chose du faire-œuvre ou, pour prendre une formule bergsonienne, de *l'œuvre se faisant.* Et il me semble que certains textes le donnent à lire plus que d'autres, et certaines œuvres picturales le donnent aussi à percevoir plus que d'autres. De ce point de vue, l'exposition est un lieu privilégié : perspective qui me permet de voir comment, sur des décennies, une œuvre se développe, se construit ou se défait, s'accomplit ou est en échec. Les esquisses sont parfois plus significatives – et plus fortes – que ce qui est considéré comme l'œuvre même : je pense à Berthe Morisot notamment. L'œuvre, c'est peut-être avant tout cela, je veux dire ces moments dans lesquels quelque chose est en train de se constituer, de se fabriquer, de se reprendre, sans parvenir pour autant à un accomplissement, sans parvenir à une chose achevée, classable une fois pour toutes, aussi bien pour le spectateur que pour le peintre lui-même. J'ai le sentiment de longue date que, dans le travail de la peinture, il y a au fond des œuvres qui rendent plus sensible ce façonnement que d'autres. Je retrouve là ce dont nous parlions au début : l'inachèvement, le fragmentaire, le travail en miettes, le retrait par rapport à ce qui est systématique, etc. Les œuvres sur lesquelles j'aime travailler sont celles qui montrent de différentes façons de tels processus, qui laissent apparaître le chantier qu'elles forment et les ruines qui les entourent.

ME : Comme sur la peinture, aucun de vos textes n'est consacré en propre aux questions de lecture, de traduction, d'écriture qui sont l'humus, le terreau de votre réflexion. Le crédit accordé à la littérature en est la condition préalable.

JMR : Chercher à cerner ce que sont les œuvres, ce qu'elles produisent ou ce qu'elles suscitent, est une tâche qui me semble toujours nécessaire. Lire et traduire sont manifestement des façons privilégiées d'aller dans cette direction. Le crédit accordé de fait à la littérature amplifie ce processus. Le texte littéraire peut avoir parfois une souplesse et une richesse que n'a pas un texte théorique. Que la lecture balise tout ce que j'ai essayé de faire, tout ce que je continue de faire, je vous l'accorde volontiers : il y a là une expérience déterminante qui a pour moi l'avantage de pouvoir se dérouler sur plusieurs plans. Tous les auteurs sur lesquels j'ai travaillé ont réfléchi sur cette activité et ont apporté à ce propos des précisions très intéressantes. La lecture est inséparable de la relecture, de cette manière de vérifier la part de la temporalité dans ce processus, et la part de bévue qu'il y a dans la première approche d'un texte, dans sa découverte. Rares sont sans doute les textes qui donnent d'emblée toute leur richesse. Une première lecture est de l'ordre d'un véritable apprentissage ; autrement dit, elle doit être le plus souvent complétée, prolongée, rectifiée voire démentie ou abolie par une autre.

ME : Relire vous importe presque davantage que lire. Proust et Sartre qui ont écrit sur la lecture ne s'intéressent pas, je crois, à la relecture.

JMR : C'est peut-être leur position d'écrivain qui leur évite de parler de relecture, je peux le supposer. Si je porte plus d'attention à la relecture, ce peut être d'abord par un défaut de constitution. À cela s'ajoute souvent le plaisir à reprendre, la joie de découvrir ce que je n'avais pas vu une première fois. C'est une expérience véritable, un processus qui met en jeu le sujet dans sa totalité, une expérience dont les effets secondaires ou après coup sont immenses, surtout pour quelqu'un qui a mauvaise mémoire. Le moment de la relecture, c'est aussi une manière de me confronter aux coups de crayon que j'ai pu donner dans les livres déjà lus, d'évaluer mes négligences et de comprendre les étapes d'un travail, de saisir les variations de mon intérêt et du même coup les lacunes de ma démarche d'un moment donné. En relisant, j'arrive parfois à cerner avec quelque précision ce que j'ai à faire et, par conséquent, ce que je n'ai pas fait, ce que je n'ai pas su faire.

ME : Les textes théoriques ou philosophiques et un texte littéraire ne sont bien sûr pas sur le même plan.

JMR : Je ne peux pas évidemment mettre sur le même plan une page de Hegel et une page de son contemporain Alexandre Dumas. Il y a d'emblée une question de langue, de vocabulaire, de texture, de finalité, d'enjeu – et ainsi de suite. Je n'en ai pas le même usage, même si, parfois, je crois pouvoir faire s'entrecroiser des formes qui emprunteraient à l'un et à l'autre. Certains textes philosophiques réputés ardus exigent une lenteur que ne requiert pas nécessairement le roman. Il y a, dans certains cas, des proximités, des ressemblances, parfois des analogies, mais je ne crois pas qu'on puisse tout aligner sur le même plan. Ce qui veut dire qu'il faut apprendre à s'y retrouver quant aux modalités d'approche, qu'il faut en prendre la mesure, autant que possible, et se débrouiller avec une telle diversité, apprendre aussi à en tirer parti, s'aventurer grâce à ce qui se montre en elle. Il me semble que la littérature, et notamment à partir du XIXe siècle, a une capacité réflexive, qu'elle fait circuler des motifs qui consonent dans certains cas avec ce que la philosophie du moment nous présente : question d'oreille faudrait-il dire à la suite de Nietzsche. C'est donc une façon de dire qu'il faut bannir résolument tout ce qui ressemble à un thématisme généralisé qui abolirait toutes les différences, ne tiendrait aucun compte des langues et entretiendrait une grande confusion entre des textes différents. Le « thème » est, la plupart du temps, l'asile de bien des ignorances et la raison d'être de mouvements d'expansion très arbitraires – en littérature comme en philosophie, et plus encore quand on prétend passer de l'une à l'autre.

Je parle délibérément de « motif » pour éviter toutes les ambiguïtés qui sont liées à la notion de « thème », à son usage. Il n'y a pas de « thème » philosophique qu'on pourrait prélever dans son histoire, pas non plus de « thème » dans la littérature qu'on pourrait isoler et reprendre dans une perspective d'une tout autre nature. Pas de vision panoramique donc de l'un et l'autre domaines, aucune possibilité de regroupement de noyaux de sens faisant abstraction de la langue et des divers effets de contexte.

ME : Je dirais volontiers que cette relation à la littérature est une relation de biais. Vous ne mettez pas en avant la part proprement littéraire. Les auteurs qui lestent votre travail sont des écrivains tout autant que des penseurs. Du moins traitez-vous comme tels Michelet, Quinet, Melville, Péguy, Valéry, Kafka.

JMR : Chez ceux que vous nommez, il en va bien ainsi, je crois. C'est ce qui fait à mes yeux leur intérêt et leur force. L'intérêt que je porte à Dumas, à Thomas Mann, à Melville et à quelques autres tient à ce caractère qu'on peut dire mixte. J'essaye, autant qu'il est possible, de ne pas séparer un propos discursif d'une démarche d'écriture, de saisir de quelle manière cela se constitue, comment cela se forme, quel type de nouage chacun de ces auteurs parvient à fabriquer. Toute lecture doit ici *commencer par l'ignorance* la plus grande de ce que chaque œuvre est supposée dire, de ce qu'elle est censée contenir : il faut à chaque fois une suspension du savoir acquis, une mise entre parenthèses de ce qu'on croit connaître de l'ensemble en question, pour que la lecture puisse véritablement commencer, pour qu'elle ait une chance de pouvoir se rendre attentive à la diversité de l'œuvre et à son détail, à sa fragmentation, à sa dispersion, à ce qu'on ne saurait percevoir d'entrée de jeu.

ME : Les œuvres qui procurent satisfaction sont celles dont l'achèvement, l'accomplissement est improbable.

JMR : Ce sont des œuvres qui n'arrivent pas à envisager un achèvement, et qui cherchent à énoncer la raison d'un fait de cette importance, qui s'y attardent volontiers. Je dirais évidemment la même chose de Nietzsche ou d'Artaud, de Jean Paul aussi, ou de Kierkegaard, de Rosenzweig, ou de Musil. La chose est cruciale et demande à être reconnue comme telle. Ce n'est pas un hasard si chacun de ces auteurs est comme poussé, avec les moyens qu'il invente pour la circonstance, à réfléchir de manière conséquente à la notion d'œuvre, aux contradictions qu'une telle chose ne peut manquer d'engendrer et aux effets à long terme qu'elle engage ; à réfléchir à nouveaux frais à ce qu'il fait, en un mot, et, ce qui va de pair, à essayer de cerner avec quelque précision ce qu'il ne parvient pas à faire, ce qui lui échappe. Ce qui est commun à ces auteurs hantés par la littérature ou quelque chose qui n'a pas de nom précis, c'est peut-être une certaine rugosité dans la forme, une absence d'unité de leur démarche également. Nous sommes dans un moment où l'expérience de pensée ne se laisse pas séparer d'un travail d'écriture s'affichant comme tel, où elle est poussée à inventer des formes, peu soucieuse d'homogénéité ou même d'élégance. Cette invention va de pair avec un *essentiel inachèvement* qui est comme la conséquence de ces différentes caractéristiques. Le dernier livre de Freud, *L'Homme Moïse et la religion monothéiste*, qu'on considère souvent comme son testament est, lui aussi, inachevé – sans doute foncièrement inachevable, interminable –, strictement comme l'analyse qu'il invente. Le propos qu'il cherche à y tenir est à ce point envahissant, *invasif* pourrait-on même dire, qu'il contribue à éparpiller l'œuvre, à lui faire perdre son centre, qu'il apparaît fortement disjoint du reste de la démarche : un *testament ingérable* en quelque sorte. C'est ce qui fait toute sa valeur à mes yeux, ce qui le rend lisible aussi, c'est-à-dire ce qui nous oblige à l'interpréter, à se hasarder sur un tel versant ; à le lire, par exemple, en regard du *Ecce Homo* de Nietzsche. Dans l'un et l'autre cas, c'est comme un cadeau empoisonné qu'ils font à leurs lecteurs ou qu'ils adressent à l'avenir.

Dans une perspective analogue, il faut rappeler ce que dit Scholem, en 1961, de la traduction de la Bible par Martin Buber à laquelle avait participé Rosenzweig avant-guerre : « Cette traduction, qui provenait de l'association d'un sioniste et d'un non-sioniste, allait constituer en quelque sorte le *Gastgeschenk* que le judaïsme allemand aurait laissé au peuple allemand comme l'expression symbolique de sa gratitude après qu'il aurait quitté le pays. Quel *Gastgeschenk* les Juifs pouvaient-ils offrir à l'Allemagne qui pourrait avoir davantage de signification historique qu'une traduction de la Bible ? Mais les événements ont pris une tournure différente. » Et Scholem ajoute ceci : « Elle sera la pierre tombale d'une relation qui a été anéantie dans une catastrophe effroyable. » La dernière œuvre en tant que *cadeau de l'hôte* à celui qui ne sait qu'en faire, à ceux qui croient avoir partagé la même langue. Kafka tient des propos dans le même sens, avec la même virulence, dans son texte intitulé « Discours sur la langue yiddish ».

ME : Quelles questions introduit la traduction ? Complique-t-elle le problème ? Prenons l'exemple de *L'escroc à la confiance* de Melville.

JMR : Le cas de Melville est intéressant : il emprunte beaucoup à l'empirisme, notamment à Locke qu'il cite nommément, ou à la Bible. Cela constitue pour lui une sorte de socle, à quoi s'ajoute bien entendu Shakespeare. Un tel terreau permet des digressions, des développements, des réflexions, des remarques de tous ordres. C'est le genre romanesque qui trouve ainsi à se renouveler, en faisant preuve de plasticité, de mobilité : grande capacité à inventer des formes qui ne relèvent pas uniquement de l'histoire, de la fable ou de la narration. C'est un espace de pensée qui se met aussi en place dans ses romans – une sorte de supplément à l'empirisme philosophique d'origine anglaise. *Sa démarche questionne, à mon sens, aussi bien l'économie que la politique.* Je pense aussi à un autre grand écrivain, qui précède de peu Melville, et qui ouvre le XIXe siècle européen, Jean Paul. Il est l'auteur d'une Esthétique, qui est tout sauf un traité, et de romans dans lesquels l'ironie est à son comble, des fictions où la dimension de l'auteur est sans cesse questionnée, retournée en tous sens. C'est le même écrivain qui accompagne ses textes romanesques de préfaces, et de préfaces de préface, d'un travail interminable qui font de ses romans une sorte d'exercice dont la philosophie est partie prenante. Kierkegaard l'a compris rapidement mieux que personne. Il est le grand contemporain de Jean Paul. Il prolonge une partie de ses propos les plus significatifs, notamment dans la perspective des préfaces.

ME : Pour ce qui est de Jean Paul, pensez-vous à la *Vie de Fixlein* ?

JMR : Et à d'autres livres d'une très grande richesse : *La Vie de Fibel*, *Titan*, *Hesperus*, *La Loge invisible*, la *Biographie conjecturale*, où le rapport à Fichte est prégnant, sans oublier *Siebenkäs*. C'est dans ce roman qu'on trouve ce développement surprenant, qui donne du fil à retordre à tous les interprètes, le fameux « Discours du Christ mort du haut de l'univers, qu'il n'est point de Dieu ». Ce pourrait être une sorte de première version de la « mort de Dieu », singulière en ce que c'est le Fils qui annonce la mort du Père. Avec Jean Paul, c'est comme si le roman ne pouvait pas se passer de réfléchir à ce qu'il implique, de remodeler les éléments qu'il est en train de brasser, d'analyser les motifs qu'il est en train de constituer, sans abandonner pour autant une sorte de trame narrative et philosophique. Le roman dit en quelque sorte ce qu'il fait, indique sans cesse ce qu'il vise, se raconte lui-même, fait retour sur les métaphores qu'il utilise, s'engageant ainsi dans un travail qui n'a pas de terme – un travail qu'on dirait tout à la fois réflexif et référentiel. Les limites de l'œuvre font à chaque fois question : raison supplémentaire de s'y attarder. Un de ses premiers textes est un magnifique *Éloge de la Bêtise*, un hommage explicite au texte majeur d'Érasme. Jean Paul nous montre donc, *à sa manière*, comment les valeurs les mieux ancrées peuvent d'un rien se détruire, perdre totalement ce qui leur donnait une consistance, déchoir même brutalement. Juste après la Révolution, il y a chez Jean Paul, sur un mode qui peut paraître enjoué, mais qui en fait ne l'est pas du tout, comme un affleurement du nihilisme. Nietzsche y fait référence, me semble-t-il. L'œuvre qui ne trouve pas son terme est sans doute l'un des symptômes significatifs de ce moment dans lequel il y a une *conscience aiguë de la précarité des mécanismes qui font tenir le corps social*. Le *Witz* est d'ailleurs là pour adoucir une perception trop cruelle et la détresse qui ne peut manquer de l'accompagner. Aucune histoire ne peut s'arrêter ou trouver un terme satisfaisant pour ce maître du double qu'est Jean Paul. Là où on pourrait croire qu'il y a une fin, le processus recommence par d'autres biais.

ME : Cependant, une peinture, un roman, une composition musicale « se terminent ». Comment, pourquoi ? Peut-être est-ce une question subsidiaire.

JMR : Ce sont de véritables questions qu'on est amené à se poser en lisant Jean Paul, et quelques autres qu'on peut situer dans son sillage. Il est même l'un de ceux chez qui cette interrogation s'impose à chaque moment, devient un motif de la narration. En se faisant, l'œuvre pose la question de son propre statut – dans les termes mêmes où elle se fabrique. Le travail romanesque relève, au sens le plus fort du terme, de l'*expérience*, de tentatives variées en vue de faire consister un ensemble. Il faut donc *tenir le journal de bord de cette écriture*, raconter les détours qu'elle doit prendre, mentionner les obstacles qu'elle rencontre, considérer les métaphores qui s'imposent en cours de route, prendre la mesure de la fragilité à l'œuvre dans toute entreprise de cette nature – et ainsi de suite. C'est, à mes yeux, la méditation la plus forte sur l'écriture dans ce début du siècle, la plus conséquente aussi. La méditation la plus consistante sur l'œuvre, du même coup. Non pas sous forme de traité, mais, ce qui en accroît bien évidemment la puissance et la portée, par le truchement d'expériences romanesques variées, par un travail minutieux sur tous les constituants de la langue. Jean Paul est notre contemporain, celui qui retravaille cette langue allemande que nous devons réapprendre à lire en même temps que celle de Heine, de Nietzsche et de Freud, de Musil et de Benjamin ; tous ces auteurs travaillent sans savoir où l'œuvre doit pouvoir s'arrêter, tous insistent donc sur cette dimension. Chez Michelet, le *Journal*, particulièrement abondant, est d'une importance cruciale. On y voit assez précisément l'œuvre en train de se faire, les hésitations, les repentirs et les hardiesses.

ME : Dès que l'on entreprend de lire et d'étudier, l'hypothèse est qu'il y a œuvre. Qu'est-ce qui assure celui qui lit qu'il a affaire à une œuvre ? Comment cerner l'idée d'œuvre ?

JMR : Cela fait plusieurs questions, et pas des moindres. Bien loin de la consécration, l'œuvre est sans doute ce qui est à même, dans des circonstances à chaque fois singulières, de faire signe à quelqu'un sur un mode insistant. Autant dire qu'elle n'est pas attendue, qu'elle n'a pas de lecteurs déjà désignés, qu'elle ne s'inscrit pas dans une perspective constituée. Elle est chose éminemment fragile, sans garantie d'aucune sorte. Elle porte en elle d'emblée bien des formes de négation, se soustrait à nombre de déterminations, ne s'inscrit pas dans la stricte affirmation ; par là même évidemment interprétable, dépossédée de centre de gravité, comme flottante, dans l'attente. Elle ne donne jamais à voir d'emblée de quoi elle est faite, se prêtant donc aux sollicitations les plus diverses ou à des polémiques contradictoires quant à son sens. Elle sait souvent déjouer les usages auxquels cherchent fréquemment à la soumettre l'université et le savoir, voire la doxa la plus ordinaire, et fait ainsi preuve d'indocilité souveraine. Elle donne à reconsidérer ce qu'elle est censée montrer, ce sur quoi elle s'appuie et ce qu'elle remodèle, n'en a jamais terminé avec les opérations par lesquelles elle se constitue. Une œuvre, c'est ce qui…

ME : … ne peut être unilatéral ?

JMR : Elle ne peut pas venir d'une seule chose, ne peux pas obéir à une unilatéralité et est amenée à déconcerter ceux qui, par des biais différents, voudraient en tirer parti. Elle s'expose et se retire d'un même mouvement. Nous sommes pleinement dans l'oxymore. Il y aurait dans ces parages, pourrait-on dire, une part d'insolence discrète ou quelque chose du même ordre, comme un orgueil retenu.

ME : Par la façon dont elle s'écrit ? Je pense à l'écriture incantatoire et impétueuse de Péguy.

JMR : Bien sûr. Par la façon dont elle s'écrit, en raison de ce qu'elle est amenée à reprendre – qu'elle soit discursive ou romanesque, la différence n'est pas fondamentale ici –, par ce qu'elle réinvestit du passé ou du présent. Ce qui peut frapper le plus dans cette perspective, c'est, je crois, que l'œuvre constitue, avec les moyens du bord, une sorte de *mélange particulièrement déconcertant entre une puissance et une faiblesse*. Elle ne supporte pas de se laisser réduire, d'être ramenée à quelques phrases, d'obéir donc à une exigence idéologique de simplicité ou de clarté, d'être instrumentalisée. Elle a le pouvoir de solliciter celui qui tient à s'en préoccuper à un point qu'il ne soupçonne pas d'ordinaire. C'est le lecteur poussé, comme malgré lui, à comprendre peu à peu le rapport qu'il a à sa propre langue quand cela lui revient sous une forme apparemment objectivée d'un livre, et que le texte lui parle de choses extérieures à ce qu'il sait ou à ce qu'il croit comprendre. C'est le regardeur dérouté par un ensemble de surfaces colorées qui lui fait découvrir des aspects inédits du visible et le confronte à ce qu'il ne pouvait aucunement pressentir sans cette expérience. Péguy occupe en France une position bien particulière dans cette perspective. Je repense par exemple aux pages où il développe le propos suivant : ne me dites pas ce que vous dites, mais dites-moi comment vous le dites.

ME : Dans son discours de réception du prix Nobel, *Discours de Stockholm*, Claude Simon cite Valéry sur la relation du dire et du faire : « Je n'ai pas voulu dire, mais voulu faire et c'est cette intention de faire qui a voulu ce que je dis. » Est-ce ce que vous essayez de saisir ou de définir par l'œuvre, c'est-à-dire la disjonction entre une intention et un faire ?

JMR : Tout à fait. Une disjonction très forte entre le dire et ce qui en résulte. Autrement dit, on est toujours dans une série d'opérations qui, là même où l'on croyait qu'elles s'enchaînaient, se défont et vont dans des directions différentes. Ce serait un des aspects majeurs de cet étonnant processus. C'est en faisant qu'on apprend éventuellement ce qu'on fait ou ce qu'on pensait vouloir faire. D'où l'importance du regard qu'un auteur est parfois à même de porter sur telle ou telle phase de son travail. On peut comprendre ainsi que le projet initial, s'il y en a eu un, est quelque chose de tout à fait mineur ou d'intérêt moindre par rapport à ce qui s'est fait. Rien ne va dans le sens d'une tension conséquente entre un projet et son accomplissement. Autrement dit, on n'est pas dans la perspective d'un propos sur la création, mais dans une opération d'ajustement continuel, avec tous les effets après coup que cela peut engendrer, dans un processus d'appropriation de fragments éparpillés du travail. Chacun invente des formules pour essayer de rendre compte d'un tel état de fait, fabrique des fables pour cerner une probable genèse de l'œuvre. Il serait possible de comparer de ce point de vue ce qu'énonce Jean Paul et les formules tâtonnantes et redoublées de Valéry. Si à l'évidence tout semble les séparer, ils ont pourtant en commun une préoccupation du même ordre : la nécessité de faire retour sur les différents aspects du travail et de se situer par rapport à une telle exigence, et le désir de pousser l'analyse aussi loin qu'il est possible de le faire, la hardiesse à s'aventurer sur ces terrains. Il y faut parfois l'humour ou même une ironie tenace.

ME : Comment en rendre compte si ce n'est par une formule ?

JMR : Ce sont en fait des formules qui n'arrêtent pas de se reprendre, qui savent leur insuffisance et cherchent à y remédier. Le processus, ici encore, est de l'ordre d'un interminable.

ME : C'est la pensée en quête de son expression ?

JMR : C'est de cet ordre-là en effet. Il me semble que c'est une sorte de mouvement réflexif qui accompagne le travail, qui en fait même partie intégrante en occupant une place décisive. C'est ce qui dicte aussi un certain rythme de la démarche – je veux dire c'est ce qui la ralentit, lui fait suivre des détours et se confronter à ce qu'elle rencontre, à toutes les scories auxquelles elle ne peut manquer de se confronter, aux déchets qui lui incombent. Le travail de l'écriture réside, pour une bonne part, dans la capacité de relier ces différentes interventions, ces manœuvres diverses.

ME : Lire, écrire et traduire font lien. Lien fragile et dispersé dans vos ouvrages mais lien tout de même. Ces verbes et ces pratiques pourraient-ils faire, sans unifier, l'unité de votre travail ?

JMR : Il faut sans doute savoir parfois renoncer à l'unité, *ne pas vouloir* qu'elle ait lieu, ne pas même la souhaiter, ne l'envisager même d'aucune façon : c'est peut-être un des résultats les plus consistants du travail que j'ai pu faire depuis quelques décennies, ce dont je me convaincs par les détours que j'ai pu faire. *Laisser faire des mouvements en apparence négatifs* dont je pressens qu'ils sont déterminants, alors même que j'ignore ce vers quoi ils m'entraînent ou quels sont leurs conséquences. Il faut en somme comprendre que les hiatus et les lacunes peuvent avoir un rôle décisif et qu'il ne sert à rien de faire comme s'ils n'existaient pas ou de vouloir les surmonter à tout prix. L'unité ne peut pas être ici une visée de la démarche. Il convient à certains moments de se déprendre de tous les désirs de cette nature, de les évaluer en quelque manière. Faute de cela, ils prennent le dessus et nous en devenons dépendants. Vieille préoccupation qu'on retrouve dans les domaines les plus différents : on risque d'être sous l'emprise des choses qui nous occupent dont nous n'avons qu'une connaissance vague.

ME : C'est un cheminement essentiel.

JMR : Un cheminement, je l'espère. Quant à son importance, je ne me prononcerai évidemment pas. Écrire, lire, traduire : la chose s'est imposée peu à peu de manière évidemment inégale, tant dans l'enseignement que dans le travail personnel, si je puis dire. L'enseignement m'a permis de relire des textes que j'avais déjà lus, d'en découvrir d'autres avec la nécessité de les exposer avec quelque précision. Un apprentissage continué dans le plaisir, je dois le dire. La diversité des auteurs sur lesquels j'ai travaillé – et sur lesquels je travaille encore, pour certains du moins – a contribué à cette éducation, l'a sans doute enrichie.

J'ai le souvenir vif d'un séminaire que j'ai fait en français à la *Freie Universität* de Berlin, en 1975-1976, sur des textes de Freud, avec des étudiants et des chercheurs venant de plusieurs pays et parlant plusieurs langues. Il s'agissait du poste de Peter Szondi, vacant depuis sa mort. Je lisais, je traduisais et je commentais ce que je pouvais saisir de certains développements de Freud, en cherchant à prolonger ce qui venait ainsi peu à peu au jour. L'allemand, l'anglais et le français se répondaient à partir de quelques phrases qui nous occupaient longuement : les différences se marquaient sans conflit, les propos circulaient avec une liberté peu commune. Une utopie en somme, dans un moment pourtant troublé de l'Allemagne : régnait à cette époque le *Berufsverbot,* l'interdiction d'exercer une profession pour des raisons politiques. Ce qui valait notamment pour les enseignants.

ME : Vous hésitez à dire que lire-écrire-traduire pourrait faire l'unité de votre travail, la conjonction lire-écrire-traduire forme néanmoins un socle.

JMR : J'espère que c'est comme un socle, pour reprendre votre mot. Je me suis formé en tout cas là-dedans, grâce à des objets de travail qui se sont imposés à moi rapidement. Le travail sur Nietzsche n'était évidemment pas étranger au monde grec, à l'intérêt que j'y portais depuis mon essai précoce de retraduction d'*Œdipe Roi*. Il en va même d'ailleurs pour Freud pour des raisons analogues. Le travail sur le « crédit » et l'« escroquerie » commencé au début des années 2000 n'est pas détachable de la rhétorique latine, de la question des phrases ou de certains aspects du droit romain. Les choses finissent par se renouer sur des modes qui ont de quoi déconcerter celui qui a procédé à ces opérations ; comme autant de fils qui, à certains moments, se dénouent et se trouvent noués autrement, indépendamment de l'auteur. En travaillant sur ces différents objets, j'ai sans doute appris peu à peu un certain nombre de choses sur ce qu'est une langue étrangère, sur les rapports qu'on peut entretenir avec une réalité de cet ordre, sur ce qu'on appelle la langue maternelle, sur les langues dites « mortes », sur les croisements qu'elles peuvent produire et les effets qu'elles suscitent à long terme ; je dirais même que j'ai appris quelque chose sur l'Europe telle qu'elle s'écrit chez certains écrivains, sur les filiations inattendues, sur des rapprochements que le concept ne laisse pas supposer.

ME : *La Naissance de la poésie*, livre sur Artaud, rend par son titre hommage à Nietzsche, *La Naissance de la tragédie*. La poésie d'Artaud, montrez-vous, naît dans l'effort de traduire Lewis Carroll ou Edgar Poe. Traduire ici se situe au commencement d'une écriture, pour ne pas dire qu'il la « génère ». Comment comprendre ce cas si insolite : de la langue étrangère procède le poème du poète dans la langue qui est la sienne ?

JMR : Je ne sais comment le comprendre : c'est la raison pour laquelle je m'y suis attardé, avec le sentiment que quelque chose de crucial se jouait pour Artaud dans cette manière de faire si singulière. Il m'a semblé aussi que c'était là un biais pour essayer d'aborder ces textes particulièrement difficiles que sont les textes écrits pendant la guerre qu'on nomme les *Cahiers de Rodez*. Et je renouais par ce travail avec ma lecture assez précoce – fin 1956 ou début 1957 – du premier volume des *Œuvres* d'Artaud. Ici encore, il a fallu du temps pour qu'un propos commence à prendre forme. Je me suis aperçu qu'il fallait d'abord essayer de décrire le processus lui-même de cette traduction, en suivre pas à pas le cheminement élémentaire ; montrer comment, dans un moment pour le moins difficile de sa vie, Artaud est comme interpellé par certains termes d'un poème de Lewis Caroll, notamment *spell* qu'il traduit et interprète grâce à un terme déconcertant dans ce contexte, le « dictame », qui semble avoir peu de rapports avec le *spell* anglais. Il m'a donc fallu trouver des détours pour comprendre la pertinence de ce choix, formuler des hypothèses, aller voir d'autres textes poétiques anciens dans lesquels le fameux « dictame » apparaissait, faire des rapprochements – et ainsi de suite. La lecture défait l'unité apparente d'un texte et oblige le lecteur à reconstruire l'équivalent d'une forme. Non sans plaisir.

ME : On se souvient du vers de Baudelaire dans le poème « La pipe » : « Et je roule un puissant dictame ». À quoi se rattache « dictame », mot dont l'emploi est rare ?

JMR : Le dictame, c'est une vieille légende grecque qu'on retrouve dans le monde latin. C'est à partir d'un arrière-plan mythologique, imaginaire, que la poésie écrit en quelque sorte une partie de son histoire. On sait qu'Artaud avait des liens très particuliers avec la langue grecque : Paule Thévenin, l'éditrice d'Artaud, l'a montré sur de nombreux exemples dans son admirable travail d'édition. Quand quelqu'un est blessé, on doit aller chercher certaines plantes qui sont une sorte de vulnéraire et qui peuvent guérir immédiatement la blessure. C'est cela avant tout le dictame dans la légende. Une plante apaisante qui peut parfois faire sortir une flèche fichée dans la chair ou atténuer une douleur très forte par simple application. C'est toujours dans des conditions particulières qu'on est amené à trouver un dictame : la mythologie grecque l'atteste par bien des exemples. Je me suis intéressé à cette légende du dictame, j'en ai retrouvé des formes ici ou là, depuis l'Antiquité jusqu'à Baudelaire. J'ai essayé de montrer comment le terme anglais *spell*, qui signifie d'ordinaire un « sort », peut en venir à signifier, dans le contexte particulier du poème de Lewis Caroll, quelque chose d'apparenté au « dictame » de la légende grecque. D'un même mouvement donc, Artaud *lit, interprète et traduit* un mot anglais courant, en lui faisant perdre son caractère par trop banal et en lui donnant comme équivalent ce terme grec, passé comme tel dans la langue française grâce à ses nombreuses reprises poétiques. En traduisant de cette façon, Artaud écrit une nouvelle page de l'histoire de la poésie européenne. Ce choix insolite de traduction trouve sa pertinence dans les commentaires qui l'accompagnent ; c'est comme un surcroît de sens qu'Artaud introduit par ce truchement. On voit par ce biais de quelle manière deux langues poétiques peuvent s'entrecroiser, comment elles se font signe ; d'autant plus quand on intercale une référence à Mallarmé, grand traducteur de l'anglais, comme on le sait. L'opération se fait, à mon sens, sous son égide en faisant circuler dans la langue française un terme qui a pour l'essentiel un usage poétique. Autant dire que le langage de la *poésie* – c'est un terme qu'Artaud ne craint pas d'utiliser tout au long de son œuvre – peut avoir des vertus surprenantes, à savoir réparer ce qui est blessé, agir comme un puissant vulnéraire.

ME : La poésie, le poème se façonnent dans la langue du traducteur. Est-ce bien le lieu où saisir cette « naissance de la poésie » ?

JMR : C'est l'hypothèse que j'ai essayé de faire : il y a, grâce à un tel travail, un mouvement de l'ordre d'une naissance de la poésie. J'entends par là que la traduction et l'écriture sont prises dans un nouage extrêmement strict, d'une grande rigueur ; et que c'est là pour Artaud une manière de rappeler que d'autres poètes, avant lui, ont suivi une voie semblable, qu'il y a donc une histoire de la poésie qui permet, quand cela s'avère nécessaire, qu'il y ait pour quelqu'un un événement de l'ordre de l'apparaître, d'une *nouvelle naissance* tablant en l'occurrence sur plusieurs langues. La poésie nous fait sortir de la langue maternelle et permet d'y faire retour par le truchement d'autres langues. Cet événement a lieu, au sortir de ce qu'on appelle le « moment de Rodez », après des années d'enfermement pendant lesquelles d'ailleurs Artaud n'a jamais cessé d'écrire.

ME : Dans la poésie d'Artaud il n'y a pas seulement un violent rappel de la voix. Qu'y-a-t'il d'autre ?

JMR : Plusieurs choses bien sûr. L'importance de la voix tout d'abord, car il s'agit, chez Lewis Caroll, de « *the spell of his voice* ». On sait qu'Artaud n'a cessé de creuser ce registre de la « voix », en affirmant notamment que la poésie doit être expectorée, qu'elle passe aussi par les « glossolalies » et que sa définition doit être, elle aussi, revisitée, reprise en rapport avec de telles expériences. À son propos, comme à propos du théâtre, il s'agit de *ce qui n'a pas encore commencé à exister.* C'est un motif récurrent chez Artaud qui a conscience de travailler sous la contrainte de ce « pas encore », de ce qui est donc *à naître.* Il explicite cela à plusieurs reprises. C'est comme une ponctuation de l'œuvre.

ME : La « désarticulation » du mot, de la langue sonne comme l'éclatement du commencer.

JMR : C'est aussi une forme de projection extérieure, le refus de tout ce qui relèverait de l'intériorité et une désarticulation de l'usage courant à quoi le théâtre doit participer. La poésie ne naît pas de rien ; elle naît de formes qu'elle retraduit, qu'elle retranscrit, qu'elle déplace, qu'elle reformule ou qu'elle imagine en les entendant. Elle naît souvent de pratiques contradictoires : c'est ce que condense avec force le dictame. Comme chez Valéry, elle trouve une extension inédite en misant sur les moindres choses, sur ce qui semble lui être totalement étranger ou d'un statut médiocre.

ME : Avec beaucoup plus de violence ou de désespoir.

JMR : Chez l'un et l'autre d'ailleurs, à des doses différentes bien entendu. Les *Cahiers* de Valéry sont à mon sens comme un monument de désespoir. Chez Artaud, c'est sans doute la violence qui prédomine, à première vue tout au moins. Ce n'est pas un hasard si, à partir des années 1930, Valéry parle de plus en plus des aléas de la politique et montre toute l'extension de la *fiducia*, tente de cerner les problèmes qu'elle pose dans le moindre discours. Mais rien chez lui ne va dans le sens d'un quelconque dictame. Ce sont plutôt chez lui les aventures interminables de la déliaison qui occupent le terrain, et les remarques continuelles qu'il fait à ce propos ne proposent aucune solution.

ME : Je reviens sur le socle lecture, traduction, relecture, écriture. Peut-on concevoir que vous formaliseriez ces pôles qui vous sont essentiels ?

JMR : Je ne suis pas sûr d'y avoir pensé en tant que tel ou de l'avoir voulu explicitement. J'ai le sentiment que toute formalisation risquerait de me faire manquer quelque chose dans la suite. C'est peut-être cela que j'ai appris en travaillant sur des objets apparemment très limités – un petit texte d'Artaud, quelques pages de Valéry, un mot de Freud, quelques phrases de Nietzsche, la circulation du mot « crédit » au XIXe siècle, les formes de l'« escroquerie » au même moment. C'est, à chaque fois, la nécessité de laisser déborder les choses et de continuer l'exercice sans souci de classement.

ME : Ordonner les thèmes figerait l'esprit de votre travail, empêcherait sa poursuite ?

JMR : C'est vraisemblable. Vous touchez quelque chose d'important. J'ai le sentiment que ce avec quoi je me suis formé, je n'ai pas les moyens de le reprendre ou de le reformuler – ni sans doute l'envie. Le faire, ce serait s'engager dans une perspective d'explicitation qui ne me semble pas de mise pour le travail de pensée. Je crois qu'il y a toujours des zones d'ombre dans une démarche ; et c'est à coup sûr l'un de ses moteurs. À chaque fois, avant de le faire, *je ne sais pas ce que le travail va donner*, et c'est sans doute pour partie cette ignorance qui me permet d'avancer et de me risquer dans des voies où je n'ai pas été, où je ne pensais même pas aller. Je ne peux aucunement prévoir la forme que va avoir le travail auquel je pense depuis quelques mois, ni les détours que je vais devoir emprunter pour le mener à bien. C'est de là que vient évidemment le plaisir que je trouve sans cesse au travail. Et il y a en outre, la difficulté que j'ai parfois d'arrêter un texte, de me dire qu'il est fini et qu'il faut le laisser sous cette forme, de décider d'interrompre.

ME : Faut-il se protéger d'un « mieux ennemi du bien », se libérer d'une amarre au texte qui freine l'inventivité ?

JMR : Étienne Souriau qui était attentif aux « différents modes d'existence » – c'est d'ailleurs le titre d'un de ses livres –, avait une formule intéressante à propos de *l'œuvre à faire* quand il évoquait « l'exploitation de l'homme par l'œuvre ». Ce qui est à faire me met dans la position de rester dans cette sorte de vague, et de maintenir cette réelle indétermination le plus longtemps possible, de ne pas chercher à démêler les différentes strates qui sont impliquées dans un travail – dans la position de comprendre qu'il y a là des formes de dépendance quasi nécessaires. Il y a ainsi des choses qu'il faut en quelque sorte sciemment laisser en sommeil. C'est ce que je fais, depuis des années, en remplissant des cahiers dont l'usage pour un travail précis ne va jamais de soi.

ME : Vous vous en tenez à votre empirisme.

JMR : Je m'en tiens à une forme d'empirisme que je peux modifier quand c'est nécessaire. J'ai une grande réticence à chercher une formulation plus englobante. Il y a bien des raisons à cela : j'en aperçois certaines, d'autres restent forcément opaques. L'empirisme « enrichi » par certains penseurs américains me semble une chose tout à fait excitante ; notamment avec William James.

ME : La forme théorique serait trop péremptoire ?

JMR : Pour moi, en effet, elle peut glisser facilement vers un ton péremptoire. Mon premier livre allait évidemment dans ce sens ; c'est pour cette raison d'abord que je reste aujourd'hui encore critique à son égard. Avec les livres sur Freud j'ai essayé d'échapper à ce caractère trop tranchant, à ce type de formulation qui risque de nuire fortement au travail. Mes recherches sur le XIXe siècle français ont sans doute contribué à ce déplacement ; de même d'ailleurs que tout ce que j'ai tenté de mettre en place touchant la dimension du « crédit », du fiduciaire ou de la croyance, en prenant appui notamment sur des romans. Il y a peut-être aussi des motifs qui favorisent un tel décentrement.

ME : La pratique et l'interrogation de l'écriture sont comme la basse continue de vos livres. En dépit de sa formulation bien générale, on ne peut renoncer à la question : qu'est-ce que l'écriture ?

JMR : S'il y a effectivement *une* question, c'est bien celle-là que j'ai rencontrée d'abord chez Nietzsche ; elle y occupe une place considérable, comme on le sait. C'est en partie par ce biais que j'ai essayé de comprendre ce qui me semblait déterminant chez cet auteur. Avec le risque par là même de passer à côté de motifs importants.

ME : Blanchot, Barthes – pour ne citer qu'eux, toujours associés à la réflexion sur l'écriture –, ne semblent pas vous accompagner. Par rapport à leurs problématiques, votre abord de la singularité de l'écriture est un peu solitaire.

JMR : Je me suis aussi formé, comme certains de ma génération, dans la lecture de Blanchot et de Barthes. Même si, par rapport à d'autres, je les cite peu, j'ai fait des emprunts à l'un comme à l'autre, sans doute plus indirects qu'à ceux que j'ai déjà nommés. Il m'apparaît évident que Valéry a davantage compté pour moi ; et d'ailleurs, aussi bien Blanchot que Barthes ont été des lecteurs très attentifs de Valéry. Qu'il y ait une élaboration solitaire, je le reconnais volontiers, même s'il est difficile pour moi de dire précisément en quoi elle consiste : l'insistance sur quelques noms du XIXe siècle va dans ce sens, et le choix que j'ai fait de ces auteurs tout autant. Ce sur quoi je peux me prononcer, c'est l'importance à mes yeux de la diversité des lectures, en maintenant autant que possible, quand il s'agit de textes étrangers, le rapport à l'original, en le privilégiant même ; ce sont également certains effets d'une circulation de longue date entre des textes d'allure différente : littéraires, psychanalytiques, philosophiques, anthropologiques, théologiques. Il ne saurait être question d'être exhaustif dans cette perspective.

ME : Envisagez-vous de caractériser dans un travail particulier le propre des écritures auxquelles vous tenez ?

JMR : J'ai plutôt tendance à miser sur la singularité des formes, à m'intéresser à des modalités d'écriture particulières. Quitte, en un deuxième temps, à esquisser des rapprochements entre des auteurs différents, à tâtonner dans une telle direction. Dans un travail en cours, j'essaye de montrer des similitudes assez fortes entre Valéry et Musil à propos de tout ce qui touche la « croyance », le « crédit » et le « fiduciaire », ce qu'ils appellent l'un et l'autre les « formes de vie ». C'est parfois quelque peu acrobatique, m'a-t-on dit pour des textes antérieurs. De même en ce qui concerne les livres à propos de Freud : j'ai essayé par différents biais de mettre en évidence la façon dont Freud opère en se décalant de la psychologie du moment et en refusant de se plier à une terminologie proprement philosophique. C'est une sorte d'entre-deux, sur lequel il me paraissait important de m'attarder ; c'est là une démarche qui n'a pas de statut bien établi, et une sorte d'expérience particulière, une invention qui nous renseigne sur la manière dont se constitue une discipline.

ME : Pour rester dans le cadre du XIXe siècle, quand psychologie et sociologie s'assignent un objectif de scientificité, comment aborder l'écriture *scientifique*, en un sens général, par rapport aux écritures littéraires ou à celle des essayistes ?

JMR : Il y a là toute une série de problèmes qui sont posés par une telle approche. Le XIXe siècle est ce moment où l'on voit apparaître des savoirs nouveaux qui se veulent tels et qui le sont parfois comme la sociologie, la psychologie, l'histoire des religions ; des savoirs qui amènent les auteurs à réfléchir aux formes et aux notions à mettre en œuvre. Et, parallèlement à cela, il y a des démarches que l'on dirait beaucoup moins cadrées, celle des historiens français, Michelet et Edgar Quinet notamment, ou encore, un peu plus tard, mais en s'en inspirant pour bonne partie, celle de Péguy justement : des pensées risquées, et parfois emphatiques, grâce auxquelles sont avancées des hypothèses d'une grande ampleur sur le temps, sur le statut de l'événement, sur la Révolution et bien d'autres propos du même ordre. Il me semble que ces démarches ont en commun de raconter pour une part leur propre genèse, de montrer ce qui les constitue, d'indiquer aussi le type de dettes qu'elles ont à régler et les emprunts qu'elles ont eu à contracter pour se maintenir. C'est une dimension que le siècle suivant n'a pas pu ignorer et qu'il a dû prendre en compte avec des moyens qu'il fallait improviser, par des biais différents de ceux du siècle précédent.

ME : La question du style ne vous préoccupe pas.

JMR : Ce n'est pas une recherche stylistique qui m'intéresse ici. Il s'agit plutôt de turbulences, de réagencements, de déplacements, de reformulations chez les auteurs que j'évoque. Mon idée, en bref, pour le XIXe siècle français : pendant plus de 50 ans, ce sont les historiens qui tiennent lieu de philosophes et occupent avec bonheur une place vacante ; il n'y a pas de grande philosophie entre Maine de Biran et Bergson. Par contre, il y a une démarche qu'on peut qualifier de véritablement philosophique chez Michelet, chez Edgar Quinet et chez quelques autres. Le point principal qui les occupe, concerne, à mon sens, le statut de la Révolution : ses suites, ses effets à moyen ou à long terme, les survivances qui sont comme un poids mort, les restes de l'Ancien Régime, et notamment *la question récurrente de la mort du roi.*

ME : On ne saisit pas d'emblée le rapport entre l'événement de la mort de Louis XVI et la question de l'écriture ?

JMR : C'est que cet événement, déterminant pour toute l'histoire de France, comme on sait, appelle…

ME : … une narration particulière ?

JMR : Une narration en effet particulière et surtout une réflexion d'une ampleur sans précédent. Tout le caractère politique, symbolique, imaginaire si l'on peut dire, de l'événement en question demande à être véritablement cerné, exhumé, précisé. On ne peut rester dans le vague à ce propos. On se doit en quelque sorte de ruminer et d'ouvrir, pour la première fois, une réflexion portant, tout à la fois, sur l'événement lui-même et sur l'instauration d'un tout autre régime dont cet événement à facettes multiples a été le moteur. La visée est à chaque fois double : le récit de l'histoire nationale ne se laisse pas séparer de la politique. Le passé n'est pas aboli, il continue d'habiter le présent par différents biais : c'est précisément ce qui fait amplement question. Il n'y a pas de cadre approprié pour traiter cet ensemble de problèmes. Michelet et Quinet se trouvent dans l'obligation d'innover, de mêler une démarche historienne et des analyses politiques, d'entrelacer un récit analytique et des remarques venant d'horizons différents. Propos qu'on retrouve à plusieurs reprises chez Michelet : qui suis-je pour vouloir écrire telle ou telle page glorieuse de l'Histoire de France ? Il s'agit, pour lui comme pour Edgar Quinet, d'inventer l'espace discursif qui va permettre de prendre en compte tout cela à la fois, de comprendre que la mort du roi Louis XVI n'ouvre pas sur un espace de liberté, mais qu'elle reconduit une forme d'asservissement qui ne se sait pas telle.

ME : Est-ce l'écriture qui en a la capacité et la force ?

JMR : C'est l'écriture qui a cette charge. C'est l'invention d'une démarche, d'un type de travail qui déborde de beaucoup l'histoire *stricto sensu* et qui se doit de bricoler en mettant au jour des problèmes jamais évoqués, notamment tout ce qui touche au statut symbolique de la royauté française : comment cette forme politique particulière dans l'Europe du moment a imprégné les modes de pensée, les aspects du langage, au point de produire une servitude dont on ne saurait se défaire par le seul changement de régime. Michelet dit, en s'inspirant de Vico, qu'il y a là une sorte de travail de la France sur elle-même ; ce serait comme une « psychanalyse » avant la lettre, entreprise par cet immense corps collectif. Il s'agit de voir si une société, en mutation profonde, est à même de formuler ce qui la constitue, si elle peut indiquer les forces qui la travaillent, et réfléchir aux conditions pour qu'un tel déplacement commence à se produire. J'ai tendance à penser que ces deux penseurs historiens que sont Michelet et Quinet ont une sorte de perception quasi freudienne du temps historique, des survivances et de ce qui y ressemble. J'y vois surtout une manière féconde de réfléchir aux constituants de la politique et aux formes symboliques qui l'organisent. Ils sont, en outre, les premiers à le faire de manière systématique, à montrer l'ampleur des problèmes. Outre tout ce qui, chez Michelet spécifiquement, va dans le sens d'une grande réflexion sur la mort dans l'Histoire ; une méditation qui fait le va-et-vient entre des affects personnels et des disparitions à l'échelle d'une nation.

ME : Ne tirez-vous pas Michelet et Quinet dans le sens de vos propres intérêts ? Ne profitent-ils pas quelque peu de vos propres interrogations ?

JMR : J'interprète évidemment certains de ces propos et je schématise quelque peu les choses dans mes réponses. Il faudrait des précisions supplémentaires qui ne peuvent être apportées ici. Il reste qu'on trouve, chez Michelet et chez Quinet, des énoncés d'une extrême précision et, à mon sens, d'une grande justesse en ce qui concerne les divers problèmes que j'ai évoqués. J'ai déjà mentionné « l'humanité banqueroutière » de Quinet, cet énoncé crucial qui a pris, avec le temps, un sens encore plus évident. Quand Michelet parle de la « manie des incarnations » et qu'il fait état d'un « messianisme » pour rendre compte de ce qui se passe sous ses yeux avec Napoléon III, il introduit des notions qui permettent de comprendre nombre de choses que d'ordinaire on ne voit pas et auxquelles, par la suite, on prête davantage attention. Il me semble qu'il y a, chez l'un et l'autre, une perception très aiguë de ce que peut représenter un héritage symbolique pour une nation et des immenses problèmes que cela peut soulever dans un moment qui est comme une charnière du temps. Et c'est peut-être la première fois qu'on le dit, d'une manière aussi insistante, pour l'histoire de France, en ce qui concerne ce moment de l'après-Révolution. La question est ici de savoir à quelles conditions on va pouvoir constituer une véritable république, instituer un régime sans rapport avec le précédent. Michelet et Quinet font partie des quelques penseurs qui, dans ce même moment, effectuent une relecture de *Discours de la Servitude volontaire* de La Boétie, un texte ancien, quelque peu oublié, qui est pour le présent d'une grande utilité. *Peut-être nous a-t-il fallu toute la barbarie du XXe siècle pour que nous commencions à comprendre ce que le XIXe siècle a élaboré, ce qu'il nous a légué.* Je laisse ici délibérément en suspens la question de savoir qui est en l'occurrence ce *nous*. Un tel propos est à prolonger.

ME : Quel est le motif de la redécouverte de ce texte, difficile sous son allure assez simple ?

JMR : Une des raisons de ce retour, ce serait que ce texte est d'une difficulté redoutable : sous ses abords très lisses, il est difficile à entendre et à comprendre. Ce texte a été quasiment oublié, presque disparu pendant près de trois siècles. Il permet à quelques-uns de comprendre ou d'articuler – au sens proprement philosophique – un ensemble de problèmes posés par l'après-Révolution : à savoir que la Révolution n'est pas terminée, qu'elle n'a pas rempli son rôle, qu'il y a quelque chose à faire pour saisir quels sont ses échecs et ce qu'ils entravent. D'autant plus avec l'accès au pouvoir de Napoléon III. La question principale qui occupe Quinet et Michelet, dans ce moment, c'est de savoir comment il est possible de se défaire d'une dépendance dont on n'a pas la conscience, dont on ne perçoit pas la puissance effective, de se déprendre de représentations qui viennent d'extrêmement loin, de bien avant la Révolution.

ME : C'est-à-dire se défaire de l'origine divine de la monarchie pour laïciser la question politique ?

JMR : Il y a, en effet, la question de la laïcisation qui préoccupe et Michelet et Quinet. Certains textes de Quinet serviront en quelque sorte de travaux préparatoires à la séparation de l'Église et de l'État au début du siècle suivant. On pourrait dire que c'est un lent processus de laïcisation et de sécularisation *à la française* qu'il faudrait cerner et analyser dans le détail. *D'autant plus que ce problème n'est pas dépassé aujourd'hui et qu'il a manifestement une certaine actualité.* Il est intéressant de voir que ce processus est, en France, le fait d'historiens travaillant dans un moment où la philosophie est totalement absente ; il leur faut donc tout inventer, emprunter ici et là, redécouvrir le texte de La Boétie et, de manière plus brouillonne, celui de Machiavel, saisir des bribes de Hegel et de Schelling dans des traductions souvent approximatives, bricoler une forme théologico-politique en vue de rendre compte avant tout de la persistance du religieux ancien dans le politique moderne. Cela se fait, dirait-on à première vue, dans un certain désordre ; mais c'est en somme la condition d'une réelle fécondité, la raison d'un caractère profondément inventif. Je rêve d'un livre qui s'appellerait simplement *Après la Révolution* où je tenterais de montrer l'enchevêtrement de ces motifs et la cohérence qui leur est propre ; tout sauf une somme.

ME : Ce détour offre un panorama des enjeux de l'écriture. Ceux-ci s'avèrent considérables. En désigneriez-vous quelques-uns ?

JMR : Les enjeux de cette écriture sont de première importance, je le crois effectivement. Car cela engage une immense réflexion sur ce que serait la constitution symbolique d'un ensemble ou d'une société, sur les formes d'instauration d'une politique ; sur les croyances qui naissent dans de tels contextes et, tout autant, sur les façons de signifier tout cela, sur la capacité qu'a le langage de faire entendre ce qui réunit, ce qui fait lien. La politique n'aurait pas beaucoup de consistance s'il n'y avait, pour l'accompagner ou la légitimer, les façons d'énoncer et de transmettre, les manières de susciter l'attention sur les modes de rassemblement. Le XIXe siècle qui m'intéresse, c'est ce moment où il y a une forte *captation d'attention par des formes*, par un travail continu sur les formes les plus variées, où il y a une sorte de circulation intense entre des phrases qui ont la capacité de venir mettre le doigt sur des choses auxquelles on n'avait pas alors accès et qui nous importent foncièrement encore aujourd'hui : l'intrication du politique et du religieux, le pouvoir des formes. Le siècle suivant va aussi dans ce sens, sur un mode descriptif et critique le plus souvent. Quelques noms sans aucun souci d'exhaustivité, à côté de ceux déjà nommés plus haut : Proust, Joyce, Hermann Broch, Faulkner.

ME : Que reste-t-il aujourd'hui de ces enjeux présentés et représentés par une certaine écriture qui est une marque du

XIXe siècle ? Serait-ce une manière de comprendre pourquoi la pensée française prête tant attention à la question de l'écriture ?

JMR : Ce n'est pas tant ce qu'il en reste qui me retient que ce qui donne suite à ces façons de faire, que ce qui continue un certain mélange des genres – chez ceux qui transmettent un type de sensibilité. Il faudrait parler ici en détail de l'itinéraire de Blanchot ou de Bergson, en regard de celui de Valéry. Il faudrait s'arrêter longuement sur la forme de l'essai qui a un rôle déterminant au XXe siècle. Ces trois penseurs donnent à l'essai une formidable extension, sans se soucier d'ailleurs de la limite des genres ou de leur spécificité supposée. Musil et Adorno ont su parler de l'essai, lui reconnaître son importance dans des termes qui me semblent justes. Tous les deux ont été des lecteurs de Valéry.

ME : Votre réflexion sur l'écriture s'élabore presque au cas par cas en raison de la méfiance à l'égard de la théorie.

JMR : Il y a quelque chose de cet ordre. Il y a effectivement un empirisme qui s'est imposé, que je n'ai pas choisi ni décidé. Cela fait que je procède un peu au cas par cas et que je ne vois pas, pour l'instant, la possibilité d'englober cela, de reprendre ou de ressaisir cela dans une sorte de théorie générale. J'ai plus d'appétence pour une certaine dispersion des auteurs, une diaspora des textes et des démarches que pour une sorte de rassemblement qui en donnerait, en quelque sorte, les conditions de possibilité. Effectivement, c'est une démarche, vous le remarquez, plus marquée par un certain empirisme et donnant une préférence à l'*essai* – le mot est intéressant. L'avantage, c'est de me permettre de me référer à une diversité et de travailler sur des corpus extrêmement différents.

ME : Travailler sur Melville et travailler sur Valéry ou Péguy, cela n'a rien à voir.

JMR : En principe, cela n'a rien à voir. Et pourtant...

ME : Vous naviguez de l'un à l'autre par le biais de l'écriture ?

JMR : On parle d'ordinaire du parcours d'un terrain ou de déplacements équivalents quand il est question de l'écriture. Vous introduisez la métaphore de la navigation : elle peut trouver aussi son utilité dans ce que nous essayons de comprendre. Je n'ai sans doute pas beaucoup d'attirance pour le rassemblement, pour la fabrication de l'unité.

ME : Il semble que vous prenez un plaisir égal à la littérature et à lire Quinet.

JMR : Oui, le plaisir est souvent aussi grand ; il est néanmoins varié, et c'est ce qui m'importe. Le refus d'un certain mode de hiérarchie est, à mes yeux, très important. J'ai de plus en plus le sentiment qu'une démarche philosophique n'a de sens qu'accouplée à quelque chose d'autre, qu'appuyée à un autre domaine.

ME : Accouplée ou en appui ?

JMR : Les deux peut-être, si l'on peut dire ainsi. Aucune démarche philosophique ne peut faire l'économie de son rapport à l'écriture et à la littérature ; c'est une chose que, là aussi, Nietzsche m'a apprise. Aucune ne peut se couper d'un travail sur la langue : raison pour laquelle une partie du XIXe siècle français, mais aussi allemand, est devenu pour moi un lieu de séjour obligé. L'autre chose qui me retient, c'est le statut des objets qui peuvent alimenter une démarche de cette nature. C'est ce que j'ai découvert dans le travail, mené depuis près de vingt ans, sur les aspects divers du « crédit ». C'était un domaine à constituer entièrement et un objet qui pouvait apparaître quelque peu bizarroïde ou de moindre intérêt ; plusieurs personnes, dont des collègues, m'ont d'ailleurs dit ne pas comprendre l'intérêt que je pouvais porter à cette dimension, ne pas saisir non plus les problèmes que cela faisait lever. Il m'a semblé peu à peu que le domaine du « crédit » était, tout à la fois, une sorte de lieu où convergeaient des textes philosophiques et des morceaux d'économie politique, où des fragments d'histoire et des textes littéraires se recoupaient. Espace composite qui a le pouvoir mais aussi l'intérêt de faire naître des questions qui, elles aussi, concernent de loin en loin plusieurs disciplines, qui permet de jeter sur celles-ci un éclairage qu'on n'aurait pas ailleurs.

Je pense, en disant cela, à un texte que j'admire, le livre de Desanti qui s'appelle *Un destin philosophique*, où toute la première partie est consacrée à l'analyse de son adhésion au Parti communiste. C'est l'occasion pour lui de réfléchir à un problème crucial, que l'on retrouve ailleurs, l'articulation du croire et du faire-croire. On a là une analyse d'une grande force : partant de la phénoménologie, Desanti se donne les moyens d'emprunter à la psychanalyse et à la pragmatique, et à d'autres zones de savoir, pour cerner de plus près son propos et montrer ce qu'il en est de la croyance. Comme si sa formation phénoménologique demandait ici même à être prolongée et complétée par d'autres apports de diverses provenances. Il est frappant de voir que cette démarche ressemble d'assez près à celle que met en œuvre, à la même époque et à partir d'une tout autre expérience, Michel de Certeau. Chez lui également, les emprunts sont des plus variés – psychanalyse, linguistique, histoire des religions, etc. Pour l'un et l'autre, il y a, à mon sens, une sorte d'expérience première à partir de laquelle de telles questions se déploient. J'ai le sentiment en travaillant sur le « crédit » – ce que je continue de faire par d'autres voies aujourd'hui encore – que cela m'a obligé peu à peu à parcourir à nouveau une partie de ma bibliothèque de manière inédite, à prélever des textes dans des rayons qui n'avaient en apparence pas de proximité et, donc, à inventer un tout autre classement que celui requis par les disciplines reconnues. Expérience très passionnante.

ME : Nous parlons de l'écriture, et négligeons la vôtre. Comment se constitue-t-elle ? J'entends bien qu'on n'apprend pas à écrire. On est autodidacte, en quelque sorte. Comment jugeriez-vous votre écriture à l'aune de vos propos sur l'écriture ?

JMR : J'essaye à chaque fois de mettre en rapport certaines références qui semblent requises par un propos en formation. Chaque livre est, de ce point de vue, une sorte d'aventure ; j'apprends dans la moindre démarche que l'unité est précaire, peut-être même illusoire. J'ai le sentiment qu'il faut à chaque fois inventer le dispositif, et c'est aussi le plaisir de l'écriture ; cette petite invention est une manière d'avancer dans ce que je ne sais pas et dans ce que je ne comprends pas. Il y faut évidemment la plus grande lenteur ; rien ne sert ici de hâter le pas ou de précipiter les arguments, de brûler les étapes. L'écriture est sans aucun doute une manière de repérer les lacunes de mes lectures, de baliser certaines choses que je n'ai pas pu comprendre avec ces lectures et auxquelles je suis obligé de me confronter. Il s'agit, à un moment donné, de se risquer dans les phrases, celles-là même dont je pressens qu'elles seront à reprendre, à retravailler – à soumettre au processus du « RE- » dont parle souvent Valéry, ce « RE- » qui commande efficacement certains verbes en leur donnant une allure tout à fait inhabituelle et une puissance sidérante.

ME : Quelles écritures ne trouvent pas ou peu leur place dans les champs de vos investigations ? Le théâtre, la poésie ?

JMR : Ce sont des textes qui m'intimident parfois, comme la poésie, qui me font mesurer une incapacité, un « impouvoir » pour reprendre le mot admirable d'Antonin Artaud. C'est ce qui me montre peut-être la puissance de certains de ces textes, ce qui me laisse démuni sans m'ôter le plaisir de la lecture.

ME : Des écritures résistent plus que d'autres ?

JMR : C'est une évidence, plus encore pour quiconque a enseigné pendant des décennies. Rien ne peut tenir la place d'une philosophie générale aujourd'hui.

ME : Qui en aurait le projet aujourd'hui ?

JMR : Je ne crois pas qu'on puisse en avoir encore le projet. La question qui reste, pour le dire en bref, est de savoir ce que nous pouvons faire, aujourd'hui, des quelques pensées qui, au XIXe siècle ou même au XXe, ont eu cette ambition, ont développé une prétention de cette nature sur un mode affirmatif. Quel type de critique pouvons-nous leur adresser ? Pour le dire autrement : *en quoi sommes-nous, aujourd'hui même, encore hégéliens ?* Il faut se soucier de ce qui subsiste en nous des grands projets théoriques des deux siècles précédents, *de leur ombre portée*. Faute de cela, on risque d'en être fortement dépendant, d'y rester attaché par mille fils invisibles, de les reproduire sans s'en apercevoir. On ne peut pas les rayer d'un trait de plume. Il ne suffit évidemment pas d'opposer à ce type de pensée une appétence pour le fragmentaire ou une attitude de cet ordre. Je retrouve ici, sous une tout autre forme, la force de l'argument de Quinet : pas de révolution politique sans révolution religieuse. *Pas de ceci sans cela.* D'autant plus que ces grands projets théoriques ont eu, comme on le sait, des effets politiques directs ou indirects particulièrement forts au XXe siècle, *dans ce qui est notre histoire* ; tout laisse à croire que de tels effets persistent, continuent d'agir sous des formes difficiles à cerner, qu'ils n'ont pas disparu comme par enchantement. Je repense à ce propos à un film d'une grande intelligence, sorti en 1978, *Hitler, un film d'Allemagne* de Syberberg, où l'on voit comment les vertus du montage et la pratique du fragment peuvent avoir une puissance critique à l'endroit des restes ou des survivances d'une politique et de tout ce qui la soutient dans l'ordre symbolique.

ME : Le fragmentaire, c'est le non lié.

JMR : Ce peut être de cette nature, en effet. Ce sur quoi j'insiste, ce sont les pouvoirs de l'*analyse*, au sens le plus large du terme, c'est la résistance à ce qui ressemble à une totalisation ou à un rassemblement. Le dernier livre de Freud, *L'Homme Moïse et la religion monothéiste* demeure un texte à méditer. Que faire d'un écrit testamentaire – c'est ainsi qu'on présente d'ordinaire ce texte de Freud – qui a la capacité de détruire toute l'œuvre antérieure, d'en montrer véritablement la fragmentation ? Quel usage pouvons-nous en avoir ? Que nous fait-il percevoir de son écriture ? *L'Homme Moïse et la religion monothéiste* s'offre à la lecture, ne semble pas laisser place à une quelconque reconstruction. Il y a là un mouvement qui a de quoi déconcerter tous ceux qui s'y frottent ou qui se veulent freudiens. Il y a comme une injonction à comprendre quelque chose qui n'a pas d'équivalent, pas de forme circonscrite. Pourquoi ne pas y voir le portrait du dernier Freud qui aurait emprunté certaines des qualités de Tirésias, qui ferait résonner quelques paroles grecques dans ce moment tragique de l'histoire européenne, dans l'immédiat avant-guerre ? C'est, je crois, *une forme d'écriture cryptée* qui oblige tout lecteur à s'orienter par lui-même dans un tel dédale. Aucune méthode ne peut l'aider. Peut-être est-ce seulement son inconscient qui est à même de le seconder pour partie, qui peut lui permettre d'en saisir quelques bribes qui deviennent parfois, on ne sait pourquoi, le point de départ d'une rumination.

ME : Quel que soit votre propos, il se conclut ou amorce sa conclusion par une référence, directe ou indirecte à Freud. Freud arrive naturellement dans votre pensée.

JMR : Oui, vous avez sans doute raison, j'ai le sentiment qu'il y a chez Freud quelque chose de cet ordre-là, qu'il faut donc s'intéresser avant tout à son mode d'écriture, à *Freud se faisant* plutôt qu'à un Freud dont le texte serait étale. Ce qui m'a toujours frappé, c'est que son œuvre est constituée de fragments mal ajustés, de morceaux hétérogènes. Un livre récent d'un psychanalyste anglais, Adam Phillips, parle avec bonheur de cette dimension. Son livre a justement pour titre *Devenir Freud*. Comme pour le cas de l'art, la question de la généalogie est déterminante pour tout ce qui touche la psychanalyse.

7

« CE N'EST QUE ÇA »

ME : On demande parfois à l'auteur auquel un colloque est consacré non de le conclure mais de terminer le cycle des interventions. À l'inverse de cet usage, vous ouvrez celui qui a votre travail pour objet par une intervention que vous avez intitulée : « Ce n'est que ça ». Le « ce n'est que ça » semble gagné par l'ambiguïté voulue de certains titres de vos livres. Est-ce votre façon de signifier qu'il n'y a pas matière à conclure ? S'agit-il d'une déception ? Ou bien, plus près de Valéry, il n'y a pas à conclure parce que « mon œuvre, c'est ce que je n'ai pas fait » ?

JMR : Il n'y avait évidemment pas matière à conclure dans ces journées d'étude que mes collègues de Paris VIII ont organisées autour de mon travail. C'eût été absurde et inconvenant, d'abord, et en contradiction avec ce que j'essaie de faire depuis des années avec mes livres. En d'autres termes, il faut se soustraire au mouvement conclusif, ne pas céder à la tentation de finir. Chaque livre est comme *travaillé en creux par un autre livre à faire*, chacun me fait constater ce qui manque, remarquer ce qui appelle mon attention. La seule manière de chercher à y remédier est effectivement d'en concevoir un autre, d'allure différente, dans le sillage des précédents, décalé par rapport à eux et introduisant autant que possible d'autres motifs. Tout à la fois accomplissement partiel d'un projet – ou de quelque chose de cet ordre – et relance de motifs qui ont pu se faire jour dans les interstices de ce travail ou d'autres antérieurs. En écrivant, nous découvrons peu à peu que nous sommes habités par des temps discordants, que la rédaction aboutit souvent à une sorte de palimpseste avec lequel il faut ensuite, une fois que nous le croyons achevé, composer.

ME : Comme si le livre n'était qu'un brouillon ?

JMR : Un étrange brouillon dans la mesure où le passage au propre, comme on disait enfant, modifie fortement la donne, ouvre d'autres perplexités, me somme de reprendre ce que je croyais avoir compris. C'est un champ dans lequel des temporalités différentes coexistent en se heurtant, s'articulent en produisant des effets inattendus. Une expérience au plein sens du mot dans laquelle, à mon sens, les manies les plus diverses – les moins avouables – parviennent momentanément à se réguler, à faire mine qu'il en soit ainsi. Il faut trouver un semblant de cohérence à ce qui apparemment n'en a pas. Les questions ne manquent pas à ce propos – à diversifier le plus possible. Les métaphores non plus, pour caractériser ce qui se passe. Serait-ce là comme la « main invisible » dont parle Adam Smith pour rendre compte de l'état du marché financier ? Le fait d'écrire a-t-il quelques accointances, au moins formelles, avec la programmation d'une opération de crédit ou même avec la mise en place forcément tâtonnante d'une politique ? Que peut valoir ce qu'on appelle un *programme* dans une telle perspective ? Que faire des états préparatoires d'un travail, des détours pour parvenir à une unité supposée ? Quel statut leur accorder ? Est-il même possible, pour un auteur, d'avoir une vue d'ensemble de ce qu'il a déjà fabriqué ?

ME : Les questions que vous posez interrogent l'advenir de l'inemployé du travail.

JMR : Il y a des propos – laissons le terme dans cet aspect vague – dont on peut croire qu'ils irriguent le travail et qu'ils sont, à un titre ou à un autre, intégrés à sa mise en œuvre, en partie au moins. Et il y a, surtout, ce surcroît de chutes et de restes qui se font jour, s'imposent même, qui font parfois signe avec obstination. Tout ce qui, en un mot, n'a pas de destination précise, pas de place assignée : des riens qui ont parfois la puissance de faire travailler, de pousser discrètement l'auteur dans une direction qui lui est inconnue. Et tant d'autres choses qui sont comme par elles-mêmes mises en mouvement, souvent de manière imperceptible : des effets minimes capables d'avoir des conséquences apparaissant comme hors de proportion. Quelques-uns des mécanismes de l'économie semblent parfois agir dans cette perspective sous une forme modifiée.

ME : Ce ne sont pas à proprement parler des notes.

JMR : Non, les notes ne sont qu'une faible part du travail. Ce sont des morceaux de représentation, des semblants qui surgissent – l'allemand dit *Einfall* –, des choses qui viennent à l'esprit.

ME : Plutôt des idées, des intuitions ?

JMR : Oui, subites, soudaines, qui arrivent ; ou des morceaux de phrase, des choses à explorer, des semi-projets, des formes inabouties ne pouvant pas être stockées en tant que telles. Il y a ces phases du travail dans lesquelles adviennent d'autres choses que celles qu'on était en droit d'attendre ou qu'on espérait. Comme des effets latéraux dont on comprend peu à peu qu'ils doivent accompagner la démarche d'écriture et auxquels on doit laisser libre cours, le temps qu'il faut. Cela doit se décanter par soi-même. Question de patience si l'on veut.

ME : Dire « ce n'est que ça », est-ce un constat d'inaboutissement ?

JMR : Il y avait quelque chose d'un peu ironique, quand je disais « ce n'est que ça » ; et, en même temps, c'était une façon d'indiquer la place des affects dans le travail, le rôle de certaines croyances par lesquelles passe obligatoirement, à mon sens, toute démarche. J'ai trouvé cette phrase pour indiquer un des points de butée du travail. Je ne voulais évidemment pas que ce soit une sorte d'enterrement ou une cérémonie de cet ordre-là. Je devais donc me tenir à quelque distance de cette forme d'hommage, tout en parlant de ce que j'avais fait et de la position que je croyais occuper, tout en mentionnant un auteur qui, sur un tel chapitre, avait dit ce qu'il fallait, l'avait énoncé avec l'ironie qui convenait.

ME : Vous souhaitiez marquer une pause, pas une fin.

JMR : Disons une petite pause, très agréable évidemment, mais surtout pas une fin. Heureusement, j'ai écrit d'autres livres après cet événement. J'ai toujours été fasciné par cette histoire de Sartre écrivant sur Genet ce gros livre intitulé *Saint Genet, comédien et martyr*, dont on a dit qu'il a paralysé Genet pendant des années, l'a empêché d'écrire. Une préface, ce devait être, qui devient le premier tome quelque peu monstrueux des *Œuvres complètes* de Genet. Dire « ce n'est que ça », c'était aussi une manière d'introduire dans mon propos la phrase de Valéry : « Mon œuvre, c'est ce que je n'ai pas fait », avec le magnifique développement qui accompagne un tel propos, en 1942, c'est-à-dire après cinquante ans d'écriture. Grande leçon pour moi qu'un tel énoncé. J'ose dire qu'aujourd'hui même j'ai un sentiment du même ordre. Ce que j'ai fait est de peu de poids au regard de ce que je n'ai pas fait, de ce que je désire entreprendre, de ce qui me préoccupe, de ce que je voudrais mettre en œuvre. Il faut redoubler les verbes pour tenir de manière conséquente un propos de cette espèce et employer plusieurs temps, ruser quelque peu avec la grammaire en déployant des phrases un peu bancales.

ME : On peut entendre la phrase de Valéry comme une affectation d'auteur, une pirouette.

JMR : Quand on regarde l'ensemble de l'œuvre de Valéry, notamment les *Cahiers*, on se dit que ce n'est pas une pirouette, et qu'il y a très souvent chez lui ce qui peut ressembler à des boutades, c'est-à-dire une manière apparemment enjouée d'énoncer des choses importantes ou graves. C'est, à mon sens, une des façons qu'il a de lutter contre un certain désespoir qui est l'effet d'une grande acuité, de contrer l'aspect terrible de ce qu'il ne cesse de mettre au jour par l'analyse. Ces façons de faire ont un rôle déterminant dans son économie propre, tout comme d'ailleurs son goût de la mondanité – j'en suis persuadé. Sans cela, sans cette ironie continuelle, il sombrait. Rappeler cela, dans le contexte que je viens de mentionner, c'était aussi m'interroger sur les sources vraisemblables de l'écriture, y faire au moins allusion – au moment où je quittais l'enseignement et où j'avais le désir de continuer à écrire. D'où viennent les idées ? De quelle manière une écriture est-elle à même de se former ? Que doit-on tenir à distance pour qu'elle puisse continuer à se produire ?

ME : Comment se met-elle en marche, comment prend-elle consistance ?

JMR : Je suis bien en peine pour vous répondre précisément, et directement. Ce que j'en retiens, c'est qu'il y a, au cœur même de la pratique d'écriture, des gestes qui s'imposent et qui, parfois sans que je le sache, contribuent à orienter le travail, à l'infléchir. On parlerait aussi bien à ce propos de quelques *verbes*. Je ne sais s'il existe quelque part un livre qui serait un « Traité des verbes » ou un essai analogue portant sur cette matière d'une grande complexité : ce serait à mon sens un travail d'une grande utilité – pour s'y retrouver dans ce qu'on fait. *En écrivant, on n'arrête pas de se débattre avec quelques verbes*, de les voir réapparaître à chaque moment de la démarche en se découvrant profondément dépendant. Étrange contrainte que celle qui peut ainsi venir de ces quelques verbes inévitables dans une démarche de ce type. Des *verbes actifs* en apparence, mais qui sont parfois à entendre dans le registre du passif. Une remarque complémentaire s'impose dans ce contexte : il me semble qu'il faut adjoindre ici *la voie moyenne* que connaissent les verbes grecs, celle, dit Benveniste, où « le verbe indique un procès dont le sujet est le siège », où « le sujet est intérieur au procès », où, dit-il encore, « le sujet effectue en s'affectant ». Il faudrait voir – ce que je ne peux faire ici – si s'occuper du « crédit » ou de la *Fiducia* n'oblige pas celui qui le fait à s'interroger sur les ressources du grec, à s'arrêter notamment sur cette « voie moyenne » des verbes, pour comprendre à quoi on a affaire avec de telles opérations et ce qu'elles impliquent pour le sujet qui tient à en rendre compte d'une façon ou d'une autre. Ici encore, Benveniste serait d'un grand secours, avec l'immense travail qu'il a fait, comme on le sait, sur les « institutions » de langage – ces étranges objets qui semblent s'imposer à l'attention par différents biais, au XIXe siècle, en raison notamment de leur durée, de leur difficulté à se transformer. C'est, en effet, le moment où, de tous les côtés, on s'intéresse à la genèse et aux formes de l'institution, à son histoire et à sa généalogie ; on cherche à savoir également si l'institution est effectivement mortelle ou si une survie est possible, envisageable ; on pose les bases d'une sorte de philologie générale et on réfléchit aux conséquences d'un geste d'une telle ampleur. Un ami m'a dit il y a bien des années : « Il faudrait que tu écrives un livre d'ensemble sur le XIXe siècle. » Une demande qui, comme par hasard, portait essentiellement sur un verbe qui n'est pas n'importe lequel.

ME : Vous en avez déjà écrit plusieurs !

JMR : Mais je ne saurais ramasser ces différents essais pour en faire un ensemble ou quelque chose d'équivalent. Le XIXe siècle que je constitue avec des morceaux de philosophie, des bribes d'histoire ou de littérature, est une manière d'introduire à ce XXe siècle que nous avons connu mais qui nous reste énigmatique par bien des aspects. Il faut laisser l'aspect fragmentaire de cette approche.

ME : La Première Guerre mondiale est d'ordinaire considérée comme le début du XXe siècle. Vous semblez faire peu de cas d'un découpage historique, politique, militaire, mais aussi intellectuel. Votre XIXe siècle déborde sur le XXe, et d'une certaine manière, l'ignore. Comme s'il se poursuivait au-delà du partage historique.

JMR : Vous avez tout à fait raison. Ce XIXe siècle que je me suis constitué sans l'avoir décidé, déborde de beaucoup sur le XXe ; c'est, à mes yeux, la raison principale de son intérêt, le sens de sa richesse, de son caractère inépuisable. Ce que j'ajoute, c'est la dimension des langues sous divers aspects, leur manifestation et leur prolifération, et les conséquences que cela peut avoir sur une démarche de pensée. Il me semble que le XIXe siècle a été sur ce plan d'une fécondité étonnante, aussi bien pour la chose littéraire qu'en ce qui concerne la constitution d'une philologie ou certains problèmes touchant la traduction. Cela constitue un terrain tout à fait instable.

ME : Qu'entendez-vous par exploration des langues ? Le travail des linguistes, des philologues, des traducteurs ?

JMR : Oui, tout cela à la fois. Et puis le travail, qui semble bien moindre, mais qui ne l'est évidemment pas, qui déborde sur le XXe siècle et l'occupe tout entier : la démarche de Freud sur le mot d'esprit, la façon de procéder de Wittgenstein – pour prendre deux grands noms ; un immense travail qui s'accomplit sous des formes très variées et qui vient accompagner la littérature en plusieurs lieux, qui appelle la réflexion par plusieurs biais : Heine, Karl Kraus, Musil pour prendre quelques noms. Et Walter Benjamin, son essai sur la tâche du traducteur, le travail qu'il effectue sur ce terrain et ses différents développements à propos de la langue.

ME : Il s'agit principalement des langues de l'Europe : l'anglais, l'allemand, l'italien.

JMR : Ce sont les langues d'une partie de l'Europe, cet ensemble qui va voler en éclats avec la guerre de 14-18. C'est cette date qui peut être considérée comme inaugurant véritablement le XXe siècle et comme lui donnant une certaine coloration. C'est cette guerre qui ouvre sur la suivante, celle que nous appelions parfois la « dernière guerre ». Je ne sais pas si cette expression est encore en usage. Quant à savoir quand le XXe siècle s'achève, il est sans doute bien trop tôt pour pouvoir le dire.

ME : Poser que la Première Guerre mondiale n'est pas séparable de la Seconde, c'est aller à l'encontre de l'opinion commune.

JMR : J'ai le sentiment de longue date que ce qui s'est passé en Europe entre 1914 et 1945 – et au-delà bien entendu – est un ensemble d'événements qui est venu bouleverser – le terme est faible – nos cadres de pensée, nos catégories, et qui appelle donc un autre type de travail que celui qui pouvait se faire auparavant. L'essentiel du XXe siècle se joue à mon sens dans cette période.

ME : Songez-vous aux idéologies, aux manières de penser l'histoire, de considérer d'autres cultures, les civilisations non européennes par exemple ?

JMR : Tout ce que vous mentionnez, qui se manifeste de manière simultanée ; et, tout autant, *les formes de politique qui trouvent crédit dans la suite de la guerre de 1914* et vont faire le siècle, si l'on peut dire, qui contribuent à le modeler en reprenant, parfois en accommodant, certaines idéologies du XIXe siècle.

ME : Entre les deux guerres, les grands empires coloniaux, autant britannique que français, commencent à se fissurer.

JMR : On n'en finirait pas de mentionner tout ce qui arrive dans l'entre-deux-guerres, tout ce qui nous occupe encore aujourd'hui, tout ce qui devient le lot commun d'une génération avec quoi il faut essayer de se débrouiller.

ME : Se débrouiller veut dire vivre avec ? Mettre en ordre, s'orienter au sein des contradictions ? Parvenir à frayer un chemin de pensée, voire un chemin de vie, au sens du quotidien ?

JMR : On ne peut pas faire autrement que d'essayer des voies en tenant compte du fait qu'il y a eu *cette* guerre pendant laquelle on est né, à la suite de laquelle il y a eu *ces* nombreux silences aussi bien familiaux que collectifs et *ce* bruit incessant qui faisait continuellement diversion ; et, ensuite, *cette* autre guerre qu'on a mis du temps à nommer comme telle, celle dite d'Algérie, et toutes ces amnisties ou ces opérations analogues qui en ont été, à ce qu'on répète, la conséquence obligée, sans parler des formes singulières de guerre civile qui trouvent à se loger précisément dans ce moment de l'histoire. Comme s'il y avait dans notre société, depuis un certain temps déjà, *une instance qui était préposée à l'oubli, vouée à pratiquer en douceur l'effacement*, à faire en sorte que certaines choses ne s'énoncent pas, qu'elles n'aient pas de forme précise, qu'elles soient extirpées de la mémoire ou qu'elles n'aient plus de consistance, qu'elles restent flottantes, sans statut déterminé. Faut-il parler ici des âmes en peine ? Ou est-ce d'abord en nous-mêmes que cette disparition a lieu, qu'elle se prépare, qu'elle se justifie ? Il y a tant de choses qui sont exclues d'une histoire individuelle ou collective, qui y sont évincées ou proscrites ; il faut tellement de temps pour commencer à comprendre qu'il y eu rejet, proscription et tant d'éléments évincés, tant de choses forcloses sans être pour autant nommées ou reconnues.

En commençant à travailler, il m'a fallu aller entendre ici et là – c'était pour moi de l'ordre d'une nécessité – ces disciplines parallèles qui se faisaient jour discrètement dans ces années, l'anthropologie avec Lévi-Strauss dont j'ai suivi le séminaire en 1960-1961 sans avoir grande connaissance du domaine, la présentation de malades d'Henri Ey à Sainte-Anne, le séminaire de Roland Barthes, et quelques autres fréquentations du même ordre. Une sorte de désordre bénéfique pour l'étudiant que j'étais. Écouter sans visée précise, sans désir d'accumulation.

ME : De quoi étiez-vous en quête ?

JMR : Je crois que c'était surtout pour voir *comment certaines choses* – je laisse exprès ce terme indéterminé – *se disaient*, comment elles s'énonçaient et se présentaient dans ce moment de grande incertitude politique. Je ne sais pas ce que j'ai pu en faire, mais j'ai le sentiment aujourd'hui même d'avoir saisi à ce moment-là – j'avais une vingtaine d'années – des éléments qui m'ont accompagné dans mon travail et qui, sans doute, continuent de le faire. Mais il y avait quelque chose en plus.

ME : L'attrait de nouvelles manières de penser, de nouvelles problématiques ?

JMR : Plutôt le sentiment qu'il me fallait cette diversité – d'aucuns diraient cet éclectisme – pour me mettre à distance de celui qui, dans ce moment-là, occupait une place dominante et développait une pensée que je percevais comme par trop englobante et, surtout, peu respectueuse des objets qui me préoccupaient, je veux parler de Sartre évidemment. Figure fascinante à bien des égards, mais dont, en même temps, je comprenais qu'elle ne me convenait pas, qu'elle était incompatible avec celle de Merleau-Ponty notamment. C'est sans aucun doute « Merleau », comme nous l'appelions familièrement dans ces années, qui, par ce qu'il disait et par ses manières de procéder, m'a persuadé d'aller regarder du côté de Lévi-Strauss, de Barthes, de la psychopathologie, de Blanchot, de Lacan, qui m'a en quelque sorte conseillé d'émigrer vers des champs que je ne maîtrisais pas du tout, mais qui me semblaient pouvoir relancer la réflexion et contribuer, d'une façon ou d'une autre, à ma formation. Certains diraient, pour prendre une formule qui vient de Nietzsche, que c'est là une sorte de « donjuanisme de l'esprit » ; peut-être, et pourquoi pas ? En tout cas, cela a été pour moi la nécessité d'un moment, d'une époque particulièrement troublée où, pourtant, la circulation entre les champs était plus facile, et les déplacements entre disciplines plus commodes. Peut-être y a-t-il eu aussi de ma part comme un réflexe de survie, face à la figure de Sartre, mais aussi face à la position qu'occupaient alors les penseurs marxistes dans leur prétention à comprendre à peu près tout, à légiférer sur tous les domaines avec des instruments en général assez médiocres, et des résultats d'une grande pauvreté. Il fallait se garder de ces monuments qui prônaient une totalisation à moindres frais, ne pas céder aux mouvements qui semblaient définir au plus près l'époque. Aller regarder la diversité sans vouloir rassembler quoi que ce soit, sans désirer même que cela se fasse. Apprendre aussi à s'abstenir de certains mouvements visant ou prônant la généralité : une véritable difficulté pour quelqu'un qui cherche à s'orienter dans la philosophie.

ME : Juste prendre en compte ?

JMR : Il fallait, il faut évidemment refuser tout ce qui pourrait s'apparenter à une synthèse ou à un mouvement analogue. Mais plutôt emprunter, quand cela s'impose, des éléments à ces disciplines sans me lier à elles, sans en être pour autant dépendant. C'est vraisemblablement ce qui m'a orienté vers les problèmes du « crédit ». J'ai forgé un certain nombre de petits instruments, mais ils ne sont pas transmissibles comme tels, ils sont à usage privé, comme, j'imagine, ceux que se fabrique un peintre, pour travailler comme je tente de le faire sur le crédit, sur des textes qui, par des biais différents, *parlent du lien social au moment même où il est menacé par la banqueroute*, dans le temps où la ruine l'habite, où une certaine forme de mort se signale sur un mode insistant. Le « crédit », au-delà de son acception courante, supposée connue, c'est avant tout *la somme des différents lieux où il faut croire à ce que l'on dit*, à ce que le pouvoir ou l'économie énonce, à ce que la société formule d'elle-même et aux valeurs qu'elle se donne, où il faut adhérer à ce qui circule en matière de phrases – et ainsi de suite. Le grand paradoxe de cette histoire, c'est qu'on nous demande ainsi de croire à un moment où les objets de la croyance sont en ruine ou rongés par l'oubli, dévalorisés ou purement imaginaires, obsolètes ou totalement dévalorisés. On nous enjoint même de croire, avec une certaine insistance, comme si nous étions encore au beau milieu du XIXe siècle, entourés d'institutions réputées solides et de principes bien établis. Alors que nous saisissons à peine, avec des difficultés accrues, ce qui s'est produit dans la séquence 1914-1945, dans cette période où toutes les contradictions se rassemblent et s'exposent, formant une totalité inquiétante. Les années qui suivent ne font qu'exacerber cette situation, en dépit du calme apparent.

ME : Envisageriez-vous la période 1918-1939, comme une condensation, une réduction de votre XIXe siècle ?

JMR : Oui, une réduction, et en même temps une expansion, une mise en exercice d'un certain nombre de choses du XIXe siècle. Comme une espèce de condensé très explosif, en effet, et on sait qu'il a explosé de plusieurs façons et à plusieurs reprises ; tout laisse à penser que ce n'est manifestement pas terminé. La préfiguration de ce mouvement est, à mon sens, la grande Vienne, cette coexistence surprenante de Karl Kraus, de Musil, de Freud, de Wittgenstein, ces formes de travail d'une rigueur nouvelle où se mêlent l'intelligence, l'expérimentation, l'art, la folie.

ME : Aussi bien en musique qu'en peinture.

JMR : Bien entendu ; et en architecture tout particulièrement dont, on le sait, les enjeux sont considérables – et multiples. On construit alors avec l'idée que l'abîme n'est pas loin, et qu'il faut en tenir compte autant qu'il est possible. On décompose les formes existantes pour voir ce qu'elles peuvent donner une fois séparées. On revisite la culture européenne en prenant en considération les littératures et les langues dans ce qu'elles ont de plus rude, dans ce qu'elles montrent d'inattendu. On s'attaque aux monuments de la pensée, avec l'idée qu'il est possible d'en reprendre certains éléments, autrement et ailleurs, en agissant donc comme des héritiers indignes. On a affaire, de manière quasi directe, à la langue et à l'âme, à ces modes de réalité qui échappent à toute prise et qui sont ouverts à la littérature, qui apparaissent alors comme ayant de fortes connivences avec le travail d'écriture. Autant de démarches qui sont par la suite comme des héritages à fragmenter, à reprendre par d'autres biais, dont il faut reconnaître les contours pour commencer à s'en saisir. Autant de formes qui appellent, dirait-on, l'analyse ou ce que Nietzsche appelle la « vivisection ».

ME : Prenez-vous le temps de lire sans raison, sans nécessité ?

JMR : Évidemment, il m'arrive de lire, beaucoup même, sans raison. Notamment de la littérature.

ME : La littérature contemporaine, celle d'une autre époque ?

JMR : Relire, lire des choses que je n'ai pas lues, mais aussi des contemporains. Sans que je veuille en faire quoi que ce soit : une pratique de la lecture sans but, sans finalité, par plaisir, où je m'autorise à fermer un livre quand il ne me plaît pas, quitte à le reprendre plus tard, ce qui m'est arrivé souvent pour de grands auteurs.

ME : Abandonner un livre en cours de lecture vous inquiète-t-il ?

JMR : Dans le temps, je m'inquiétais un peu, maintenant plus du tout, parce que je sais que je ne peux pas faire autrement et que j'ai éventuellement la possibilité d'y revenir ultérieurement. Peut-être est-ce un effet de l'âge.

ME : Quels écrivains contemporains appréciez-vous ?

JMR : Parmi les contemporains, il y a deux romanciers, assez différents d'ailleurs, que je lis très volontiers, Pierre Michon et Pierre Bergounioux ; quelques autres aussi au gré des rencontres. Et j'ai une vieille affection pour l'œuvre de Michel Deguy, découverte au début des années 1960.

ME : La lecture de travail et celle qui vient sans motif particulier vous procurent-elles un égal plaisir ?

JMR : Je crois justement que l'intérêt de la lecture est d'effacer la distinction que vous mentionnez. Pour moi, il n'y a pas de hiérarchie à introduire ici ; ce sont vraiment des objets qui ont chacun leur place, plutôt que leur utilité, leur emplacement momentané. C'est Lévi-Strauss qui raconte qu'avant de se mettre à travailler sur cette matière singulière que sont les mythes, il lisait quelques pages du Marx historien – un texte sans rapport aucun avec ce qu'il fait. J'ai lu cela vers 1960, j'ai trouvé cette remarque formidable. Il m'arrive, pour me mettre au travail, pour commencer à écrire, de lire des choses qui n'ont strictement rien à voir avec ce qui m'occupe ; c'est comme une sorte d'entraînement.

ME : Ces lectures ont-elles le pouvoir de vous détourner du travail prévu ?

JMR : Pas du tout. Là, il y a une sorte de « main invisible », si je puis dire, une mise en train qui passe par ces séances de gymnastique.

ME : Les lectures et les plaisirs.

JMR : Les plaisirs préliminaires, si l'on peut dire, avant de se mettre dans le vif même du travail. Comme pour laisser le temps agir, pour permettre aux choses de mûrir. Il y a dans le travail une sorte de rythme intérieur qu'il faut respecter. Il faut bien des années pour comprendre cela.

ME : L'usage veut que l'on nomme « entretiens » ces échanges. Comment évalueriez-vous, articuleriez-vous l'oralité de ces entretiens et votre travail d'écriture ?

JMR : Là encore, je ferais un petit détour pour vous répondre. J'ai eu le sentiment, pendant tous ces entretiens, que je retrouvais, en partie au moins, le travail que j'ai fait en séminaire. J'ai fait des séminaires pendant 25 ou 30 ans, à l'université, puis dans le cadre du Collège de philosophie et enfin à l'École des Hautes Études où j'avais, en plus des étudiants en thèse, des gens qui n'étaient plus en âge de l'être, des amis ou des inconnus, parfois plus âgés que moi, un public assez hétérogène donc. J'ai beaucoup aimé l'espace du séminaire, cette nécessité d'un travail très minutieux à l'adresse d'auditeurs différents mais toujours très exigeants : pour deux heures de séminaire, il fallait deux jours de travail, sinon plus. Plaisir d'une parole qui s'organisait à mesure, où il me fallait inventer sur le moment toute la matière de mon propos ; j'avais d'ordinaire quatre ou cinq pages de notes pour deux heures de séminaire ; tout était à faire en même temps : relier les propos, construire le plan, improviser les transitions, laisser place aux digressions, s'aventurer au-delà du motif choisi, lui inventer des prolongements vraisemblables, répondre parfois aux questions ou même les anticiper, et ainsi de suite. C'est là, à mon sens, un ensemble de contraintes d'une grande richesse ; j'y ai beaucoup appris, j'ai compris notamment ce que pouvait être la puissance des phrases dans certaines circonstances – et leur enjeu, leur capacité à faire tenir ensemble des éléments disparates. Sans doute est-ce là aussi que j'ai compris ce que signifie le crédit.

La deuxième chose que je dirais, c'est qu'indépendamment de ces séminaires publics qui entraient dans le cadre de mon enseignement, j'ai participé, depuis plus de quarante ans, à des groupes de travail privés qui n'avaient pas de finalité universitaire, ni aucune visée de cet ordre ; cela avec beaucoup de plaisir. Je continue d'ailleurs de le faire. Une sorte de *clandestinité du travail* qui n'est possible que sur fond de grande amitié, voire d'extrême proximité : une pratique utopique extrêmement stimulante à chaque fois. Nous étions six, huit ou une petite douzaine au plus, sans qu'il y ait aucun enjeu, sans le moindre public : dans la plus grande liberté donc, comme on n'en trouve nulle part ailleurs à mon avis. C'est ce que je retrouve parfois avec d'anciens étudiants, d'anciens « thésards », qui sont devenus des chercheurs, avec qui les échanges sont du même ordre. L'entretien, c'est aussi le moment bienheureux où l'on n'a pas trop à trancher entre différentes possibilités et où, par conséquent, on peut se risquer, se hasarder à énoncer des choses qui n'ont pas encore suffisamment de consistance, ou de pertinence, où on les fait naître en quelque manière. Les phrases y ont un statut particulier, moins contraignant que dans l'écriture ; il y a dans ce contexte une moindre pression des verbes. C'est comme un laboratoire, et c'est d'ordinaire très satisfaisant, parce que cela permet non pas de faire le point, mais de proposer des esquisses ou des ébauches, un temps au moins.

ME : Il y a toutefois quelque risque.

JMR : Quelque risque, évidemment ; mais les avantages viennent souvent compenser cela, remédier à cette éventualité. C'est l'occasion rêvée de formuler des choses qu'on n'écrirait sans doute pas comme telles, qu'on n'énoncerait pas sous la même forme. C'est la possibilité d'expérimenter des énoncés, de tester des hypothèses, de faire des propositions de travail ou de formuler même ici ou là des morceaux de rêve.

ME : Des hypothèses, des perspectives de travail que vous acceptez de confier.

JMR : Les confier, mais là encore sans les hiérarchiser. J'ai une sorte de petit dégoût pour la hiérarchie, qui me vient sans doute de loin. Il faut laisser jouer une diversité d'approches : c'est ce à quoi je tiens, elle s'est imposée petit à petit, c'est devenu une partie de mon mode de travail. Laisser place à cette diversité, et n'avoir pas à choisir entre des hypothèses, des choses un peu branlantes ou dont la consistance serait à démontrer. Quand j'écris, je suis dans l'obligation de trancher, de choisir, d'orienter et, par conséquent, de laisser de côté d'autres choses : j'écris sous la pression de verbes de ce type. Valéry a dit ce qu'il fallait à ce propos. En parlant, la liberté est évidemment plus grande. Je peux davantage faire usage des chutes, des restes, les transformer un moment en petite hypothèse, prolonger un propos intenable, me risquer sur des énoncés dont je perçois la fragilité, en donner plusieurs formulations. Il y a donc là, comme dans l'espace du séminaire, et plus encore dans ces séminaires privés dont je parlais, une sorte de marge de manœuvre plus grande ; et l'auteur a la possibilité de se montrer ou de s'exposer un peu davantage que dans le texte écrit.

ME : Est-ce que l'auteur disparaît dans la modalité de l'entretien ?

JMR : Je ne crois pas qu'il disparaisse ; je dirais qu'il se modifie, dans les deux cas sur un mode différent. Le surmoi théorique nécessaire dans l'écriture agit à moindre titre dans l'entretien ; c'est comme la loi du genre. Je peux me permettre, dans l'entretien, de pousser loin des hypothèses sans avoir à les étayer ou sans avoir même à leur donner un peu plus de consistance. Je crois que ce sont deux modalités assez différentes, et effectivement, la question de l'auteur serait à reprendre de ces deux points de vue. C'est là tout un chantier.

ME : Dans l'entretien, les hypothèses sont moins surveillées, plus aventureuses, problématiques. Les repentirs sont possibles, pour emprunter un mot aux peintres.

JMR : Oui, bien sûr, mais le repentir, ce peut être parfois le projet d'un autre livre ou des notes qui ne trouvent pas une forme publique, qui relancent le travail dans une autre direction ou sont le lieu d'une rumination supplémentaire. Ce peut être l'occasion de rêveries ou d'autres formes équivalentes. On pourrait terminer ces entretiens en évoquant, d'un côté, les rêves de certains auteurs sur un livre voué à englober tout – Mallarmé, Joyce peut-être, Proust –, et, de l'autre, ces écritures qui se découvrent quasi interminables, depuis les livres de Jean Paul jusqu'à *L'Homme sans qualités*, pour reprendre des exemples dont j'ai parlé. Ce serait une autre manière de mentionner la période qui a été pour partie l'objet de ces entretiens, la jonction entre deux siècles et le caractère improbable des dates : la richesse de ce moment qui s'est doublée des tragédies que l'on sait, en Europe, en France et en Allemagne tout particulièrement. J'ajoute à cette liste qui ne se soucie pas d'exhaustivité, *La Phénoménologie de l'esprit*, d'un côté, qui ne semble admettre aucun « remords » et, de l'autre, *Ecce Homo* de Nietzsche et *L'Homme Moïse et la religion monothéiste*, deux textes testamentaires qui laissent toute la place à des opérations de reprise et d'interprétation à perte de vue. Ma préférence va à l'évidence de ce dernier côté, tout en sachant que l'autre est évidemment à maintenir. Bien d'autres livres doivent être ajoutés, ceux de Heine tout particulièrement. C'est le va-et-vient entre eux qui m'importe. Dans le moment que j'évoque qui forme pour moi l'essentiel du siècle, ces livres précisément, et quelques autres, n'avaient pas bonne presse – c'est le moins que l'on puisse dire. On faisait tout, alors, soit pour les faire disparaître, soit pour les disqualifier en les remplaçant par des semblants de Bible. Dans les deux cas, *l'intervention politique* a eu un réel succès. L'a-t-on oublié aujourd'hui ? Ici encore, je me demande ce qui peut rester, ici ou là, de ces opérations de mise à l'écart qui ont eu lieu pendant des décennies en Europe ou à ses frontières et qui visaient avant tout…

ME : … des livres ?

JMR : Des livres de toutes sortes, en effet, qui, mis côte à côte, placés comme en regard, nous obligent à nous demander ce qu'est un livre, de quoi est constituée son unité, ce qu'est le moment dans lequel il se fabrique, à quoi il répond, ce qu'il est susceptible de faire au-delà de son apparition, ce qu'il présente de son auteur – et bien d'autres interrogations du même ordre qui témoignent au moins du fait qu'un livre est cet étrange objet fait de strates multiples avec lesquelles les usagers n'en ont manifestement jamais fini.

ME : Ce serait ce qui reste d'ironique dans le texte.

JMR : Ce serait, en effet, ce qui reste d'ironie forte dans un texte, ce qui lui donne parfois une puissance surprenante, ce qui lui assure une sorte de permanence et une durée bien au-delà de son temps. On ne cesse pas d'avoir affaire à ces objets singuliers que sont les « enfants du silence », d'autant plus quand les livres sont aussi bien, si je puis dire, ce qui est *à* lire que ce qui est *à* écrire, aussi bien ce qui est *à* comprendre que ce qui reste *à* fabriquer. Une chance en somme pour tout un chacun.

BIBLIOGRAPHIE DE JEAN-MICHEL REY

L'Enjeu des signes : lecture de Nietzsche, Paris, Seuil, coll. « L'ordre philosophique », 1971.

Parcours de Freud : économie et discours, Paris, Galilée, 1974.

Des Mots à l'œuvre, Paris, Aubier-Montaigne, coll. « La psychanalyse prise au mot », 1979.

L'Occulte, objet de la pensée freudienne (avec Wladimir Granoff), Paris, PUF, coll. « Bibliothèque de psychanalyse », 1983 ; 2e éd. sous le titre *La Transmission de pensée*, Paris, Aubier-Montaigne, 2005.

Quelqu'un danse : les noms de F. Kafka, Lille, Presses universitaires, coll. « Objet », 1985.

Le Matériau freudien, Paris, Ramsay, coll. « Psychanalyse », 1987.

Colère de Péguy, Paris, Hachette Littérature, coll. « Textes du XXe siècle », 1987.

Les Enfants du silence, Paris, Plon, coll. « Carnets », 1990.

Paul Valéry, l'aventure d'une œuvre, Paris, Seuil, coll. « La librairie du XXe siècle », 1991.

La Naissance de la poésie, Antonin Artaud, Paris, Éditions Métailié, coll. « L'élémentaire », 1991.

Le Tableau et la page, Paris, L'Harmattan, coll. « Esthétiques », 1997.

La Part de l'autre, Paris, Puf, coll. « Collège international de philosophie », 1998.

Le Temps du crédit, Paris, Desclée de Brouwer, coll. « Philosophie », 2002.

Les Promesses de l'œuvre : Artaud, Nietzsche, Simone Weil, Paris, Desclée de Brouwer, coll. « Philosophie », 2003.

Paul ou les ambiguïtés, Paris, Éditions de l'Olivier, coll. « penser/rêver », 2008.

Postface à *Philosophie de l'Histoire de France* d'Edgar Quinet (1857), Paris, Payot, coll. « Critique de la politique », 2009.

L'Oubli dans les temps troublés, Paris, Éditions de l'Olivier, coll. « penser/rêver », 2010.

Histoires d'escrocs, t. I : *La vengeance par le crédit ou Monte-Cristo*, Paris, Éditions de l'Olivier, coll. « penser/rêver », 2013.

La religione come istanzia critica (avec une préface inédite en français), Naples, Paparo, 2013. (Une version française de cette étude est parue en deux temps : 1) *Revue des Sciences Humaines*, n° 278, avril-juin 2005 ; 2) *penser/rêver*, n° 19, printemps 2011.)

Histoires d'escrocs, t. II : *La banqueroute en famille ou Les Buddenbrook*, Paris, Éditions de l'Olivier, coll. « penser/rêver », 2014.

Histoires d'escrocs, t. III : *L'escroquerie de l'homme par l'homme ou The Confidence-Man*, Paris, Éditions de l'Olivier, coll. « penser/rêver », 2014.

Portrait de Moïse en artiste, Paris, Desclée de Brouwer, 2017 (à paraître).

Jean-Michel Rey est également l'auteur de nombreux articles publiés entre autres dans les revues suivantes : *Critique, Le Genre humain, Les Temps modernes, L'Écrit du temps, L'Inactuel, Lignes, Penser/rêver, Esprit, Littérature, Revue des Sciences Humaines, Romantisme, La part de l'œil, Rue Descartes, Po&sie.*

TABLE DES MATIÈRES

Ce volume,
publié aux Éditions Les Belles Lettres,
a été achevé d'imprimer
en avril 2017
sur les presses de
La Manufacture imprimeur
52200 Langres

N° d'éditeur : 8545
N° d'imprimeur : 170417
Dépôt légal : mai 2017
Imprimé en France